# L'ENFER

IMPRIMERIE GÉNÉRALE DE CH. LAHURE

Rue de Fleurus, 9, à Paris

# L'ENFER

DE

# DANTE ALIGHIERI

AVEC LES DESSINS DE GUSTAVE DORÉ

TRADUCTION FRANÇAISE
DE PIER-ANGELO FIORENTINO
ACCOMPAGNÉE DU TEXTE ITALIEN

PARIS
LIBRAIRIE DE L. HACHETTE ET Cie
BOULEVARD SAINT-GERMAIN, N° 77

M DCCC LXVIII

# AVERTISSEMENT.

Malgré l'extérieur somptueux du présent ouvrage, nous avons la ferme confiance d'offrir au public autre chose et mieux qu'une œuvre de luxe : c'est pourquoi nous croyons lui devoir quelques mots de sérieuse préface.

Ce livre contient deux interprétations du poëme de Dante et son texte[1].

L'une de ces interprétations, c'est l'œuvre pittoresque, intelligente et vraiment inspirée, d'un artiste que tant de succès précoces ont mûri pour cette entreprise hardie; c'est la verve jeune et puissante de M. Gustave Doré appliquée à transfigurer les conceptions du plus *graphique* de tous les poëtes anciens et modernes; c'est ce qu'ont voulu faire, dès le quinzième siècle, tant d'habiles maîtres : ce qu'eût fait si volontiers Michel-Ange, tout imbu qu'il était du génie de Dante, ce qu'il avait même esquissé sur les marges d'un exemplaire perdu dans un naufrage; c'est enfin ce qu'ont, depuis, essayé un grand nombre de dessinateurs, inégalement secondés par les qualités de leur talent, par le goût de leur école et la critique de leur époque.

Tel est, en effet, tel grandit encore dans le monde des imaginations, l'empire de ce poëte, semblable à celui d'Homère, qui créa jadis les types du culte grec. La cause

---

[1]. Une autre édition, que nous publions concurremment avec celle-ci, et qui est destinée à passer les Alpes et les frontières de France, donne le *texte seul* en regard de la même série de compositions gravées.

*a*

suprême, légitime en est sans doute dans la merveille toute-puissante du langage. Mais comment ne pas s'étonner, aujourd'hui surtout, de cette sorte d'autorité acquise, comme par un compromis universel, au fanatique Florentin et à ses visions? Il est vrai qu'il les a si bien *vues!* Voici l'Enfer, par exemple, l'Enfer souterrain, éternel, création de l'*Éternel Amour*, avec ses horreurs effroyables, avec toute sa construction hiérarchique, ses catégories aristotéliques, et nul n'ose sourire ou censurer : ni le philosophe, qui réservera sa colère pour le même système moins doctement traité par quelque moine napolitain; ni le théologien, même catholique, qui se complaît dans les efforts de l'Église actuelle pour épurer le dogme au foyer de la charité universelle. A l'œuvre donc, artistes; rendez-nous au vif, comme le poëte, les tragiques spectacles de la Divine Comédie; faites-nous reconnaître avec terreur et pitié les misérables qu'il a fait périr éternellement dans l'ouragan sans repos, dans les abîmes de feu, de fange ou de glace. Laissez passer la justice de Dante, si extravagante qu'elle soit, en faveur de tant de beauté et de génie, de tant de foi et de doctrine, représentant dans l'histoire de l'humanité un grand âge qui n'est plus.

Chose remarquable, le même ascendant qui a vaincu par tant de sympathie les répugnances de l'opinion moderne, a prévalu d'autre part sur les susceptibilités vivaces du pouvoir pontifical, souvent froissé dans ses poëmes par de rudes atteintes. La lecture d'un livre si populaire et si national avait bien dû être tolérée par le Saint-Siége, qui avait proscrit et brûlé le traité *de Monarchia* de ce même gibelin; mais pendant quatre cents ans il n'avait pas été permis, dans les États de l'Église, de réimprimer le texte et les commentaires de la Divine Comédie. Le dix-huitième siècle a vu lever par degrés cet interdit. Un rapide aperçu des divers moments de cette récipiscence progressive nous offre non-seulement une revue de faits assez piquants, mais encore, ce qui convient à une nouvelle édition attentivement soignée, la série même des principaux travaux formant l'ère moderne des destinées de notre poëme.

Le premier pas de ce rapprochement circonspect, c'est d'abord une traduction en vers latins, œuvre de collége bien antidantesque, mais assez spirituelle, et surtout très-infidèle aux endroits scabreux, que l'on permet à un P. Carlo d'Aquino d'imprimer, en 1728, *avec le texte*, à Rome même, mais sous la fausse date de Naples, qui se lit au frontispice [1].

Bientôt après, en 1732, le pape Clément XII se fit dédier par un autre jésuite,

---

[1]. Rappelons en exemple de la manière jésuitique, ou, si l'on veut, ovidienne, de ce bon père, le fameux vers de Francesca, *Quel giorno più non vi leggemmo avante*, traduit par ces deux ingénieux hexamètres :

*Distulimus post hæc sontes evolvere chartas :*
*Sontes! heu miseram! gravius nocuere remotæ.*

## AVERTISSEMENT.

le P. Venturi, une édition soignée du poëme, avec un commentaire assez estimable, mais visiblement destiné à infirmer l'autorité théologique de Dante. Cette édition, souvent reproduite depuis, paraissait à Lucques, sans porter, même au bas de la dédicace, le nom de l'auteur. Le ton peu réservé dont il censure son poëte a souvent depuis choqué les critiques italiens; mais le commentaire du P. Venturi, concis et intelligent, en contraste avec les allures trainantes des anciennes gloses, a obtenu un long succès. Un autre mérite, apprécié surtout en Toscane, tient à ce que ces éditions reproduisent le texte fixé par la Crusca, en 1595, et remis en lumière par Volpi, en 1727.

Enfin ce triomphe tant différé s'accomplit par la première édition avouée de Rome, en 1791, date remarquable. Un cordelier, homme savant et diligent, le P. Lombardi, tout en se portant le défenseur de la grande épopée contre le jésuite, donna aux lecteurs studieux un commentaire plus ample et plus complet, tantôt neuf, tantôt extrait judicieusement des anciens. C'est ce que l'Italie a fait de mieux jusqu'ici pour son poëte, bien qu'une critique plus exigeante puisse à bon droit demander mieux encore. Il faut bien l'avouer, en effet, le vrai goût poétique, le tact de la langue et de l'harmonie toscane, n'étaient pas donnés au P. Lombardi en un degré suffisant. Il y eût moins paru s'il eût consenti à suivre le texte florentin à peu près consacré par la Crusca; mais il se laissa malheureusement égarer par une manie d'éditeur fort dangereuse, celle de réformer son texte. Une autorité qui eût semblé moins imposante à un atticisme plus délicat, celle de l'édition milanaise de 1477, dite *Nidobeatina*, lui fit adopter une multitude de ces leçons désolantes qui ont pour elles quelques plates raisons d'une valeur banale, vulgaire, quelquefois plus grammaticale en apparence, et qui méconnaissent l'harmonie, le caractère et l'âge véritable du style. L'illusion de Lombardi à cet égard a été celle d'un éditeur français, qui, pour nous donner Joinville ou Montaigne, se prévaudrait de toutes les *améliorations* introduites sans scrupule par les imprimeurs d'époques successives et de provinces diverses. Et l'Italie surprise, satisfaite d'ailleurs de l'utile secours du glosateur, n'a point suffisamment réclamé. De grandes et belles éditions ont été renouvelées à Rome, à Milan, et même jusqu'à ce jour à Florence, d'après ce malheureux texte.

Convenons toutefois qu'un certain nombre d'éditeurs ont résisté à cette contagion, tels que Paolo Costa, Biagioli et d'autres. Ce dernier, commentateur diffus et peu substantiel, s'est recommandé pourtant par son respect de la bonne tradition et son intelligence de la bonne langue. Il les défend à sa manière, souvent pétulante et agressive. Il s'est d'ailleurs réduit à reproduire servilement l'édition Cominiana de Volpi, et c'est ce que nous n'avons pas cru devoir faire ici, quelque préférence que nous professions pour ce texte, qui a servi de base générale à notre travail quant à la publication italienne de nos deux éditions.

Mais revenons à celle-ci, qui, étant destinée plus spécialement aux artistes et aux lecteurs français, devait leur offrir encore une traduction simple, ferme et fidèle, en regard des énergiques tableaux de Gustave Doré. Nous nous félicitons d'avoir trouvé toute faite cette importante partie de l'œuvre, et de pouvoir l'offrir au public singulièrement perfectionnée par l'habile interprète, M. P. A. Fiorentino. Cinq éditions avaient déjà assuré à cette traduction un succès destiné à s'augmenter encore dans celle-ci, grâce aux retouches et corrections nombreuses qui sont résultées d'une attentive révision. Ses notes ont été aussi l'objet de quelques soins nouveaux, et il nous a permis d'ajouter en tête de chaque chant des sommaires, rédigés en vue d'éclaircir la marche et l'ensemble d'un poëme si complexe, si rigoureux dans sa construction, et si savamment systématique.

Au milieu du chemin de notre vie, je me trouvai dans une forêt obscure.

L'Enfer, ch. I.

*Nel mezzo del cammin di nostra vita,*
*Mi ritrovai per una selva oscura.*

Inferno, c. I, v. 1 e 2.

# CHANT PREMIER.

*La forêt des erreurs et des vices. Dante, égaré dans cette vallée, rencontre trois animaux allégoriques qui l'empêchent d'en sortir. L'ombre de Virgile se fait connaître à lui; prédit le Lévrier, par lequel un jour la funeste Louve sera vaincue, et l'Italie délivrée; offre à Dante de faire le voyage qui doit sauver son âme, d'abord à travers l'Enfer, puis au Purgatoire, pour être ensuite conduit au Ciel des bienheureux par un guide plus digne. Dante accepte, et ils s'acheminent.*

Au milieu du chemin de notre vie[1], je me trouvai dans une forêt obscure, car j'avais perdu la bonne voie. Hélas! que c'est une chose rude à dire, combien était sauvage, et âpre et épaisse, cette forêt, dont le souvenir renouvelle ma frayeur! Elle est si amère, que la mort l'est à peine davantage; mais, pour dire le bien que j'y ai trouvé, je parlerai des autres choses que j'y ai vues.

Je ne saurais bien expliquer comment j'y entrai, tant j'étais plein de sommeil au moment où j'abandonnai la véritable route; mais dès que je fus arrivé au pied d'une colline où se terminait cette vallée qui m'avait frappé le cœur d'épouvante, je regardai en haut, et je vis les épaules de la montagne vêtues déjà des rayons de la planète[2] qui mène droit les hommes par tous chemins.

## CANTO PRIMO.

Nel mezzo del cammin di nostra vita,
Mi ritrovai per una selva oscura,
Che la diritta via era smarrita.    3

Ahi quanto a dir qual' era è cosa dura
Questa selva selvaggia ed aspra e forte,
Che nel pensier rinnova la paura!    6

Tanto è amara che poco è più morte;
Ma per trattar del ben ch' i' vi trovai,
Dirò dell' altre cose ch' io v' ho scorte.    9

Io non so ben ridir com' io v' entrai,
Tant' era pien di sonno in su quel punto
Che la verace via abbandonai.    12

Ma poi ch' io fui al piè d' un colle giunto,
Là ove terminava quella valle
Che m' avea di paura il cor compunto,    15

Guardai in alto, e vidi le sue spalle
Vestite già de' raggi del pianeta
Che mena dritto altrui per ogni calle.    18

Alors fut un peu apaisée cette crainte qui avait glacé le lac de mon cœur la nuit que je passai en si grande détresse ; et comme celui qui, l'haleine oppressée, sorti de la mer au rivage, se retourne vers l'eau périlleuse et regarde, ainsi mon âme, qui fuyait encore, se retourna pour contempler le passage que ne franchit jamais homme vivant.

Quand j'eus reposé un peu mon corps fatigué, je me remis en marche à travers la plage déserte, si bien que le pied ferme était toujours le plus bas. Et voilà, presque au commencement de la montée, une panthère très-agile et très-vive, qui était couverte d'une peau tachetée[3] ; elle ne s'écartait pas de devant moi, et barrait tellement mon chemin, que plusieurs fois je fus près de revenir sur mes pas.

C'était l'heure où l'aube commence, et le soleil s'élevait, entouré de ces étoiles qui brillaient avec lui quand le divin Amour donna pour la première fois le mouvement à ces belles choses[4] ; et la peau nuancée de la panthère, l'heure du jour et la douce saison m'étaient un présage de bonne espérance ; mais non pas au point que je ne fusse effrayé par la vue d'un lion qui m'apparut : il semblait venir à moi la tête haute, et avec une faim si pleine de rage que l'air paraissait en frémir[5].

Puis je vis une louve qui, dans sa maigreur, semblait chargée de tous les

Allor fu la paura un poco queta
Che nel lago del cor m' era durata
La notte ch' io passai con tanta pieta.    21
  E come quei che con lena affannata
Uscito fuor del pelago alla riva,
Si volge all' acqua perigliosa, e guata :    24
  Così l' animo mio, che ancor fuggiva,
Si volse indietro a rimirar lo passo
Che non lasciò giammai persona viva.    27
  Poi ch' ebbi riposato 'l corpo lasso,
Ripresi via per la piaggia diserta,
Sì che 'l piè fermo sempre era 'l più basso.    30
  Ed ecco, quasi al cominciar dell' erta,
Una Lonza leggiera e presta molto,
Che di pel maculato era coperta ;    33
  E non mi si partia dinanzi al volto,
Anzi impediva tanto 'l mio cammino,
Ch' io fui per ritornar più volte volto.    36
  Tempo era dal principio del mattino,
E 'l Sol montava in su con quelle stelle
Ch' eran con lui, quando l' Amor divino    39
  Mosse da prima quelle cose belle ;
Sì ch' a bene sperar m' era cagione,
Di quella fera la gaietta pelle,    42
  L' ora del tempo, e la dolce stagione ;
Ma non sì, che paura non mi desse
La vista che m' apparve d' un Leone.    45
  Questi parea che contra me venesse
Con la test' alta, e con rabbiosa fame,
Sì che parea che l' aer ne temesse.    48
  Ed una Lupa, che di tutte brame

Elle ne s'écartait pas de devant moi.

L'Enfer, ch. I.

....*Non mi si partia dinanzi al volto.*

Inferno, c. I, v. 34.

Il semblait venir à moi la tête haute, et avec une faim si pleine de rage que l'air paraissait en frémir.

L'Enfer, ch. 1.

*Questi parea che contra me venesse*
*Con la test' alta, e con rabbiosa fame,*
*Sì che parea che l' aer ne temesse.*

Inferno, c. I, v. 46, 47 e 48.

désirs, et qui a fait vivre bien des gens misérables[6]. Elle me donna tant d'engourdissement par la terreur qu'elle lançait de ses prunelles, que je perdis l'espoir d'atteindre le sommet.

Et comme celui que le gain réjouit, si le jour de la perte arrive, pleure et s'attriste en toutes ses pensées, ainsi me fit la bête sans repos, qui, avançant toujours sur moi, me repoussait là où le soleil se tait.

Tandis que je roulais dans ce bas lieu, devant mes yeux s'offrit quelqu'un dont la voix paraissait éteinte par un long silence. Aussitôt que je le vis dans le grand désert :

« Aie pitié de moi, m'écriai-je, qui que tu sois, ombre ou homme réel ! »

Il me répondit :

« Je ne suis pas un homme ; je l'ai été, et mes parents furent Lombards, et tous deux Mantouans de patrie. Je naquis sous Jules, encore que ce fût tard, et j'ai vécu à Rome sous le bon Auguste, au temps des dieux faux et menteurs. Je fus poëte, et je chantai ce pieux fils d'Anchise qui vint de Troie après que le superbe Ilion fut brûlé. Mais toi, pourquoi retournes-tu dans ce lieu de tristesse? Pourquoi ne gravis-tu pas le mont délicieux qui est le principe et la cause de toute joie? »

— « Es-tu donc ce Virgile et cette source qui répand un si large fleuve

Sembiava carca nella sua magrezza,
E molte genti fe' già viver grame :
 Questa mi porse tanto di gravezza
Con la paura ch' uscia di sua vista,
Ch' io perdei la speranza dell' altezza.
 E quale è quei che volentieri acquista,
E giunge 'l tempo che perder lo face,
Che in tutti i suoi pensier piange e s'attrista :
 Tal mi fece la bestia senza pace,
Che venendomi incontro a poco a poco,
Mi ripingeva là dove 'l Sol tace.

Mentre ch' io rovinava in basso loco,
Dinanzi agli occhi mi si fu offerto
Chi per lungo silenzio parea fioco.
 Quando vidi costui nel gran diserto :

« *Miserere* di me, » gridai a lui,
« Qual che tu sii, od ombra, od uomo certo. »
 Rispsemi : « Non uom : uomo già fui,
E li parenti miei furon Lombardi,
E Mantovani per patria amendui.
 Nacqui *sub Julio*, ancor che fosse tardi,
E vissi a Roma sotto 'l buono Augusto,
Al tempo degli Dei falsi e bugiardi.
 Poeta fui, e cantai di quel giusto
Figliuol d' Anchise, che venne da Troia,
Poichè 'l superbo Ilion fu combusto.
 Ma tu, perchè ritorni a tanta noia?
Perchè non sali il dilettoso monte,
Ch' è principio e cagion di tutta gioia ? »
 — « Or sei tu quel Virgilio, e quella fonte
Che spande di parlar sì largo fiume ? »

d'éloquence? lui répondis-je le front baissé et honteux. O gloire et lumière de tous les autres poëtes, puissent me recommander auprès de toi la longue étude et le grand amour qui m'ont fait chercher ton livre! Tu es mon auteur et mon maître, c'est à toi seul que je dois le beau style qui m'a fait honneur. Vois la bête fauve qui m'a fait fuir; viens à mon secours, illustre sage, car elle fait trembler mes veines et mon pouls. »

— « Il te faut tenir une autre route, me répondit-il en me voyant pleurer, si tu veux sortir de ce lieu sauvage; car la bête qui te fait pousser ces cris ne laisse aucun passer par sa voie, mais elle l'empêche tant qu'elle le tue; et sa nature est si méchante et si cruelle, qu'elle n'assouvit jamais son avidité insatiable, et quand elle s'est repue elle a plus faim qu'auparavant. Nombreux sont les animaux auxquels elle s'accouple, et ils le seront encore davantage jusqu'au jour où viendra le Lévrier[7] qui la fera mourir dans les tourments. Celui-ci ne se nourrira ni de terre ni d'or, mais de sagesse, d'amour et de vertu, et le lieu de sa naissance sera entre Feltre et Feltro. Il sera le salut de cette humble Italie, pour qui la vierge Camille, Euryale, Turnus et Nisus sont morts en combattant.

« Il poursuivra cette louve de ville en ville, jusqu'à ce qu'il l'ait replongée dans l'Enfer, d'où jadis l'Envie la fit sortir.

Risposi lui con vergognosa fronte. 81
 « O degli altri poeti onore e lume,
Vagliami 'l lungo studio e 'l grande amore
Che m' han fatto cercar lo tuo volume. 84
 Tu se' lo mio Maestro, e 'l mio autore:
Tu se' solo colui da cu' io tolsi
Lo bello stile, che m' ha fatto onore. 87
 Vedi la bestia per cu' io mi volsi:
Aiutami da lei, famoso Saggio,
Ch' ella mi fa tremar le vene e i polsi. » 90

 — « A te convien tener altro viaggio, »
Rispose, poi che lagrimar mi vide,
« Se vuoi campar d' esto loco selvaggio; 93
 Che questa bestia, per la qual tu gride,
Non lascia altrui passar per la sua via,

Ma tanto lo impedisce che l' uccide: 96
 Ed ha natura sì malvagia e ria,
Che mai non empie la bramosa voglia,
E dopo 'l pasto ha più fame che pria. 99
 Molti son gli animali a cui s' ammoglia,
E più saranno ancora, infin che 'l Veltro
Verrà, che la farà morir di doglia. 102
 Questi non ciberà terra nè peltro,
Ma sapienza, e amore, e virtute;
E sua nazion sarà tra Feltro e Feltro. 105
 Di quell' umile Italia fia salute,
Per cui morì la vergine Camilla,
Eurialo, e Turno, e Niso di ferute: 108
 Questi la caccerà per ogni villa,
Finchè l' avrà rimessa nell' Inferno,
Là onde invidia prima dipartilla. 111

« Il te faut tenir une autre route, » me répondit-il....

L'Enfer, ch. I.

« *A te convien tener altro viaggio,* »
*Rispose....*

Inferno, c. I, v. 91 e 92.

Alors il se mit en marche, et je le suivis.

L'Enfer, ch. I.

*Allor si mosse, ed io gli tenni dietro..*

Inferno, c. I, v. 136.

# CHANT PREMIER.

« Et maintenant, pour ton plus grand avantage, je pense et je décide qu'il vaut mieux que tu me suives, et je serai ton guide, et je te tirerai hors d'ici, par un lieu éternel, où tu entendras les hurlements désespérés, où tu verras les antiques esprits misérables, qui appellent à grands cris la seconde mort. Tu verras ensuite ceux qui sont contents dans les flammes, parce qu'ils espèrent monter un jour parmi les esprits bienheureux. Puis, si tu veux t'élever jusqu'à ces derniers, il se trouvera pour t'y conduire une âme plus digne que moi, et je te laisserai avec elle en te quittant; car cet Empereur qui règne là-haut ne veut point, parce que je fus rebelle à sa loi, que je vienne dans sa cité. L'univers est son empire, le ciel est son royaume; là est sa cité et son trône sublime. O bienheureux ceux qu'il choisit pour ce séjour! »

Et je lui dis : « Poëte, je t'en conjure au nom de ce Dieu que tu n'as pas connu, pour que je puisse échapper à ce danger et à d'autres plus graves, conduis-moi là où tu as dit, afin que je voie la porte de saint Pierre et ceux que tu m'as faits si malheureux. »

Alors il se mit en marche, et je le suivis.

Ond' io per lo tuo me' penso e discerno,
Che tu mi segui, ed io sarò tua guida,
E trarrotti di qui per luogo eterno :  114
 Ove udirai le disperate strida,
Vedrai gli antichi spiriti dolenti,
Che la seconda morte ciascun grida :  117
 E vederai color che son contenti
Nel fuoco, perchè speran di venire,
Quando che sia, alle beate genti ;  120
 Alle qua' poi se tu vorrai salire,
Anima fia a ciò di me più degna :
Con lei ti lascerò nel mio partire.  123
 Chè quello Imperador, che lassù regna,
Perch' io fui ribellante alla sua legge,
Non vuol che in sua città per me si vegna.
 In tutte parti impera, e quivi regge;
Quivi è la sua cittade, e l'alto seggio :
O felice colui cu' ivi elegge! »  129
 Ed io a lui : « Poeta, io ti richieggio
Per quello Iddio, che tu non conoscesti,
Acciò ch' io fugga questo male e peggio,  132
 Che tu mi meni là dov' or dicesti,
Sì ch' io vegga la porta di San Pietro,
E color che tu fai cotanto mesti. »  135

 Allor si mosse, ed io gli tenni dietro.

# CHANT DEUXIÈME.

*En chemin vers l'entrée de l'Enfer, Dante s'avoue effrayé de l'entreprise, pour laquelle il n'a point de mission supérieure. Mais il apprend comment Béatrice, par la volonté de la sainte Vierge, et sur l'invitation de sainte Lucie, est venue prier Virgile de le soustraire aux dangers de la forêt.*

Le jour s'en allait, et l'air rembruni enlevait à leurs travaux les êtres animés qui sont sur la terre, et moi, seul entre tous les vivants, je me préparais à soutenir la dure épreuve et du voyage, et de l'émotion, que va retracer ma mémoire fidèle.

O Muses! ô sublime génie! secondez-moi; ô mémoire qui as gravé en toi ce que j'ai vu, c'est ici que paraîtra ta noblesse.

Je parlai ainsi : « Poëte qui me guides, vois si ma valeur est assez grande avant de m'engager dans ce terrible passage. Tu dis que l'aïeul de Sylvius, périssable encore, s'en alla au siècle immortel avec les sens d'un vivant. Mais si l'Ennemi de tout mal lui fut propice, en songeant aux grands effets qui devaient sortir de lui, et quels hommes et quelles choses, cela ne paraît pas indigne

## CANTO SECONDO.

Lo giorno se n' andava, e l' aer bruno
Toglieva gli animai che sono in terra
Dalle fatiche loro ; ed io sol uno     3
   M' apparecchiava a sostener la guerra
Sì del cammino, e sì della pietate,
Che ritrarrà la mente che non erra.     6
   O Muse, o alto ingegno, or m' aiutate :
O mente, che scrivesti ciò ch' io vidi,
Qui si parrà la tua nobilitate.     9

Io cominciai : « Poeta, che mi guidi,
Guarda la mia virtù, s' ell' è possente,
Prima ch' all' alto passo tu mi fidi.     12
   Tu dici che di Silvio lo parente,
Corruttibile ancora, ad immortale
Secolo andò, e fu sensibilmente :     15
   Però se l'avversario d' ogni male
Cortese i fu, pensando l' alto effetto
Ch' uscir dovea di lui, e 'l chi, e 'l quale, 18

Le jour s'en allait, et l'air rembruni enlevait à leurs travaux les êtres animés qui sont sur la terre.

L'Enfer, ch. II.

*Lo giorno se n' andava, e l' aer bruno*
*Toglieva gli animai che sono in terra*
*Dalle fatiche loro....*

Inferno, c. II, v. 1, 2 e 3.

à un esprit intelligent; car il fut choisi dans le ciel empyrée pour être le père de l'auguste Rome et de son empire. Et Rome et cet empire, à dire vrai, furent établis en vue du lieu saint où siége le successeur du grand Pierre. Par ce voyage que tu as célébré, il apprit des choses qui furent l'origine de sa victoire et du manteau pontifical.

« Après lui, le vase d'élection fit ce voyage pour en réconforter cette foi, qui est l'entrée de la voie du salut. Mais moi, pourquoi y viendrais-je, ou qui le permet? Suis-je Énée, suis-je Paul, pour avoir ce droit? Nul, pas plus que moi, ne m'en croit digne. Si donc je me décide à te suivre, je crains que ma venue ne soit folle. Tu es sage, et tu comprends mieux que je ne parle. »

Et comme celui qui ne veut plus ce qu'il voulait, et que de nouvelles pensées font changer de dessein, de sorte qu'il abandonne la chose commencée, ainsi je fis près de cette côte obscure, si bien qu'en y pensant, j'abandonnai l'entreprise que j'avais commencée avec tant d'ardeur.

« Si j'ai bien compris ta parole, répondit cette ombre magnanime, ton âme est flétrie par la crainte, qui souvent accable tellement l'homme, qu'elle le détourne de toute noble entreprise, comme une fausse apparence fait cabrer la bête quand elle prend de l'ombrage.

Non pare indegno ad uomo d' intelletto;
Ch' ei fu dell' alma Roma, e di suo impero
Nell' empireo Ciel per padre eletto :  21
 La quale, e 'l quale, a voler dir lo vero,
Fur stabiliti per lo loco santo,
U' siede il successor del maggior Piero.  24
 Per questa andata onde gli dai tu vanto,
Intese cose che furon cagione
Di sua vittoria, e del papale ammanto.  27
 Andovvi poi lo Vas d'elezione.
Per recarne conforto a quella fede
Che è principio alla via di salvazione.  30
 Ma io, perchè venirvi? o chi 'l concede?
Io non Enea, io non Paolo sono :
Me degno a ciò nè io, nè altri il crede.  33
 Perchè se del venire io m'abbandono,
Temo che la venuta non sia folle :
Se' savio, e intendi me' ch' io non ragiono. »

 E quale è quei che disvuol ciò che volle,
E per nuovi pensier cangia proposta,
Sì che del cominciar tutto si tolle;  39
 Tal mi fec' io in quella oscura costa :
Perchè, pensando, consumai la impresa
Che fu nel cominciar cotanto tosta.  42

 « Se io ho ben la tua parola intesa, »
Rispose del Magnanimo quell' ombra,
« L'anima tua è da viltade offesa :  45
 La qual molte fiate l' uomo ingombra,
Sì che d' onrata impresa lo rivolve,
Come falso veder bestia, quand' ombra.  48

« Pour te délivrer de cette frayeur, je te dirai pourquoi je suis venu, et ce que j'ai appris dans le premier moment où j'ai eu pitié de toi.

« J'étais parmi ceux qui sont en suspens, et je fus appelé par une femme si heureuse et si belle, que je la requis de me donner ses ordres. Ses yeux brillaient plus que l'étoile, et elle commença à me parler, suave et douce, avec une voix angélique en son langage :

« O belle âme de Mantoue, dont la renommée dure encore dans le monde,
« et durera autant que le mouvement; mon ami, qui n'est pas celui de la For-
« tune, est tellement empêché en son chemin sur la plage déserte, que, par
« crainte, il retourne en arrière; et peut-être est-il déjà si égaré, que je crains
« de m'être levée trop tard pour venir à son secours, d'après ce que j'ai entendu
« sur lui dans le ciel. Va donc, et avec ta parole ornée, et avec tout ce qu'il
« faut pour le sauver, secours-le si bien que j'en sois consolée. C'est moi, Béatrix,
« qui t'envoie. Je viens d'un lieu où je désire retourner; l'amour m'amène et
« me fait parler de la sorte. Quand je serai devant mon Seigneur, je me louerai
« souvent de toi auprès de lui. »

« Alors elle se tut, et je répondis: « O dame qui possèdes le seul bien par
« lequel l'espèce humaine s'élève au-dessus de tout ce que contient ce monde
« enfermé dans la sphère la plus étroite des cieux[1], ton commandement m'agrée

Da questa tema acciocchè tu ti solve,
Dirotti perch' io venni, e quel che intesi
Nel primo punto che di te mi dolve : — 51
    Io era tra color che son sospesi,
E donna mi chiamò beata e bella,
Tal che di comandare io la richiesi. 54
    Lucevan gli occhi suoi più che la Stella :
E cominciommi a dir soave e piana,
Con angelica voce, in sua favella : 57

    « O anima cortese Mantovana,
« Di cui la fama ancor nel mondo dura,
« E durerà quanto 'l moto lontana : 60
« L' amico mio, e non della ventura,
« Nella diserta piaggia è impedito
« Sì nel cammin, che volto è per paura; 63

« E temo che non sia già sì smarrito,
« Ch' io mi sia tardi al soccorso levata,
« Per quel ch' i' ho di lui nel cielo udito. »
    « Or muovi, e con la tua parola ornata,
« E con ciò che ha mestieri al suo campare,
« L' aiuta sì, ch' io ne sia consolata. 69
« Io son Beatrice, che ti faccio andare :
« Vegno di loco ove tornar disio :
« Amor mi mosse, che mi fa parlare. 72
    « Quando sarò dinanzi al Signor mio,
« Di te mi loderò sovente a lui. »
Tacette allora, e poi cominciai io : 75

    « O donna di virtù sola per cui
« L' umana specie eccede ogni contento
« Da quel ciel, ch' ha minori i cerchi sui: 78

« C'est moi, Béatrix, qui t'envoie. Je viens d'un lieu où je désire retourner ; l'amour m'amène et me fait parler de la sorte. »

L'ENFER, CH. II.

« *Io son Beatrice, che ti faccio andare :*
*Vegno di loco ove tornar disio :*
*Amor mi mosse, che mi fa parlare.* »

INFERNO, C. II, v. 70, 71 E 72.

## CHANT DEUXIÈME.

« si fort, que si j'avais déjà obéi, il me semblerait l'avoir fait trop tard. Tu n'as plus besoin de m'expliquer ton désir. Mais dis-moi, comment n'as-tu pas craint de descendre ici-bas, dans le centre du globe, loin du vaste séjour où tu brûles de retourner?

« — Puisque tu veux en savoir si avant, me répondit-elle, je te dirai brièvement pourquoi je ne crains pas de descendre jusqu'ici. On ne doit craindre que les choses qui ont puissance de nuire, et non les autres, car elles ne sont pas redoutables. Dieu, par sa grâce, a voulu me faire telle que votre misère ne peut rien sur moi, et que pas une étincelle de cet incendie ne m'atteint. Une noble dame est aux cieux qui prend si fort en pitié cet empêchement où je t'envoie, qu'elle en fléchit le terrible arrêt de là-haut. Elle s'est adressée à Lucie, et l'a priée ainsi :

« Maintenant ton fidèle a besoin de toi, et je te le recommande. »

« Lucie, ennemie de tout cœur sans pitié, se leva, et vint me trouver à la place où j'étais assise près de l'antique Rachel. Elle me dit : « Béatrix, vraie louange de Dieu, que ne viens-tu en aide à celui qui t'aima tant, qu'il est sorti pour toi de la foule vulgaire? N'entends-tu pas l'angoisse de ses pleurs? ne vois-tu pas comme il se débat contre la mort près du fleuve qui ne paye pas de tribut à la mer? » Nul au monde ne fut jamais si empressé

« Tanto m'aggrada 'l tuo comandamento,
« Che l' ubbidir, se già fosse, m' è tardi :
« Più non t' è uopo aprirmi 'l tuo talento.
« Ma dimmi la cagion che non ti guardi
« Dello scender quaggiuso in questo centro
« Dall' ampio loco ove tornar tu ardi. » 84

« Da che tu vuoi saper cotanto addentro,
« Dirotti brevemente, » mi rispose,
« Perch' io non temo di venir qua entro. 87
« Temer si dee di sole quelle cose
« Ch' hanno potenza di far altrui male :
« Dell' altre no, chè non son paurose. 90
« Io son fatta da Dio, sua mercè, tale,
« Che la vostra miseria non mi tange,
« Nè fiamma d'esto incendio non m'assale.

« Donna è gentil nel ciel, che si compiange
« Di questo impedimento, ov' io ti mando,
« Sì che duro giudicio lassù frange. 96
« Questa chiese Lucia in suo dimando,
« E disse : *Or abbisogna il tuo fedele*
« *Di te, ed io a te lo raccomando.* 99

« Lucia, nimica di ciascun crudele,
« Si mosse, e venne al loco dov' io era,
« Che mi sedea con l' antica Rachele ; 102
« Disse : *Beatrice, loda di Dio vera,*
« *Chè non soccorri quei, che t' amò tanto*
« *Ch' uscìo per te della volgare schiera?* 105
« *Non odi tu la pièta del suo pianto,*
« *Non vedi tu la morte che 'l combatte*
« *Su la fiumana ove 'l mar non ha vanto?* 108

« de courir à son profit ou de fuir sa perte, que je ne le fus dès que j'entendis
« ces paroles. Je suis venue ici-bas de mon siége bienheureux, me fiant à ton
« noble parler, qui t'honore, et tous ceux qui l'ont ouï. »

« Lorsqu'elle eut dit ainsi, elle tourna vers moi ses yeux brillants de larmes, ce qui me fit hâter davantage; et je suis venu vers toi, ainsi qu'elle l'a voulu, je t'ai sauvé de la bête fauve qui t'arrêtait sur le point d'atteindre la belle montagne.

« Qu'est-ce donc? pourquoi t'arrêtes-tu? pourquoi livrer ton cœur à une si lâche crainte? pourquoi n'as-tu ni hardiesse ni fermeté, tandis que ces trois femmes bénies s'inquiètent de toi dans la cour du ciel, et que mes paroles te promettent tant de bonheur? »

Comme les petites fleurs que la gelée nocturne incline et ferme, dès que le soleil les éclaire, se redressent tout épanouies sur leur tige, ainsi je fis de mon courage abattu, et une telle hardiesse me vint au cœur, que je m'écriai en homme déterminé :

« Oh! qu'elle a été compatissante celle qui m'a secouru, et que tu as été bon d'obéir si vite aux vraies paroles qu'elle t'a fait entendre! Tu as si bien rempli mon cœur de désir par ce que tu m'as dit, que j'en suis revenu à mon premier dessein.

« Al mondo non fur mai persone ratte
« A far lor pro, ed a fuggir lor danno,
« Com' io, dopo cotai parole fatte, 111
« Venni quaggiù dal mio beato scanno,
» Fidandomi nel tuo parlare onesto
« Che onora te, e quei che udito l' hanno. »

Poscia che m' ebbe ragionato questo;
Gli occhi lucenti lagrimando volse;
Perchè mi fece del venir più presto : 117
E venni a te così come ella volse;
Dinanzi a quella fiera ti levai
Che del bel monte il corto andar ti tolse.

Dunque che è? perchè, perchè ristai?
Perchè tanta viltà nel core allette? »
Perchè ardire e franchezza non hai, 123

Poscia che tai tre Donne benedette
Curan di te nella corte del cielo,
E 'l mio parlar tanto ben t' impromette? »

Quale i fioretti, dal notturno gielo
Chinati e chiusi, poi che 'l Sol gl' imbianca,
Si drizzan tutti aperti in loro stelo : 129
Tal mi fec' io di mia virtute stanca;
E tanto buono ardire al cor mi corse,
Ch' io cominciai come persona franca : 132
« O pietosa colei che mi soccorse,
E tu cortese, ch' ubbidisti tosto
Alle vere parole che ti porse! 135
Tu m' hai con desiderio il cor disposto
Sì al venir, con le parole tue,
Ch' io son tornato nel primo proposto. 138

## CHANT DEUXIÈME.

« Va donc : nous n'avons à nous deux qu'un seul vouloir ; tu es mon guide, tu es mon seigneur et mon maître. »

Ainsi lui dis-je, et comme il se mit en marche, j'entrai dans le chemin roide et sauvage.

| Or va, chè un sol volere è d' amendue : | Così gli dissi; e, poichè mosso fue, |
| Tu Duca, tu Signore, e tu Maestro. » | Entrai per lo cammino alto e silvestro. |

# CHANT TROISIÈME.

*L'entrée de l'Enfer. Inscription qui l'annonce. Premier cercle : les Limbes, première partie. Ames humaines et anges demeurés neutres entre le bien et le mal. Leur misère sur les confins de l'Enfer. L'Achéron, le nocher Caron; âmes pressées fatalement de faire le trajet. Un ouragan fait tomber Dante sans connaissance.*

« Par moi l'on va dans la cité des pleurs, par moi l'on va dans la douleur éternelle, par moi l'on va chez la race damnée. La justice a conduit mon souverain créateur; je suis l'œuvre de la divine puissance, de la suprême sagesse et du premier Amour. Avant moi, rien ne fut créé qui ne soit éternel, et moi, je dure éternellement. Laissez toute espérance, ô vous qui entrez! »

Je vis ces paroles écrites en caractères sombres sur le haut d'une porte, et je m'écriai : « Maître, que leur sens me paraît dur! »

Et lui, comme un sage qu'il était : « Ici, me dit-il, il faut laisser toute crainte; il faut que toute faiblesse ici soit morte. Nous sommes venus au lieu où je t'ai dit que tu verrais les âmes malheureuses qui ont perdu le bien de l'intelligence. »

## CANTO TERZO.

*Per me si va nella città dolente :*
*Per me si va nell' eterno dolore :*
*Per me si va tra la perduta gente.*
   *Giustizia mosse 'l mio alto Fattore :*
*Fecemi la divina Potestate,*
*La somma Sapienza, e 'l primo Amore.*
   *Dinanzi a me non fur cose create,*
*Se non eterne, ed io eterno duro :*
*Lasciate ogni speranza, voi che 'ntrate.*

Queste parole di colore oscuro
Vid' io scritte al sommo d' una porta;
Perch' io : « Maestro, il senso lor m' è duro. »
   Ed egli a me, come persona accorta :
« Qui si convien lasciare ogni sospetto :
Ogni viltà convien che qui sia morta.
   Noi sem venuti al luogo, ov' io t' ho detto
Che vederai le genti dolorose,
Ch' hanno perduto 'l ben dello intelletto. »

« Laissez toute espérance, ô vous qui entrez ! »

L'Enfer, ch. III.

*« Lasciate ogni speranza, voi che 'ntrate. »*

Inferno, c. III, v. 9.

Puis, posant sa main sur la mienne, d'un visage riant qui me rendit mon courage, il m'introduisit dans ces sombres mystères. — Là, des soupirs, des pleurs, des cris perçants retentissaient dans cet air sans étoiles; c'est pourquoi d'abord je me pris à pleurer. Des langages divers, d'horribles discours, des paroles de douleur, des accents de colère, des voix hautes et rauques, et des froissements de mains qui se choquaient entre elles, formaient comme un tumulte qui tournoie sans cesse dans cet air éternellement ténébreux, comme le sable quand il est roulé par un tourbillon.

Et moi qui avais le front pris de vertige : « Maître, dis-je, qu'est-ce que j'entends, et quelle est cette foule qui paraît si accablée par la douleur? »

Et lui : « Ce misérable sort est celui des tristes âmes de tous ceux qui vécurent sans blâme et sans louange. Elles sont mêlées à ce mauvais chœur des Anges qui ne furent ni fidèles ni rebelles à Dieu, mais qui furent pour eux-mêmes. Ceux-là, le ciel les a chassés, parce qu'ils terniraient sa beauté, et l'enfer profond les repousse, parce que les coupables tireraient quelque gloire de leur présence. »

Et moi : « Maître, quel est le tourment qui les accable, et qui les fait pleurer si fort? »

Il me répondit : « Je te le dirai brièvement. Ils n'ont pas l'espérance de mourir, et leur vie obscure est si basse, qu'ils sont jaloux de tout autre sort.

E poichè la sua mano alla mia pose
Con lieto volto, ond' io mi confortai,
Mi mise dentro alle segrete cose. 21

Quivi sospiri, pianti, ed alti guai
Risonavan per l' aer senza stelle,
Perch' io al cominciar ne lagrimai. 24
Diverse lingue, orribili favelle,
Parole di dolore, accenti d' ira,
Voci alte e fioche, e suon di man con elle, 27
Facevano un tumulto il qual s' aggira
Sempre in quell' aria senza tempo tinta,
Come la rena, quando a turbo spira. 30
Ed io ch' avea d' error la testa cinta,
Dissi : « Maestro, che è quel ch' i' odo?
E che gent' è, che par nel duol sì vinta? » 33

Ed egli a me : « Questo misero modo
Tengon l' anime triste di coloro
Che visser senza infamia e senza lodo. 36
Mischiate sono a quel cattivo coro
Degli Angeli che non furon ribelli,
Nè fur fedeli a Dio, ma per sè foro. 39
Cacciarli i Ciel, per non esser men belli,
Nè lo profondo Inferno gli riceve,
Chè alcuna gloria i rei avrebber d' elli. » 42
Ed io : « Maestro, che è tanto greve
A lor, che lamentar gli fa sì forte? »
Rispose : « Dicerolti molto breve : 45
Questi non hanno speranza di morte,
E la lor cieca vita è tanto bassa,
Che invidiosi son d' ogn' altra sorte. 48
Fama di loro il mondo esser non lassa :

Le monde n'a pas gardé leur souvenir, la miséricorde et la justice les dédaignent. Ne parlons pas d'eux, mais regarde et passe. »

Et comme je regardais, je vis une bannière qui courait en tournoyant avec une telle rapidité, qu'elle semblait ne devoir prendre aucun repos. Et derrière elle se pressait une si longue suite de gens, que je n'aurais jamais cru que la mort en eût tant détruit. Après que j'en eus reconnu quelques-uns, je regardai, et je vis l'ombre de celui qui fit par lâcheté le grand refus[1]. Aussitôt je compris et je fus certain que j'avais devant moi la secte des misérables qui déplaisent à Dieu et à ses ennemis. Ces malheureux, qui ne furent jamais vivants, étaient nus et criblés de piqûres par les taons et par les guêpes qui étaient en ce lieu, et faisaient ruisseler leurs joues de sang, lequel, mêlé de larmes, était bu à leurs pieds par des vers affreux. Et comme je portais mes regards plus avant, je vis une autre foule au bord d'un grand fleuve, et je dis :

« Maître, apprends-moi quelles sont ces âmes, et par quelle loi elles semblent avoir une si grande hâte de passer, autant que je peux le voir à cette faible lueur. »

Et lui : « Les choses te seront expliquées quand nous arrêterons nos pas sur la triste rivière d'Achéron. »

Alors, les yeux honteux et baissés, craignant que mes paroles ne lui fussent importunes, je m'abstins de parler jusqu'au fleuve.

Misericordia e Giustizia gli sdegna :
Non ragioniam di lor, ma guarda e passa. » 51
 Ed io, che riguardai, vidi una insegna,
Che girando correva tanto ratta,
Che d' ogni posa mi pareva indegna : 54
 E dietro le venia sì lunga tratta
Di gente, ch' io non avrei mai creduto
Che morte tanta n' avesse disfatta. 57
 Poscia ch' io v' ebbi alcun riconosciuto,
Guardai, e vidi l' ombra di colui
Che fece per viltate il gran rifiuto. 60
 Incontanente intesi, e certo fui
Che quest' era la setta de' cattivi
A Dio spiacenti, ed a' nemici sui. 63
 Questi sciaurati, che mai non fur vivi,
Erano ignudi, e stimolati molto
Da mosconi, e da vespe, ch' eran ivi. 66
 Elle rigavan lor di sangue il volto,
Che mischiato di lagrime, a' lor piedi
Da fastidiosi vermi era ricolto. 69
 E poi, che a riguardar oltre mi diedi,
Vidi gente alla riva d' un gran fiume;
Perch' io dissi : « Maestro, or mi concedi, 72
 Ch' io sappia quali sono, e qual costume
Le fa parer di trapassar sì pronte,
Com' io discerno per lo fioco lume. » 75
 Ed egli a me : « Le cose ti fien conte
Quando noi fermerem li nostri passi
Su la trista riviera d' Acheronte. » 78
 Allor con gli occhi vergognosi e bassi,
Temendo no 'l mio dir gli fusse grave,

Et voici venir à nous, sur une nacelle, un vieillard blanchi par l'âge, en s'écriant : « Malheur à vous, âmes perverses! »

L'Enfer, ch. III.

*Ed ecco verso noi venir per nave*
*Un vecchio bianco per antico pelo,*
*Gridando : « Guai a voi, anime prave! »*

Inferno, c. III, v. 82, 83 e 84.

## CHANT TROISIÈME.

Et voici venir à nous, sur une nacelle, un vieillard blanchi par l'âge, en s'écriant : « Malheur à vous, âmes perverses ! n'espérez jamais voir le Ciel : je viens pour vous conduire à l'autre rive, dans les ténèbres éternelles, dans les feux, dans la glace. Et toi, que je vois ici, âme vivante, sépare-toi de ceux-ci qui sont morts. »

Et comme il vit que je ne m'éloignais pas : « C'est par une autre voie, me dit-il, c'est par un autre port, et non pas ici, que tu viendras t'embarquer sur la grève. Il faut pour te porter un esquif plus léger. »

Et mon guide lui dit : « Caron, apaise ton courroux. C'est chose voulue là où l'on peut ce que l'on veut ; n'en demande pas davantage. » A ces mots, devinrent immobiles les joues velues du nocher du marais livide, qui avait autour des yeux des roues de flamme. Mais ces âmes, qui étaient nues et harassées, changèrent de couleur et leurs dents claquèrent, dès qu'elles eurent entendu les paroles cruelles. Elles blasphémaient Dieu et leurs parents, l'espèce humaine, et le lieu, et le temps, et le germe de leur conception et de leur naissance. Puis elles se retirèrent toutes à la fois, en pleurant amèrement, vers la rive maudite où est attendu tout homme qui ne craint pas Dieu. Le démon Caron, aux yeux de braise, les rassemble toutes en leur faisant signe, et bat de sa rame celles qui s'attardent.

Infino al fiume di parlar mi trassi.

 Ed ecco verso noi venir per nave
Un vecchio bianco per antico pelo,
Gridando : « Guai a voi, anime prave ! 84
 Non isperate mai veder lo cielo :
I' vegno per menarvi all' altra riva
Nelle tenebre eterne in caldo, e in gielo : 87
 E tu, che sei costì, anima viva,
Partiti da cotesti che son morti. »
Ma poi ch' e' vide ch' io non mi partiva, 90
 Disse : « Per altre vie, per altri porti
Verrai a piaggia, non qui, per passare :
Più lieve legno convien che ti porti. » 93
 E 'l Duca a lui : « Caron non ti crucciare :
Vuolsi così colà dove si puote
Ciò che si vuole : e più non dimandare. » 96
 Quinci fur quete le lanose gote
Al nocchier della livida palude,
Che intorno agli occhi avea di fiamme ruote.
 Ma quell' anime, ch' eran lasse e nude,
Cangiar colore, e dibattero i denti,
Ratto che inteser le parole crude. 102
 Bestemmiavano Iddio, e i lor parenti,
L' umana specie, il luogo, il tempo, e 'l seme
Di lor semenza, e di lor nascimenti. 105
 Poi si ritrasser tutte quante insieme,
Forte piangendo, alla riva malvagia
Che attende ciascun uom che Dio non teme.
 Caron dimonio con occhi di bragia
Loro accennando, tutte le raccoglie ;
Batte col remo qualunque s' adagia. 111

Comme on voit les feuilles d'automne tomber l'une après l'autre, jusqu'à ce que le rameau ait rendu à la terre toutes ses dépouilles, de même la mauvaise semence d'Adam se jette, âme par âme, dans cette barque, à chaque signe de Caron, comme l'oiseau à l'appel. Ainsi les ombres s'en vont sur les flots noirs, et avant qu'elles aient touché l'autre bord, une nouvelle troupe s'entasse sur la rive qu'elles ont quittée.

« Mon fils, me dit le maître bienveillant, tous ceux qui meurent dans la colère de Dieu se rassemblent ici de tous les pays du monde. Et ils ont hâte de passer le fleuve, car la justice divine les aiguillonne à tel point que leur crainte se change en désir. Jamais âme juste ne passe par ici; aussi bien si Caron se plaint de toi, tu peux comprendre désormais ce que ses paroles veulent dire. »

Quand il eut achevé, la sombre campagne trembla si fortement, que l'effroi baigne encore mon front de sueur à ce souvenir. Un grand vent s'éleva de cette terre de larmes, et sillonna les ténèbres d'une lumière rouge qui me fit perdre tout sentiment, et je tombai comme un homme pris de sommeil.

Come d'autunno si levan le foglie,
L'una appresso dell' altra, infin che 'l ramo
Rende alla terra tutte le sue spoglie :
  Similemente il mal seme d'Adamo :
Gittansi di quel lito ad una ad una
Per cenni, com' augel per suo richiamo.
  Così sen vanno su per l'onda bruna;
Ed avanti che sien di là discese,
Anche di qua nuova schiera s'aduna.
  « Figliuol mio, » disse il Maestro cortese,
« Quelli che muoion nell' ira di Dio,
Tutti convegnon qui d'ogni paese;
  E pronti sono al trapassar del rio,
Chè la divina Giustizia gli sprona,
Sì che la tema si volge in disio.
  Quinci non passa mai anima buona :
E però se Caron di te si lagna,
Ben puoi saper omai che 'l suo dir suona. »
  Finito questo, la buia campagna
Tremò sì forte, che dello spavento
La mente di sudore ancor mi bagna.
  La terra lagrimosa diede vento,
Che balenò una luce vermiglia,
La qual mi vinse ciascun sentimento;
  E caddi come l'uom cui sonno piglia.

De même la mauvaise semence d'Adam se jette, âme par âme, dans cette barque.

L'Enfer, ch. III.

*Similemente il mal seme d'Adamo :*
*Gittansi di quel lito ad una ad una....*

Inferno, c. III, v. 115 e 116.

# CHANT QUATRIÈME.

*L'Achéron est passé sans le secours de la barque. Suite du premier cercle : seconde et troisième parties des Limbes, l'une occupée par des âmes innocentes d'enfants, d'hommes et de femmes, qui sont morts privés du baptême; l'autre par des poëtes, des savants et des personnages illustres, morts également hors de la grâce chrétienne. Souvenir de la descente du Christ, qui a fait sortir quelques élus de cette région calme et lumineuse sans béatitude. Dante présenté par Virgile à quatre poëtes antiques. Revue de personnages auxquels est accordé le séjour de cette cité et de cette campagne privilégiée.*

Un bruit terrible rompit le profond sommeil qui pesait sur ma tête, et je tressaillis comme un homme qu'on réveille en sursaut. Debout, je promenai autour de moi mes yeux reposés, et je regardai fixement pour connaître le lieu où j'étais.

Or, je me trouvai sur les bords de la douloureuse vallée de l'abîme, où retentit l'éclat de gémissements infinis. Le gouffre était si sombre, si profond et si plein de brouillard, que j'avais beau plonger au fond mes regards, je ne pouvais rien y distinguer.

« Viens, descendons là-bas dans le monde ténébreux, dit le poëte tout pâle; je serai le premier, et tu seras le second. »

## CANTO QUARTO.

Ruppemi l' alto sonno nella testa
Un greve tuono, sì ch' io mi riscossi,
Come persona che per forza è desta.
  E l' occhio riposato intorno mossi, 3
Dritto levato, e fiso riguardai,
Per conoscer lo loco dov' io fossi. 6
  Vero è che in su la proda mi trovai
Della valle d' abisso dolorosa,
Che tuono accoglie d' infiniti guai. 9
  Oscura, profond' era, e nebulosa
Tanto, che per ficcar lo viso al fondo,
Io non vi discernea veruna cosa. 12
  « Or discendiam quaggiù nel cieco mondo, »
Incominciò 'l Poeta tutto smorto :
« Io sarò primo, e tu sarai secondo. » 15
  Ed io, che del color mi fui accorto,

Et moi qui m'aperçus de sa pâleur, je dis : « Comment viendrai-je si tu t'effrayes, toi qui me soutiens toujours dans mes défaillances ? »

Et lui : « L'angoisse des malheureux qui sont dans ce gouffre répand sur mon front cette pitié que tu prends pour de la crainte. Allons, car la longueur de la route nous presse. »

Aussitôt il avança et me fit entrer dans le premier cercle qui ceint l'abîme. Là, autant que l'ouïe put en juger, je n'entendis pas des pleurs, mais seulement des soupirs qui faisaient trembler l'air éternel ; et ces bruits venaient du chagrin, sans tourments, que ressentaient d'innombrables multitudes d'enfants, de femmes et d'hommes. Le bon maître me dit : « Tu ne me demandes pas quels sont ces esprits que tu vois. Or, je veux que tu saches, avant d'aller plus loin, qu'ils n'ont point péché, et que s'ils ont des mérites, cela ne suffit pas, car ils n'ont pas reçu le baptême, qui est la porte de ta foi ; et s'ils ont vécu avant le christianisme, ils n'ont pas adoré Dieu comme il fallait : et moi-même je suis de ce nombre. C'est pour cela, et non pour d'autres crimes, que nous sommes perdus, et notre seul châtiment est de vivre dans le désir sans espérance. »

Un grand chagrin me prit au cœur en entendant ces paroles, car je reconnus des gens d'une haute valeur qui étaient en suspens dans ces limbes.

« Dis-moi, mon maître, dis-moi, seigneur, m'écriai-je, pour me rendre

Dissi : « Come verrò, se tu paventi,
Che suoli al mio dubbiare esser conforto? »
   Ed egli a me : « L'angoscia delle genti,
Che son quaggiù, nel viso mi dipigne
Quella pietà, che tu per tema senti.       21
   Andiam, chè la via lunga ne sospigne. »
Così si mise, e così mi fe' entrare
Nel primo cerchio che l' abisso cigne.       24

   Quivi, secondo che per ascoltare,
Non avea pianto, ma che di sospiri
Che l' aura eterna facevan tremare.       27
   E ciò avvenia di duol senza martiri,
Ch' avean le turbe, ch' eran molte e grandi,
D' infanti, e di femmine, e di viri.       30
   Lo buon Maestro a me : « Tu non dimandi
Che spiriti son questi che tu vedi ?
Or vo' che sappi, innanzi che più andi,       33
   Ch' ei non peccaro : e s' elli hanno mercedi,
Non basta, perch' ei non ebber battesmo,
Ch' è porta della Fede che tu credi ;       36
   E se furon dinanzi al Cristianesmo,
Non adorar debitamente Dio :
E di questi cotai son io medesmo.       39
   Per tai difetti, e non per altro rio,
Semo perduti, e sol di tanto offesi,
Che senza speme vivemo in disio. »       42
   Gran duol mi prese al cor quando lo intesi,
Perocchè gente di molto valore
Conobbi che in quel limbo eran sospesi.       45
   « Dimmi, Maestro mio, dimmi, Signore, »
Comincia' io per volere esser certo

« Notre seul châtiment est de vivre dans le désir sans espérance. »

L'Enfer, ch. IV.

« . . . . . . . *Sol di tanto offesi,*
*Che senza speme vivemo in disio.* »

Inferno, c. IV, v. 41 e 42.

#### CHANT QUATRIÈME.

plus sûr de cette foi qui triomphe de toute erreur, est-il quelqu'un qui, par son mérite ou par le mérite d'autrui, soit sorti d'ici pour être parmi les bienheureux ? »

Et lui, qui comprit le sens que cachaient mes paroles, répondit : « J'étais nouveau en ce lieu, lorsque j'y vis descendre un puissant couronné du signe de la victoire. Il en tira l'ombre du premier père, d'Abel, son fils, et celle de Noé, de Moïse, législateur et obéissant; Abraham patriarche, et David roi, Israël avec son père et ses fils, et avec Rachel, pour qui il fit tant, et bien d'autres avec eux, et les rendit au bonheur; et je veux que tu saches qu'avant ceux-là, nul esprit humain n'avait été sauvé. »

Nous ne laissions pas d'aller tandis qu'il parlait, mais nous traversions toujours la forêt, épaisse forêt d'esprits, veux-je dire. Nous n'étions pas bien éloignés de l'entrée de l'abîme, quand je vis un feu qui perçait un hémisphère de ténèbres. Quelques pas nous en séparaient encore, mais je pouvais déjà entrevoir que d'illustres âmes occupaient ce lieu.

« O toi, qui honores toute science et tout art, quels sont ceux-ci dont la gloire est si grande qu'on les sépare des autres ? »

Il me répondit : « Leur belle renommée, qui retentit là-haut dans votre monde, leur acquiert cette grâce du Ciel qui les élève ainsi. »

Alors j'entendis une voix :

Di quella fede, che vince ogni errore : 48
 « Uscinne mai alcuno o per suo merto,
O per altrui, che poi fosse beato ? »
E quei, che intese 'l mio parlar coverto, 51
 Rispose : « Io era nuovo in questo stato,
Quando ci vidi venire un Possente
Con segno di vittoria incoronato.
 Trasseci l' ombra del primo parente,
D' Abel suo figlio, e quella di Noè,
Di Moisè legista e ubbidiente; 57
 Abraam patriarca, e David re,
Israel con suo padre e co' suoi nati,
E con Rachele, per cui tanto fe'; 60
 Ed altri molti, e fecegli beati :
E vo' che sappi, che dinanzi ad essi
Spiriti umani non eran salvati. » 63

Non lasciavam l' andar, perch' ei dicessi,
Ma passavam la selva tuttavia,
La selva dico di spiriti spessi. 66
 Non era lungi ancor la nostra via
Di qua dal sommo, quand' io vidi un foco
Ch' emisperio di tenebre vincia. 69
 Di lungi v' eravamo ancora un poco,
Ma non sì, ch' io non discernessi in parte,
Ch' orrevol gente possedea quel loco. 72
 « O tu, ch' onori ogni scienza ed arte,
Questi chi son, ch' hanno cotanta orranza,
Che dal modo degli altri gli diparte ? » 75
 E quegli a me : « L' onrata nominanza,
Che di lor suona su nella tua vita,
Grazia acquista nel Ciel, che sì gli avanza. »
 Intanto voce fu per me udita :

« Honorez le sublime poëte; son ombre, qui était partie, revient. »

La voix se tut, et je vis venir à nous quatre grandes ombres : leur aspect n'était ni triste ni joyeux.

Le bon maître me dit :

« Regarde celui qui marche, une épée à la main, comme un seigneur, devant les trois autres; celui-là est Homère, le poëte souverain ; l'autre qui le suit est Horace le satirique, Ovide est le troisième, et le dernier est Lucain. Comme chacun d'eux partage avec moi le nom qu'a fait retentir la voix seule, ils me font honneur, et ils font bien. »

Ainsi je vis se réunir la belle école de ce maître du chant sublime, qui plane sur les autres comme l'aigle. Dès qu'ils eurent devisé ensemble quelque peu, ils se tournèrent vers moi avec un geste de salut, et mon maître en sourit. Et ils me firent encore plus d'honneur, car ils me reçurent dans leurs rangs, de sorte que je fus le sixième parmi tant de génie. Nous marchâmes ainsi jusqu'à la clarté, en parlant de choses qu'il est bien de taire, comme il était bien de les dire dans le milieu où je me trouvais. Nous arrivâmes au pied d'un noble château, environné sept fois de hautes murailles et défendu tout autour par un limpide ruisseau. Nous le franchîmes comme une terre ferme; je traversai sept portes avec mes sages, et nous vînmes dans un pré de fraîche verdure. Là

« Onorate l' altissimo Poeta :
L' ombra sua torna, ch' era dipartita. »
  Poichè la voce fu restata e queta,
Vidi quattro grand' ombre a noi venire :
Sembianza avevan nè trista, nè lieta.
  Lo buon Maestro cominciommi a dire :
« Mira colui con quella spada in mano,
Che vien dinanzi a' tre sì come sire.
  Quegli è Omero poeta sovrano :
L' altro è Orazio satiro che viene,
Ovidio è 'l terzo, e l' ultimo è Lucano.
  Perocchè ciascun meco si conviene
Nel nome che sonò la voce sola,
Fannomi onore, e di ciò fanno bene. »
  Così vidi adunar la bella scuola
Di quel signor dell' altissimo canto,
Che sovra gli altri com' aquila vola.
  Da ch' ebber ragionato insieme alquanto,
Volsersi a me con salutevol cenno :
E 'l mio Maestro sorrise di tanto.
  E più d' onore ancora assai mi fenno :
Ch' essi mi fecer della loro schiera,
Sì ch' io fui sesto tra cotanto senno.
  Così n' andammo infino alla lumiera,
Parlando cose che 'l tacere è bello,
Sì com' era 'l parlar colà dov' era.
  Venimmo al piè d' un nobile castello,
Sette volte cerchiato d' alte mura,
Difeso intorno d' un bel fiumicello.
  Questo passammo come terra dura :
Per sette porte entrai con questi savi :
Giugnemmo in prato di fresca verdura.

Ainsi je vis se réunir la belle école de ce maître du chant sublime, qui plane sur les autres comme l'aigle.

L'Enfer, ch. IV.

*Così vidi adunar la bella scuola
Di quel Signor dell' altissimo canto,
Che sovra gli altri com' aquila vola.*

Inferno, c. IV, v. 94, 95 e 96.

# CHANT QUATRIÈME.

étaient des gens aux regards lents et graves, d'un aspect plein d'autorité ; ils parlaient rarement et d'une voix douce.

Nous nous retirâmes vers l'un des côtés, dans un lieu ouvert, lumineux et élevé, d'où nous pouvions les embrasser du regard ; et là, debout sur le vert émail, me furent montrés les grands esprits que je me glorifie en moi-même d'avoir vus.

Je vis Électre avec beaucoup de compagnons, parmi lesquels je reconnus Hector, Énée, et César, armé, aux yeux d'épervier. Je vis Camille et Penthésilée, et le roi Latinus, assis près de sa fille Lavinie. Je vis ce Brutus qui chassa Tarquin, Lucrèce, Julie, Marcia et Cornélie, et Saladin tout seul à l'écart.

Puis, ayant élevé un peu plus les yeux, je vis le maître de ceux qui savent, assis au milieu de la famille philosophique. Tout le monde l'admire et lui rend hommage.

Là, je vis Socrate et Platon, qui étaient plus près de lui que tous les autres ; Démocrite, qui livre le monde au hasard ; Diogène, Anaxagore et Thalès ; Empédocle, Héraclite et Zénon. Et je vis le profond observateur de la Qualité, Dioscoride, veux-je dire[1] ; et je vis Orphée, Tullius et Linus, et Sénèque le moraliste, Euclide le géomètre et Ptolomée, Hippocrate, Avicenne et Galien ; Averroës, qui fit le grand commentaire.

Genti v' eran con occhi tardi e gravi,
Di grande autorità ne' lor sembianti :
Parlavan rado con voci soavi.         114
   Traemmoci così dall' un de' canti
In luogo aperto, luminoso, ed alto,
Sì che veder si potén tutti quanti.    117
   Colà diritto sopra 'l verde smalto
Mi fur mostrati gli spiriti magni,
Che di vederli in me stesso m' esalto. 120
   Io vidi Elettra con molti compagni.
Tra' quai conobbi ed Ettore, ed Enea,
Cesare armato con gli occhi grifagni.  123
   Vidi Cammilla, e la Pentesilea
Dall' altra parte, e vidi 'l re Latino,
Che con Lavinia sua figlia sedea.      126
   Vidi quel Bruto che cacciò Tarquino ;
Lucrezia, Iulia, Marzia, e Corniglia ;
E solo in parte vidi 'l Saladino.      129
   Poichè innalzai un poco più le ciglia,
Vidi 'l Maestro di color che sanno,
Seder tra filosofica famiglia.         132
   Tutti l' ammiran, tutti onor gli fanno.
Quivi vid' io e Socrate, e Platone,
Che innanzi agli altri più presso gli stanno. 135
   Democrito, che 'l mondo a caso pone,
Diogenes, Anassagora, e Tale,
Empedocles, Eraclito, e Zenone ;       138
   E vidi 'l buono accoglitor del quale,
Dioscoride dico ; e vidi Orfeo,
Tullio, e Lino, e Seneca morale :      141
   Euclide geometra, e Tolommeo,
Ippocrate, Avicenna, e Galieno,

Je ne puis pas les nommer tous, car la longueur de mon sujet me presse, et souvent la parole manque aux faits. La compagnie des six se diminue de deux; mon sage guide me conduit par un autre chemin, hors de l'air tranquille, dans l'air qui tremble, et je viens en un lieu où rien ne luit.

Averrois, che 'l gran comento feo. 144
  Io non posso ritrar di tutti appieno,
Perocchè sì mi caccia 'l lungo tema,
Che molte volte al fatto il dir vien meno. 147

  La sesta compagnia in duo si scema :
Per altra via mi mena 'l savio Duca
Fuor della queta nell' aura che trema : 150
  E vengo in parte ove non è che luca.

Là, Minos siége, terrible et grondant.

L'Enfer, ch. V.

*Stavvi Minos orribilmente, e ringhia.*

Inferno, c. V, v. 4.

# CHANT CINQUIÈME.

*Deuxième cercle : Minos est à l'entrée pour envoyer les âmes coupables chacune en son lieu de supplice. Ce cercle, où commence la série des sept péchés, est celui des luxurieux. Ouragan et tourmente; Françoise de Rimini et son amant s'arrêtent quelques instants. Récit de l'origine de leur faute. Dante attendri s'évanouit.*

Ainsi je descendis du premier cercle dans le second, qui renferme moins d'espace et plus de douleur, douleur si poignante qu'elle arrache des cris. Là, Minos siége, terrible et grondant; il examine les crimes à l'entrée, il juge et envoie les coupables selon les replis dont il s'enroule. Je dis que lorsqu'une âme maudite arrive en sa présence, elle se confesse tout entière, et ce connaisseur des péchés voit quel lieu de l'enfer elle mérite, et s'enroule de sa queue autant de fois qu'il veut qu'elle descende de degrés. Il y en a toujours une multitude devant lui; elles vont, chacune à son tour, au jugement; elles parlent, écoutent, et sont précipitées.

« O toi qui viens dans ce lieu de douleurs, me dit Minos aussitôt qu'il m'aperçut, en suspendant l'exercice de son ministère solennel, regarde bien

## CANTO QUINTO.

Così discesi del cerchio primaio
Giù nel secondo, che men luogo cinghia,
E tanto più dolor che pugne a guaio.  3
   Stavvi Minos orribilmente, e ringhia :
Esamina le colpe nell' entrata :
Giudica, e manda, secondo ch' avvinghia.
   Dico che, quando l' anima mal nata
Gli vien dinanzi, tutta si confessa :
E quel conoscitor delle peccata  9
Vede qual luogo d' Inferno è da essa :
Cignesi con la coda tante volte,
Quantunque gradi vuol che giù sia messa.
   Sempre dinanzi a lui ne stanno molte :
Vanno a vicenda ciascuna al giudizio :
Dicono, e odono, e poi son giù volte.  15
   « O tu che vieni al doloroso ospizio, »
Disse Minos a me, quando mi vide,
Lasciando l' atto di cotanto ufizio,  18

comment tu entres et à qui tu te fies; que la largeur de l'entrée ne t'abuse pas. »
Et mon guide à lui : « Qu'as-tu à crier de la sorte? N'empêche pas son voyage
fatal. On le veut ainsi là où l'on peut tout ce que l'on veut : n'en demande
pas davantage. »

Et voilà que des cris plaintifs commencent de se faire entendre, voilà que
de grands sanglots frappent mon oreille. Je vins en un lieu muet de toute
lumière, qui mugit comme la mer pendant la tempête, quand elle est battue
par les vents contraires. L'ouragan infernal, qui ne s'arrête jamais, entraîne
les esprits dans son tourbillon, et les roule, et les frappe, et les meurtrit.
Lorsqu'ils arrivent au bord du précipice, ce sont des cris, des sanglots et des
plaintes; là, ils blasphèment la vertu divine. J'appris que par ce tourment étaient
punis les pécheurs charnels, qui mettent la raison au-dessous du désir, et comme
les étourneaux sont portés par leurs ailes, dans les temps froids, en troupe large
et serrée, ainsi ce souffle emporte les mauvais esprits. Deçà, delà, en haut,
en bas, il les entraîne; nul espoir de repos, ni d'une moindre douleur, ne vient
les consoler. Et comme les grues vont chantant leur lai, et fendent l'air en
longues files, ainsi je vis venir, traînant leurs plaintes, des ombres emportées
par l'ouragan.

« Maître, m'écriai-je, quelle est cette foule que l'air sombre ainsi châtie?

« Guarda com' entri, e di cui tu ti fide :
Non t' inganni l' ampiezza dell' entrare. »
E 'l Duca mio a lui : « Perchè pur gride? »
Non impedir lo suo fatale andare :
Vuolsi così colà dove si puote
Ciò che si vuole, e più non dimandare. »
Ora incomincian le dolenti note
A farmisi sentire : or son venuto
Là, dove molto pianto mi percote.
Io venni in luogo d' ogni luce muto,
Che mugghia, come fa mar per tempesta
Se da contrari venti è combattuto.
La bufera infernal che mai non resta,
Mena gli spirti con la sua rapina;
Voltando, e percotendo gli molesta.
Quando giungon davanti alla ruina,
Quivi le strida, il compianto, e 'l lamento;
Bestemmian quivi la virtù divina.
Intesi ch' a così fatto tormento
Eran dannati i peccator carnali,
Che la ragion sommettono al talento.
E come gli stornei ne portan l' ali
Nel freddo tempo a schiera larga e piena :
Così quel fiato gli spiriti mali,
Di qua, di là, di giù, di su gli mena.
Nulla speranza gli conforta mai,
Non che di posa, ma di minor pena.
E come i gru van cantando lor lai,
Facendo in aer di sè lunga riga,
Così vid' io venir, traendo guai,
Ombre portate dalla detta briga.
Perch' io dissi : « Maestro, chi son quelle

L'ouragan infernal, qui ne s'arrête jamais, entraîne les esprits dans son tourbillon.

L'Enfer, ch. V.

*La bufera infernal che mai non resta,*
*Mena gli spirti con la sua rapina.*

Inferno, c. V, v. 31 e 32.

« Poëte, volontiers parlerais-je à ces deux qui vont ensemble et paraissent si légers au vent. »

L'Enfer, ch. V.

.......... « *Poeta, volentieri*
*Parlerei a que' duo che insieme vanno,*
*E paion sì al vento esser leggieri.* »

Inferno, c. V, v. 73, 74 e 75.

— La première de ces âmes que tu veux connaître, me dit-il alors, régna sur nombre de peuples de langues diverses; elle fut si rompue au vice de luxure, que tout ce qui plaît, elle le permit dans sa loi, pour échapper à la honte où elle était tombée : c'est Sémiramis, de qui on lit qu'elle succéda à Ninus et fut son épouse; elle posséda la terre que le soudan gouverne. L'autre est celle qui se tua par amour et rompit la foi jurée aux cendres de Sichée; ensuite vient Cléopatre la luxurieuse. »

Je vis Hélène, cause de tant d'années cruelles, et je vis le grand Achille, qui périt vaincu par l'amour.

Je vis Pàris, Tristan, et il me nomma et me montra du doigt plus de mille ombres à qui l'amour a fait quitter la vie.

Lorsque mon maître m'eut nommé les dames antiques et les cavaliers, la pitié me prit, et je fus comme éperdu.

Je dis : « Poëte, volontiers parlerais-je à ces deux qui vont ensemble et paraissent si légers au vent. »

Et lui : « Tu verras quand ils seront plus près de nous : alors prie-les au nom de cet amour qui les entraîne, et ils viendront. »

Aussitôt que le vent les eut portés vers nous, j'élevai la voix : « O âmes désolées, venez nous parler, si nul ne le défend. »

Genti, che l' aer nero sì gastiga? » —
« La prima di color, di cui novelle
Tu vuoi saper, » mi disse quegli allotta,
« Fu imperatrice di molte favelle.
 A vizio di lussuria fu sì rotta,
Che libito fe' licito in sua legge,
Per torre il biasmo in che era condotta.
 Ell' è Semiramìs, di cui si legge
Che succedette a Nino, e fu sua sposa :
Tenne la terra che 'l Soldan corregge.
 L' altra è colei che s' ancise amorosa,
E ruppe fede al cener di Sicheo :
Poi è Cleopatràs lussuriosa. » —
 Elena vidi, per cui tanto reo
Tempo si volse; e vidi 'l grande Achille,
Che con amore al fine combatteo.
 Vidi Paris, Tristano; e più di mille
Ombre mostrommi, e nominolle a dito,
Ch' Amor di nostra vita dipartille.
 Poscia ch' io ebbi il mio Dottore udito
Nomar le donne antiche e i cavalieri,
Pietà mi vinse, e fui quasi smarrito.
 Io cominciai : « Poeta, volontieri
Parlerei a que' duo che insieme vanno,
E paion sì al vento esser leggieri. »
 Ed egli a me : « Vedrai quando saranno
Più presso a noi ; e tu allor gli prega
Per quell' amor che i mena, e quei verranno. »
 Sì tosto come 'l vento a noi gli piega,
Mossi la voce : « O anime affannate,
Venite a noi parlar, s' altri nol niega. »

Telles que des colombes appelées par le désir, les ailes ouvertes et immobiles, volent à leur doux nid, portées par un seul vouloir, ainsi ces deux âmes sortirent de la foule où est Didon, venant à nous par l'air malfaisant, tant mon cri affectueux eut de force sur elles.

« Être gracieux et bon, qui, traversant cet air sombre, viens nous visiter, nous qui avons teint le monde de sang, si le roi de l'univers nous était propice, nous le prierions pour ton bonheur, puisque tu as pitié de notre sort affreux. Nous écouterons ce que tu veux nous dire, et ce que tu veux entendre, nous te le dirons, tant que le vent se taira comme il le fait. La ville où je suis née est assise au bord de la mer, où le Pô vient se reposer avec tous les fleuves qui lui font cortége. Amour, qui se prend vite aux nobles cœurs, éprit celui-ci du beau corps qui m'a été enlevé, de telle sorte que j'en suis encore flétrie. Amour, qui ne permet à nul être aimé de ne pas aimer, m'éprit d'une telle envie de lui complaire, que, comme tu vois, même à cette heure, il ne me quitte point. Amour nous a conduits à la même mort! Le cercle de Caïn attend celui qui nous tua là-haut. »

Telles furent leurs paroles. Dès que j'eus entendu ces âmes blessées, j'inclinai le front, et je le tins si longtemps penché, qu'à la fin le poëte me dit : « A quoi penses-tu ? » Quand je pus répondre, je m'écriai : « Hélas ! que de

Quali colombe dal disio chiamate,
Con l' ali aperte e ferme, al dolce nido
Volan, per l' aer dal voler portate :  84
  Cotali uscir della schiera ov' è Dido,
A noi venendo per l' aer maligno,
Sì forte fu l' affettuoso grido.  87
  « O animal grazioso e benigno,
Che visitando vai per l' aer perso
Noi che tignemmo 'l mondo di sanguigno ;
  Se fosse amico il Re dell' universo,
Noi pregheremmo lui per la tua pace,
Da ch' hai pietà del nostro mal perverso.  93
  Di quel ch' udire, e che parlar vi piace
Noi udiremo, e parleremo a vui,
Mentre che 'l vento, come fa, si tace.  96
  Siede la terra dove nata fui
Su la marina, dove 'l Po discende
Per aver pace co' seguaci sui.  99
  Amor, che al cor gentil ratto s' apprende,
Pre se costui della bella persona
Che mi fu tolta, e 'l modo ancor m' offende :
  Amor, che a nullo amato amar perdona,
Mi prese del costui piacer sì forte,
Che, come vedi, ancor non m' abbandona :
  Amor condusse noi ad una morte :
Caina attende chi in vita ci spense. »
Queste parole da lor ci fur porte.  105
  Da ch' io intesi quell' anime offense,
Chinai il viso, e tanto 'l tenni basso,
Fin che 'l Poeta mi disse : « Che pense? »  111
  Quando risposi, cominciai : « O lasso !
Quanti dolci pensier, quanto disio

« Amour nous a conduits à la même mort ! Le cercle de Caïn attend celui qui nous tua là-haut. »

L'Enfer, ch. V.

« *Amor condusse noi ad una morte :*
*Caina attende chi vita ci spense.* »

Inferno, c. V, v. 106 e 107.

« Ce jour, nous ne lûmes pas plus avant. »

L'Enfer, ch. V.

*« Quel giorno più non vi leggemmo avante. »*

Inferno, c. V, v. 138.

Et je tombai comme tombe un corps mort.

L'Enfer, ch. V.

*E caddi come corpo morto cade.*

Inferno, c. V, v. 142.

pensées douces, que de désirs ont mené ceux-là à leur fin malheureuse ! »
Puis, je me tournai vers eux, et je parlai, et je dis : « Francesca, tes tourments
me font pleurer de tristesse et de pitié. Mais dis-moi, au temps des doux soupirs, à quoi et comment l'Amour a-t-il fait que vous ayez compris vos vagues
désirs ? »

Et elle à moi : « Nulle douleur plus grande que de se souvenir des temps
heureux dans la misère, et ton maître le sait; mais si tu as tant à cœur de connaître la première origine de nos amours, je ferai comme celui qui parle et
qui pleure. Nous lisions un jour, par plaisir, comment l'Amour s'empara de
Lancelot; nous étions seuls et sans aucune défiance; plusieurs fois cette lecture
fit rencontrer nos yeux et nous fit changer de couleur, mais un seul endroit
nous perdit. Quand nous lûmes comment le sourire adoré avait été baisé par
un tel amant, celui-ci, qui ne sera jamais séparé de moi, me baisa la bouche
tout tremblant. Le livre et celui qui l'écrivit furent pour nous un autre Galléhaut.... Ce jour, nous ne lûmes pas plus avant. »

Tandis qu'un des esprits parlait ainsi, l'autre pleurait si fort, que je défaillis
de pitié comme si je mourais, et je tombai comme tombe un corps mort.

| | |
|---|---|
| Menò costoro al doloroso passo ! » 114 | Soli eravamo, e senza alcun sospetto. 129 |
| Poi mi rivolsi a loro, e parlai io, | Per più fiate gli occhi ci sospinse |
| E cominciai : « Francesca, i tuoi martiri | Quella lettura, e scolorocci 'l viso : |
| A lagrimar mi fanno tristo, e pio. 117 | Ma solo un punto fu quel che ci vinse. 132 |
| Ma dimmi : al tempo de' dolci sospiri, | Quando leggemmo il disiato riso |
| A che, e come concedette Amore | Esser baciato da cotanto amante, |
| Che conosceste i dubbiosi desiri ? » 120 | Questi, che mai da me non fia diviso, 135 |
| Ed ella a me : « Nessun maggior dolore | La bocca mi baciò tutto tremante. |
| Che ricordarsi del tempo felice | Galeotto fu il libro, e chi lo scrisse : — |
| Nella miseria, e ciò sa 'l tuo dottore. 123 | Quel giorno più non vi leggemmo avante.» |
| Ma se a conoscer la prima radice | |
| Del nostro amor tu hai cotanto affetto, | Mentre che l'uno spirto questo disse, |
| Farò come colui che piange, e dice. 126 | L'altro piangeva sì, che di pietade |
| Noi leggevamo un giorno per diletto | Io venni men così com' io morisse, 141 |
| Di Lancilotto, come Amor lo strinse : | E caddi, come corpo morto cade. |

# CHANT SIXIÈME.

*Troisième cercle. Les Gourmands; pluie lourde et froide. Cerbère. Le Florentin Ciacco : prédiction de malheurs politiques; renseignements sur le sort de quelques autres Florentins fameux. Dante apprend de Virgile qu'à l'époque du Jugement dernier, les peines infernales s'accroîtront encore, en vertu de la perfection finale de toutes choses, devant résulter, soit dans le mal, soit dans le bien, de la consommation du monde créé.*

Aussitôt que j'eus recouvré mes esprits émus par le malheur de ces deux parents, qui m'avait accablé de tristesse, je vis autour de moi de nouveaux tourments et de nouveaux tourmentés, partout où je me retournais et où je regardais. Me voici dans le troisième cercle de la pluie éternelle, maudite, froide et pesante, qui tombe également et toujours la même. Une grêle épaisse, de l'eau noirâtre et de la neige tombent à flots par l'air ténébreux; la terre qui s'en abreuve exhale une odeur infecte. Cerbère, bête féroce et étrange, aboie de ses trois gueules de chien sur la foule qui est là submergée. Il a les yeux rouges, la barbe grasse et noire, le ventre énorme et les mains crochues; il déchire les esprits, les écorche et les écartèle.

## CANTO SESTO.

Al tornar della mente, che si chiuse
Dinanzi alla pietà de' duo cognati,
Che di tristizia tutto mi confuse,  3

 Nuovi tormenti e nuovi tormentati
Mi veggio intorno, come ch' io mi muova,
E come ch' i' mi volga, e ch' io mi guati.  6

 Io sono al terzo cerchio della piova
Eterna, maledetta, fredda, e greve :
Regola, e qualità mai non l' è nuova.  9

 Grandine grossa, ed acqua tinta, e neve
Per l' aer tenebroso si riversa :
Pute la terra, che questo riceve.  12

 Cerbero, fiera crudele e diversa,
Con tre gole caninamente latra
Sovra la gente, che quivi è sommersa.  15

 Gli occhi ha vermigli e la barba unta ed atra,
E 'l ventre largo, e unghiate le mani :
Graffia gli spirti, gli scuoia, ed isquatra.  18

Mon guide alors ouvrit ses deux mains, prit de la terre et la jeta à pleines poignées dans les gueules avides.

L'Enfer, ch. VI.

*E 'l Duca mio distese le sue spanne,*
*Prese la terra, e con piene le pugna*
*La gittò dentro alle bramose canne.*

Inferno, c. VI, v. 25, 26 e 27.

Et lui : « Ta ville, qui est si pleine d'envie que le sac en déborde, fut ma demeure aux jours sereins de la vie. Vous, concitoyens, vous m'appelâtes Ciacco. »

L'Enfer, ch. VI.

*Ed egli a me : « La tua città, ch' è piena*
*D'invidia sì, che già trabocca il sacco,*
*Seco mi tenne in la vita serena.*
  *Voi, cittadini, mi chiamaste Ciacco. »*

Inferno, c. VI, v. 49, 50, 51 e 52.

La pluie les fait hurler comme des chiens; les misérables profanes se tournent incessamment, et font de l'un de leurs flancs abri à l'autre. Quand Cerbère, le grand ver, nous eut aperçus, il ouvrit ses gueules et nous montra ses défenses; il n'avait pas un membre qui ne frémît. Mon guide alors ouvrit ses deux mains, prit de la terre et la jeta à pleines poignées dans les gueules avides. Tel un dogue affamé, qui convoite en aboyant, s'apaise aussitôt qu'il mord sa proie, ne songeant plus qu'à la dévorer, ainsi firent les mâchoires hideuses du démon Cerbère, qui étourdit si fort les âmes, qu'elles voudraient être sourdes. Nous foulions cependant ces ombres accablées par l'orage, et nous posions les pieds sur leurs vains fantômes, qui paraissent des corps. Elles gisaient par terre pêle-mêle, hormis une, qui se leva tout à coup pour s'asseoir lorsqu'elle nous vit passer devant elle.

« O toi que l'on amène par cet enfer, me dit-elle, reconnais-moi si tu le peux; tu fus fait avant que je fusse défait. »

Et je lui répondis : « L'angoisse que tu ressens, peut-être t'efface-t-elle de mon souvenir, si bien qu'il me semble ne t'avoir jamais vu. Mais dis-moi qui tu es, toi que je vois plongé dans un lieu si triste, et condamné à un tel supplice, que, s'il en est de plus grand, il n'en est pas de plus déplaisant. »

Et lui : « Ta ville, qui est si pleine d'envie que le sac en déborde, fut ma

Urlar gli fa la pioggia come cani :
Dell' un de' lati fanno all' altro schermo;
Volgonsi spesso i miseri profani.   21

Quando ci scorse Cerbero, il gran vermo,
Le bocche aperse, e mostrocci le sanne :
Non avea membro che tenesse fermo.   24

E 'l Duca mio distese le sue spanne,
Prese la terra, e con piene le pugna
La gittò dentro alle bramose canne.   27

Qual è quel cane, ch' abbaiando agugna,
E si racqueta poi che 'l pasto morde,
Chè solo a divorarlo intende, e pugna;   30

Cotai si fecer quelle facce lorde
Dello demonio Cerbero, che introna
L' anime sì, ch' esser vorrebber sorde.   33

Noi passavam su per l' ombre, ch' adona

La greve pioggia, e ponevam le piante
Sopra lor vanità, che par persona.   36

Elle giacean per terra tutte quante,
Fuor ch' una, che a seder si levò, ratto
Ch' ella ci vide passarsi davante.   39

« O tu, che sei per questo Inferno tratto,
Mi disse, riconoscimi, se sai :
Tu fosti prima ch' io disfatto, fatto. »   42

Ed io a lei : « L' angoscia che tu hai
Forse ti tira fuor della mia mente,
Sì che non par ch' io ti vedessi mai.   45

Ma dimmi chi tu se', che in sì dolente
Luogo sei messa, ed a sì fatta pena,
Che s' altra è maggio, nulla è sì spiacente. »

Ed egli a me : « La tua città, ch' è piena

demeure aux jours sereins de la vie. Vous, citoyens, vous m'appelâtes Ciacco[1]; pour le grave péché de gourmandise, comme tu vois, je suis brisé sous la pluie, et je ne suis pas la seule âme maudite qui souffre ainsi ; car toutes celles-là sont condamnées à la même peine pour la même faute. »

Et il ne dit plus mot.

« Ciacco, répondis-je, tes malheurs m'émeuvent si fort qu'ils m'arrachent des larmes. Mais dis-moi, si tu le sais, où en viendront les citoyens de la ville divisée ? renferme-t-elle encore un juste ? et dis-moi pourquoi tant de discordes l'ont assaillie. »

Il répondit : « Après de longs débats, ils en viendront au sang, et le parti sauvage chassera l'autre avec de grandes offenses. Puis il faudra qu'il tombe à son tour, après trois soleils, et que l'autre l'emporte, aidé par tel qui flatte en ce moment. Ce parti tiendra longtemps le front haut, accablant l'autre de lourds fardeaux, bien qu'il en pleure et en ait honte. Il y a deux justes, mais ils ne sont pas écoutés ; l'orgueil, l'envie, l'avarice sont les trois brandons qui ont embrasé les cœurs. »

Ici il acheva son récit lamentable, et moi : « Je veux que tu m'instruises et que tu me fasses encore don de quelques paroles. Farinata et Tegghiaio, qui furent si grands, Jacopo Rusticucci, Arrigo, Mosca, et les autres qui appli-

D' invidia sì, che già trabocca il sacco,
Seco mi tenne in la vita serena.
   Voi, cittadini, mi chiamaste Ciacco :
Per la dannosa colpa della gola,
Come tu vedi, alla pioggia mi fiacco :  54
   Ed io anima trista non son sola,
Chè tutte queste a simil pena stanno
Per simil colpa. » E più non fe' parola.  57
   Io gli risposi : « Ciacco, il tuo affanno
Mi pesa sì, ch' a lagrimar m' invita :
Ma dimmi, se tu sai, a che verranno  60
   Li cittadin della città partita :
S' alcun v' è giusto ; e dimmi la cagione,
Perchè l' ha tanta discordia assalita. »  63
   Ed egli a me : « Dopo lunga tenzone
Verranno al sangue, e la parte selvaggia

Caccerà l' altra con molta offensione.  66
   Poi appresso convien che questa caggia
Infra tre Soli, e che l' altra sormonti
Con la forza di tal, che testè piaggia.  69
   Alto terrà lungo tempo le fronti,
Tenendo l' altra sotto gravi pesi,
Come che di ciò pianga, e che n' adonti.  72
   Giusti son due ; ma non vi sono intesi ;
Superbia, invidia, ed avarizia sono
Le tre faville ch' hanno i cori accesi. »  75

   Qui pose fine al lacrimabil suono ;
Ed io a lui : « Ancor vo' che m' insegni,
E che di più parlar mi facci dono.  78
   Farinata, e 'l Tegghiaio, che fur sì degni,
Iacopo Rusticucci, Arrigo, e 'l Mosca,

## CHANT SIXIÈME.

quèrent leur génie à bien faire, de grâce, où sont-ils? fais-moi-les connaître; car un grand désir me presse de savoir s'ils ont en partage les douceurs du ciel ou les poisons de l'enfer. »

Et lui : « Ils sont parmi les âmes les plus noires; d'autres péchés les ont précipités plus bas; si tu vas jusque-là, tu pourras les voir; mais lorsque tu seras dans le doux monde, rappelle-moi, je t'en prie, au souvenir des miens. Je ne te dis plus rien, et je ne te réponds plus. »

Alors il roula obliquement ses yeux, qui étaient fixes d'abord, il me regarda encore un moment, puis il baissa la tête et retomba parmi les autres aveugles. Et mon guide me dit : « Il ne se réveillera qu'au son de la trompette de l'ange, quand viendra la puissance que redoutent les pervers. Chacun d'eux regagnera sa triste tombe, reprendra sa chair et sa figure, et entendra l'arrêt qui retentit dans l'éternité. »

Ainsi nous passâmes à travers cet affreux mélange d'ombres et de pluie, à pas lents, en nous entretenant un peu de la vie future.

« Maître, lui dis-je alors, ces tourments croîtront-ils après la grande sentence? seront-ils adoucis, ou seront-ils aussi cuisants? »

Et lui : « Reporte-toi à ta science, qui veut que plus l'être est parfait, plus il sente vivement le plaisir ou la peine. Or, quoique cette race maudite ne

E gli altri ch'a ben far poser gl'ingegni, 81
Dimmi ove sono, e fa ch'io gli conosca,
Chè gran desio mi stringe di sapere
Se 'l ciel gli addolcia, o lo 'nferno gli attosca. »

E quegli : « Ei son tra l'anime più nere :
Diversa colpa giù gli aggrava al fondo :
Se tanto scendi, gli potrai vedere.   87
Ma quando tu sarai nel dolce mondo,
Pregoti ch'alla mente altrui mi rechi :
Più non ti dico, e più non ti rispondo. » 90

Gli diritti occhi torse allora in biechi :
Guardommi un poco, e poi chinò la testa :
Cadde con essa a par degli altri ciechi. 93

E 'l Duca disse a me : « Più non si desta

Di qua dal suon dell'angelica tromba,
Quando verrà lor nimica podesta :   96
Ciascun ritroverà la trista tomba,
Ripiglierà sua carne e sua figura,
Udirà quel che in eterno rimbomba. » 99

Sì trapassammo per sozza mistura
Dell'ombre, e della pioggia, a passi lenti,
Toccando un poco la vita futura.   102
Perch' io dissi : « Maestro, esti tormenti
Cresceranno ei dopo la gran sentenza,
O fien minori, o saran sì cocenti? » 105

Ed egli a me : « Ritorna a tua scienza,
Che vuol, quanto la cosa è più perfetta,
Più senta 'l bene, e così la doglienza. 108
Tuttochè questa gente maledetta

parvienne jamais à une vraie perfection, elle devra se trouver plus parfaite après qu'avant le jugement. »

Nous parcourûmes ainsi le cercle en parlant de plus de choses que je n'en redis ; nous arrivâmes au point où l'on descend. Là nous trouvâmes Pluton, le grand ennemi.

In vera perfezion giammai non vada,
Di là, più che di qua, essere aspetta. » 111
Noi aggirammo a tondo quella strada,

Parlando più assai ch'io non ridico :
Venimmo al punto dove si digrada ; 114
Quivi trovammo Pluto, il gran nemico.

« Tais-toi, lui dit-il, loup maudit, consume-toi en toi-même et dévore ta rage. »

L'Enfer, ch. VII.

*E disse : « Taci, maladetto lupo :*
*Consuma dentro te con la tua rabbia. »*

Inferno, c. VII, v. 8 e 9.

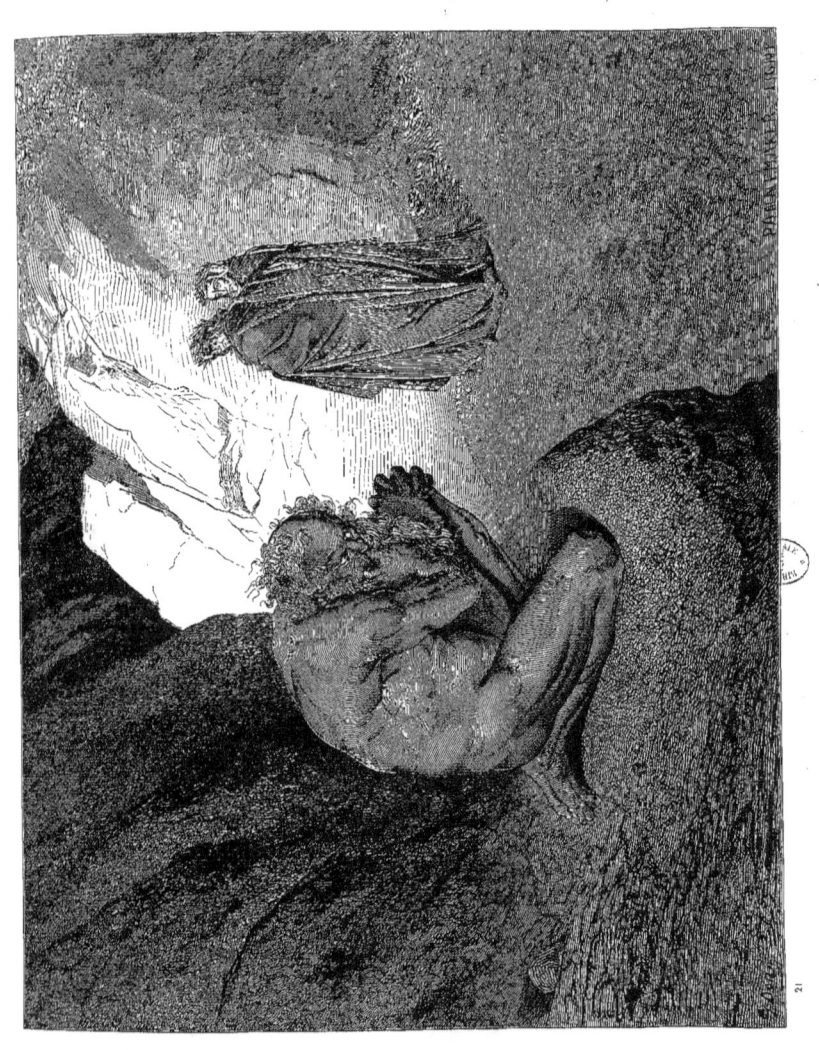

# CHANT SEPTIÈME.

*Quatrième cercle, auquel Pluton (ou Plutus) préside. L'Avarice: les Avares et les Prodigues portant et roulant de lourds fardeaux, et s'entre-choquant avec colère. Notion et image de la Fortune, l'un des agents célestes sur la terre. Cinquième cercle : la Colère. Marais du Styx où sont plongés à diverses profondeurs les Colériques, hurlant, s'entre-déchirant, ou étouffant sous la vase.*

*Pape Satan, pape Satan, aleppe*[1], cria Pluton de sa voix rauque. Et ce noble sage, qui savait tout, dit pour me rassurer : « Que ta peur ne te nuise pas, car quelque pouvoir qu'il ait, il ne t'empêchera pas de descendre ce ravin. »

Puis se tournant vers cette lèvre enflée : « Tais-toi, lui dit-il, loup maudit, consume-toi en toi-même et dévore ta rage. Ce n'est pas sans raison que celui-ci descend dans l'abîme; on le veut ainsi là-haut, où Michel tira vengeance de l'audacieux viol. »

Comme les voiles gonflées par le vent tombent affaissées quand le mât se brise, ainsi tomba à terre la bête cruelle. Alors nous descendîmes dans le quatrième gouffre, en nous avançant toujours dans l'abîme de douleur qui

## CANTO SETTIMO.

*Pape Satan, pape Satan, aleppe,*
Cominciò Pluto con la voce chioccia :
E quel Savio gentil che tutto seppe, 3

Disse per confortarmi : « Non ti noccia
La tua paura; chè, poder ch' egli abbia,
Non ti torrà lo scender questa roccia. » 6

Poi si rivolse a quella enfiata labbia,
E disse : « Taci, maladetto lupo :
Consuma dentro te con la tua rabbia. 9

Non è senza cagion l' andare al cupo :
Vuolsi nell' alto là dove Michele
Fe' la vendetta del superbo strupo. » 12

Quali dal vento le gonfiate vele
Caggiono avvolte, poichè l' alber fiacca :
Tal cadde a terra la fiera crudele. 15

Così scendemmo nella quarta lacca,
Prendendo più della dolente ripa,

engloutit tout le mal de l'univers. Ah! justice de Dieu! qui peut donc entasser tous les supplices et toutes les souffrances que je vis en ce lieu, et pourquoi nos fautes nous livrent-elles à de tels châtiments? Comme la vague au-dessus de Charybde se brise contre la vague qu'elle heurte, de même il faut ici que les maudits s'entre-choquent. Je vis là une foule d'âmes encore plus nombreuse qu'ailleurs, qui, de part et d'autre, avec de grands hurlements, roulait des fardeaux en les poussant de la poitrine. Elles se heurtaient l'une contre l'autre, puis chacune d'elles, au même point, retournait en arrière en criant : « Pourquoi retiens-tu? et, Pourquoi lâches-tu? » Ainsi elles revenaient des deux côtés du cercle obscur au point opposé, en répétant toujours leur honteux refrain. Arrivées là, elles recommençaient à parcourir leur demi-cercle, jusqu'à ce qu'elles se rencontrassent dans un nouveau choc.

Et moi qui avais le cœur tout ému, je dis : « Maître, apprends-moi donc quelles sont ces âmes, et si tous ces tonsurés que je vois à notre gauche furent prêtres. » Et lui : « Tous tant qu'ils sont furent si louches d'esprit dans la première vie, qu'ils ne firent aucune dépense avec mesure. Leur voix l'aboie clairement, lorsqu'ils arrivent aux deux points du cercle, où des fautes contraires les séparent. Ceux qui n'ont pas la tête couverte de cheveux ont été prêtres, papes et cardinaux, gens sur qui l'avarice exerce un très-grand empire. »

Che 'l mal dell' universo tutto insacca. 18
 Ahi giustizia di Dio! tante chi stipa
Nuove travaglie e pene quante io viddi?
E perchè nostra colpa sì ne scipa? 21
 Come fa l' onda là sovra Cariddi,
Che si frange con quella in cui s' intoppa;
Così convien che qui la gente riddi. 24
 Qui vid' io gente più ch' altrove troppa,
E d' una parte e d' altra con grand' urli
Voltando pesi per forza di poppa. 27
 Percotevansi incontro, e poscia pur li
Si rivolgea ciascun voltando a retro,
Gridando: « Perchè tieni? » e: « Perchè burli? »
 Così tornavan per lo cerchio tetro
Da ogni mano all' opposito punto,
Gridando sempre loro ontoso metro : 33

 Poi si volgea ciascun, quand' era giunto,
Per lo suo mezzo cerchio, all' altra giostra.
 Ed io, ch' avea lo cor quasi compunto, 36
Dissi : « Maestro mio, or mi dimostra
Che gente è questa, e se tutti fur cherci
Questi chercuti alla sinistra nostra. » 39
 Ed egli a me : « Tutti quanti fur guerci
Sì della mente in la vita primaia,
Che con misura nullo spendio ferci. 42
 Assai la voce lor chiaro l' abbaia,
Quando vengono ai duo punti del cerchio,
Ove colpa contraria gli dispaia. 45
 Questi fur cherci, che non han coperchio
Piloso al capo, e Papi, e Cardinali,
In cui usa avarizia il suo soperchio. » 48

« Tout l'or qui est ou qui fut jamais sous la lune ne pourrait donner un moment de repos à une seule de ces âmes fatiguées. »

L'Enfer, ch. VII.

*« . . . . Tutto l' oro ch' è sotto la Luna,*
*O che già fu, di quest' anime stanche*
*Non poterebbe farne posar una. »*

Inferno, c. VII, v. 64, 65 e 66.

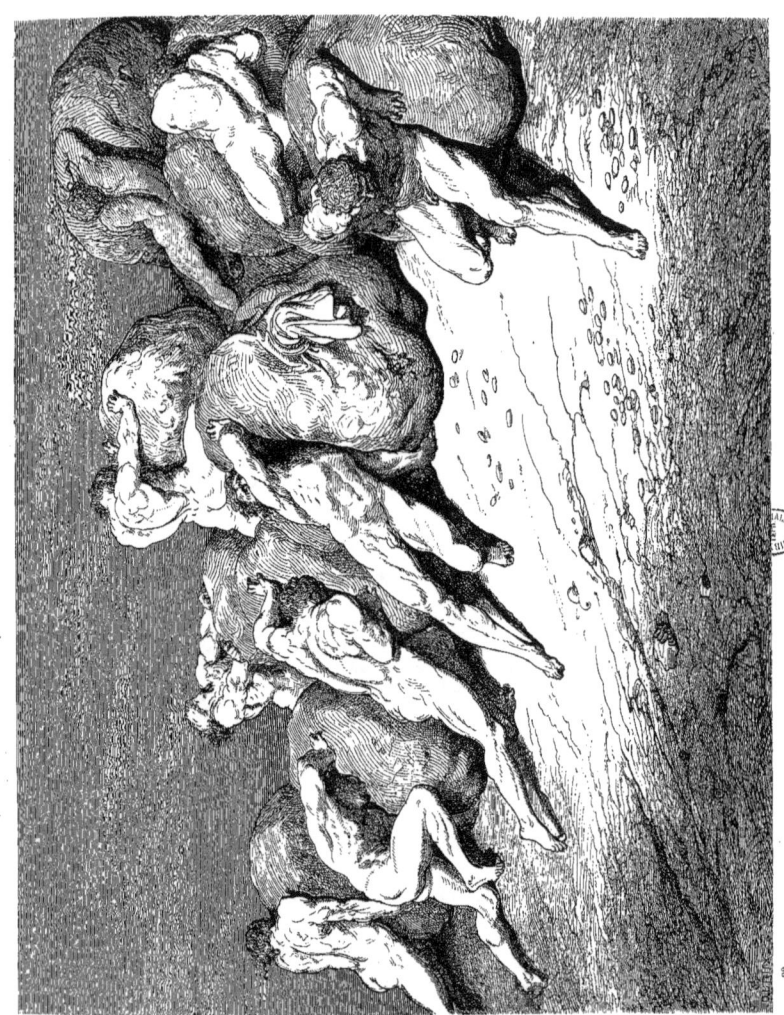

# CHANT SEPTIÈME.

Et moi : « Maître, je devrais dans ce nombre en reconnaître quelques-uns qui furent souillés de ces vices. »

Il me répondit : « Tu te flattes d'un vain espoir; la vie d'égarement qui les souilla, maintenant les dérobe à toute connaissance. Ils viendront éternellement aux deux chocs; ceux-ci ressusciteront du sépulcre le poing fermé, et ceux-là les cheveux ras. Mal donner et mal garder les a privés du monde heureux, et les a livrés à ce triste combat, que je ne veux plus orner de ma parole. Or, tu peux voir, mon fils, la courte durée des biens commis à la Fortune, et dont l'espèce humaine se tourmente; car tout l'or qui est ou qui fut jamais sous la lune ne pourrait donner un moment de repos à une seule de ces âmes fatiguées.

— Maître, repris-je alors, dis-moi encore ceci : quelle est cette Fortune dont tu me parles, et comment a-t-elle dans ses mains les biens du monde ? »

Et lui : « O sottes créatures! combien est grande l'ignorance qui vous aveugle! Comprends donc bien ce que je vais te dire. Celui dont le savoir dépasse toutes choses fit les cieux et leur donna ce qui les conduit, si bien que chaque partie resplendit à l'autre partie, distribuant également la lumière ; de même il a créé pour les splendeurs mondaines un ministre suprême et un guide, pour faire, de temps à autre, passer les biens fragiles de peuple à peuple et de

Ed io : « Maestro, tra questi cotali
Dovrei io ben riconoscere alcuni,
Che furo immondi di cotesti mali. »  51

Ed egli a me : « Vano pensiero aduni :
La sconoscente vita che i fe' sozzi,
Ad ogni conoscenza or gli fa bruni.  54

In eterno verranno agli due cozzi :
Questi risurgeranno del sepulcro
Col pugno chiuso, e quelli coi crin mozzi.

Mal dare e mal tener lo mondo pulcro
Ha tolto loro, e posti a questa zuffa :
Qual ella sia, parole non ci appulcro.  60

Or puoi, figliuol, veder la corta buffa
De' ben, che son commessi alla Fortuna,
Perchè l' umana gente si rabbuffa;  63

Chè tutto l' oro ch' è sotto la Luna,

O che già fu, di quest' anime stanche
Non poterebbe farne posar una. »  66

« Maestro, dissi lui, or mi di' anche :
Questa Fortuna, di che tu mi tocche,
Che è, che i ben del mondo ha sì tra branche?»

E quegli a me : « O creature sciocche,
Quanta ignoranza è quella che v' offende!
Or vo' che tu mia sentenza ne imbocche. 72

Colui, lo cui saver tutto trascende,
Fece li cieli, e diè lor chi conduce,
Sì ch' ogni parte ad ogni parte splende, 75

Distribuendo ugualmente la luce :
Similemente agli splendor mondani
Ordinò general ministra e duce,  78

Che permutasse a tempo li ben vani

race à race, malgré les efforts de la prévoyance humaine. C'est ainsi qu'une nation commande et l'autre languit, suivant le jugement de cette puissance, qui reste invisible comme le serpent sous l'herbe. Votre savoir ne peut rien contre elle; elle pourvoit, juge et conduit son règne comme font les autres divinités. Ses changements n'ont pas de trêve, la nécessité la fait être rapide; car à chaque instant vient un nouveau qui réclame son tour. C'est elle qui est si souvent mise en croix par ceux qui lui devraient des louanges, et ne font que lui donner à tort blâme et mauvaise renommée. Mais elle est heureuse et n'entend pas ces plaintes. Sereine avec les autres créatures premières, elle tourne sa sphère et jouit de son bonheur. Maintenant descendons vers de plus grandes angoisses : je vois déjà baisser les étoiles qui se levaient à mon départ, et il nous est défendu de trop nous arrêter. »

Nous coupâmes le cercle à l'autre bord, suivant le cours d'une source qui bout et se précipite dans un fossé creusé par ses flots. L'eau était beaucoup plus noire que perse, et nous, en compagnie des ondes bourbeuses, nous descendîmes par un autre chemin.

Ce triste ruisseau, quand il est parvenu au pied des plages grises et malignes, forme un marais qui a nom Styx. Et comme j'étais tout attentif à regarder, je vis dans ce bourbier des gens couverts de fange, et tout nus, le visage

Di gente in gente, e d'uno in altro sangue,
Oltre la difension de' senni umani :  81
 Perchè una gente impera e l'altra langue,
Seguendo lo giudicio di costei,
Che è occulto, come in erba l' angue.  84
 Vostro saver non ha contrasto a lei :
Ella provvede, giudica, e persegue
Suo regno, come il loro gli altri Dei.  87
 Le sue permutazion non hanno triegue :
Necessità la fa esser veloce,
Sì spesso vien chi vicenda consegue.  90
 Quest' è colei ch' è tanto posta in croce
Pur da color che le dovrian dar lode,
Dandole biasmo a torto, e mala voce :  93
 Ma ella s' è beata, e ciò non ode;
Con l' altre prime creature lieta

Volve sua spera, e beata si gode.  96
 Or discendiamo omai a maggior pieta :
Già ogni stella cade, che saliva
Quando mi mossi, e 'l troppo star si vieta. »
 Noi ricidemmo 'l cerchio all' altra riva,
Sovr' una fonte, che bolle, e riversa
Per un fossato, che da lei diriva.  102
 L' acqua era buia molto più che persa;
E noi in compagnia dell' onde bige
Entrammo giù per una via diversa.  105
 Una palude fa, ch' ha nome Stige,
Questo tristo ruscel, quando è disceso
Al piè delle maligne piagge grige.  108
 Ed io, che di mirar mi stava inteso,
Vidi genti fangose in quel pantano,

« Tu vois, mon fils, les âmes de ceux que la colère a dominés. »

L'Enfer, ch. VII.

. . . . . . . . . . « *Figlio, or vedi*
*L'anime di color cui vinse l' ira.* »

Inferno, c. VII, v. 115 e 116.

irrité. Ils se frappaient non-seulement avec les mains, mais avec la tête et la poitrine et les pieds, et se déchiraient avec les dents lambeaux à lambeaux.

Le bon maître me dit : « Tu vois, mon fils, les âmes de ceux que la colère a dominés, et je veux que tu aies pour certain que sous l'eau il y en a une foule qui soupire et soulève ces bulles d'air à la surface, comme ton œil te le dit, de quelque côté qu'il se tourne. Enfoncés dans le bourbier, les damnés s'écrient : « Nous fûmes malheureux dans le doux air que réjouit le soleil, « nourrissant en nous-mêmes une épaisse fumée; et maintenant nous souffrons « sous la fange noire. » Tel est le refrain qu'ils gargouillent dans leur gosier, car ils ne peuvent le dire avec des paroles entières. »

Ainsi nous parcourûmes un grand arc de ce marais fétide, entre la rive sèche et l'étang, les yeux fixés sur ceux qui avalaient la fange, et nous vîmes enfin au pied d'une tour.

Ignude tutte, e con sembiante offeso. 111
  Queste si percotean, non pur con mano,
Ma con la testa, e col petto, e co' piedi,
Troncandosi co' denti a brano a brano. 114

  Lo buon Maestro disse : « Figlio, or vedi
L' anime di color cui vinse l' ira :
Ed anche vo' che tu per certo credi 117
  Che sotto l' acqua ha gente che sospira,
E fanno pullular quest' acqua al summo,
Come l' occhio ti dice u' che s' aggira. 120

  Fitti nel limo dicon : « Tristi fummo
« Nell' aer dolce, che dal Sol s' allegra,
« Portando dentro accidioso fummo; 123
« Or ci attristiam nella belletta negra. »
Quest' inno si gorgoglian nella strozza,
Chè dir nol posson con parola integra. » 126

  Così girammo della lorda pozza
Grand' arco tra la ripa secca e 'l mezzo,
Con gli occhi volti a chi del fango ingozza :
Venimmo appiè d' una torre al dassezzo.

# CHANT HUITIÈME.

*Suite du cinquième cercle. Le nocher Phlégyas prend dans sa barque Dante et Virgile. Au passage, scène d'indignation contre un Colérique, Philippe Argenti. Les Poëtes débarquent devant la cité de Dite, aux remparts de métal embrasé, gardée par des légions de démons. Virgile, voulant leur demander l'entrée, se voit fermer brusquement la porte. Il revient troublé vers Dante, qui l'attend avec anxiété ; mais il compte sur une intervention supérieure.*

Je dis en poursuivant, que, bien avant d'arriver au pied de la haute tour, nos yeux se portèrent vers son faîte, où nous vîmes paraître deux petites flammes, et une autre flamme répondait au signal de si loin, que l'œil pouvait à peine l'atteindre.

Et moi, m'adressant à Virgile, cette mer de toute science, je dis :

« Que signifie cette flamme, et que répond l'autre, et qui sont ceux qui les allument ? »

Et lui : « Déjà tu peux voir sur les eaux bourbeuses ce qu'on attend, si la fumée du marais ne te le cache pas. »

Jamais corde n'a chassé loin d'elle une flèche fendant l'air aussi rapidement que la petite nacelle que je vis à cette heure venir sur l'eau vers nous, gou-

## CANTO OTTAVO.

Io dico seguitando, ch' assai prima
Che noi fussimo al piè dell' alta torre,
Gli occhi nostri n'andar suso alla cima, 3
  Per due fiammette che i vedemmo porre,
Ed un' altra da lungi render cenno
Tanto, ch' appena 'l potea l' occhio torre. 6
  Ed io rivolto al mar di tutto 'l senno,
Dissi : « Questo che dice ? e che risponde
Quell' altro foco ? e chi son que' che 'l fenno ? »
  Ed egli a me : « Su per le sucide onde
Già puoi scorgere quello che s' aspetta,
Se 'l fummo del pantan nol ti nasconde. » 12
  Corda non pinse mai da sè saetta,
Che sì corresse via per l' aere snella,
Com' io vidi una nave piccioletta 15
  Venir per l' acqua verso noi in quella,

L'antique proue s'en alla, creusant dans l'eau un sillon plus profond que de coutume.

L'Enfer, ch. VIII.

*Segando se ne va l' antica prora*
*Dell' acqua più che non suol con altrui.*

Inferno, c. VIII, v. 29 e 30.

Mais le maître prudent le repoussa et lui dit : « Va-t'en d'ici avec les autres chiens. »

L'Enfer, ch. VIII.

*Perchè'l Maestro accorto lo sospinse,*
*Dicendo : « Via costà con gli altri cani! »*

Inferno, c. VIII. v. 41 e 42.

## CHANT HUITIÈME.

vernée par un seul batelier qui criait : « Te voilà donc enfin arrivée, âme félonne ! — Phlégyas, Phlégyas, tu cries en vain contre nous, lui dit mon maître ; tu ne nous garderas que le temps de passer le marais. »

Tel que celui qui apprend qu'on l'a cruellement trompé, et qui s'en désole, tel se montra Phlégyas dévorant sa colère. Mon guide descendit dans la barque et me fit entrer après lui, et seulement quand je fus dedans, elle parut chargée. Aussitôt que mon maître et moi nous fûmes dans le bateau, l'antique proue s'en alla, creusant dans l'eau un sillon plus profond que de coutume. Tandis que nous courions sur cette eau morte, un damné plein de fange se dressa devant moi et me dit : « Qui es-tu, toi qui viens avant l'heure ? » Et je lui dis : « Si je viens, je ne reste pas ; mais qui es-tu, toi qui es devenu si immonde ? » Il me répondit : « Tu le vois, je suis un de ceux qui pleurent. » Et moi : « Reste donc à jamais dans les pleurs et dans le deuil, esprit maudit ; car je te reconnais, quoique tu sois tout souillé de fange. »

Alors il se cramponna de ses deux mains à la barque ; mais le maître prudent le repoussa et lui dit : « Va-t'en d'ici avec les autres chiens. »

Puis il me jeta les bras autour du cou, me baisa le visage et me dit : « Ame fière, bénie soit celle qui fut enceinte de toi ! Celui-ci fut dans le monde un orgueilleux ; aucune qualité n'orne sa mémoire, aussi son ombre est-elle

Sotto 'l governo d' un sol galeoto,
Che gridava : « Or se' giunta, anima fella ! »
« Flegiàs, Flegiàs, tu gridi a voto, »
Disse lo mio Signore, a questa volta :
« Più non ci avrai, se non passando il loto. »
Quale colui, che grande inganno ascolta,
Che gli sia fatto, e poi se ne rammarca,
Tal si fe' Flegiàs nell' ira accolta.     24
Lo Duca mio discese nella barca,
E poi mi fece entrare appresso lui ;
E sol quand' io fui dentro parve carca.     27
Tosto che 'l Duca, ed io nel legno fui,
Segando se ne va l' antica prora
Dell' acqua più che non suol con altrui.     30
Mentre noi correvam la morta gora,
Dinanzi mi si fece un pien di fango,
E disse : « Chi se' tu, che vieni anzi ora ? »     33
Ed io a lui : « S' io vegno, non rimango ;
Ma tu chi se', che sì sei fatto brutto ? »
Rispose : « Vedi che son un che piango. »
Ed io a lui : « Con piangere e con lutto,
Spirito maladetto, ti rimani ;
Ch' io ti conosco, ancor sie lordo tutto. »
Allora stese al legno ambe le mani :
Perchè 'l Maestro accorto lo sospinse,
Dicendo : « Via costà con gli altri cani ! »    42
Lo collo poi con le braccia mi cinse ;
Baciommi 'l volto, e disse : « Alma sdegnosa,
Benedetta colei, che 'n te s' incinse !    45
Quei fu al mondo persona orgogliosa :
Bontà non è che sua memoria fregi :
Così è l' ombra sua qui furiosa.    48

furieuse dans l'enfer. Combien en est-il là-haut qui se croient de grands rois, et se vautreront ici comme des porcs dans la fange, laissant après eux d'horribles mépris ! » Et moi : « Maître, je serais très-content de le voir plonger dans cette boue avant de sortir du lac. » Et lui : « Tu n'auras pas aperçu le rivage que tu seras satisfait. Il faut que tu jouisses de ce désir. »

Peu de temps après, je le vis tellement déchirer par les gens couverts de fange, qu'en ce moment encore j'en loue et remercie Dieu. Tous s'écriaient : « A Philippe Argenti[1] ! » et ce furieux esprit florentin tournait ses dents contre lui-même. Nous le laissâmes là, et je n'en parle plus ; mais aussitôt des sons plaintifs frappèrent mon oreille, et j'ouvris mes yeux tout grands, et je regardai devant moi. Le bon maître me dit : « Maintenant, mon fils, nous approchons de la ville qui s'appelle Dité, ville aux sombres citoyens, au peuple immense. »

Et moi : « Maître, déjà je vois dans la vallée ses mosquées[2] rouges comme si elles sortaient du feu. »

Et lui me dit : « Le feu éternel qui les embrase au dedans les fait paraître rouges, comme tu le vois dans ce bas enfer. »

Nous arrivâmes aux fossés profonds qui entourent cette cité désolée ; les murailles me paraissaient être de fer. Ce ne fut qu'après un long détour que nous parvînmes dans un endroit où le nocher s'écria d'une voix forte :

Quanti si tengon or lassù gran regi,
Che qui staranno come porci in brago,
Di sè lasciando orribili dispregi ! »            51
Ed io : « Maestro, molto sarei vago
Di vederlo attuffare in questa broda,
Prima che noi uscissimo del lago. »             54
Ed egli a me : « Avanti che la proda
Ti si lasci veder, tu sarai sazio :
Di tal disio converrà che tu goda. »            57
Dopo ciò poco vidi quello strazio
Far di costui alle fangose genti,
Che Dio ancor ne lodo e ne ringrazio.           60
Tutti gridavano : « A Filippo Argenti ! »
E 'l fiorentino spirito bizzarro
In sè medesmo si volgea co' denti.              63
Quivi 'l lasciammo, chè più non ne narro.

Ma negli orecchi mi percosse un duolo,
Perch' io avanti intento l' occhio sbarro.      66

Lo buon Maestro disse : « Omai, figliuolo,
S' appressa la città, ch' ha nome Dite,
Coi gravi cittadin, col grande stuolo. »        69
Ed io : « Maestro, già le sue meschite
Là entro certo nella valle cerno
Vermiglie, come se di fuoco uscite              72
Fossero. » Ed ei mi disse : « Il fuoco eterno,
Ch' entro le affuoca, le dimostra rosse,
Come tu vedi, in questo basso inferno. »        75
Noi pur giugnemmo dentro all' alte fosse,
Che vallan quella terra sconsolata :
Le mura mi parean che ferro fosse.              78
Non senza prima far grande aggirata,

# CHANT HUITIÈME.

« Sortez! voici l'entrée. »

Je vis sur les portes des milliers de maudits tombés du ciel, qui disaient avec rage : « Qui est celui-ci, qui, sans être mort, s'en va par le royaume des morts? »

Et mon sage maître leur fit signe de vouloir leur parler secrètement. Renfermant un peu leur grand courroux, ils répondirent :

« Viens donc seul, et que celui-là s'en aille, qui a été si hardi que d'entrer dans ce royaume; qu'il s'en retourne seul par sa folle route; qu'il essaye, s'il le peut, car tu resteras ici, toi qui l'as conduit dans cette sombre contrée. »

Pense, lecteur, si je fus désolé au son de ces paroles maudites, puisque je crus ne m'en retourner jamais.

« O mon guide chéri, qui plus de sept fois m'as rendu la sécurité, et tiré des affreux périls qui se dressèrent devant moi, ne m'abandonne pas, lui dis-je, en une telle détresse, et s'il nous est défendu d'aller plus loin, retrouvons nos traces ensemble promptement. »

Et ce seigneur, qui m'avait mené jusque-là, me répondit : « Ne crains rien, nul ne peut nous fermer ce passage : si grand est celui qui nous l'a ouvert. Mais attends-moi ici, et soutiens et nourris ton esprit abattu de bonne espérance. Je ne te laisserai point dans cet enfer. »

Ainsi il s'en va et m'abandonne là, le doux père, et moi je demeure incertain,

Venimmo in parte, dove 'l nocchier, forte,
« Uscite, ci gridò, qui è l' entrata. »  81

Io vidi più di mille in su le porte
Dal ciel piovuti, che stizzosamente
Dicean : « Chi è costui, che senza morte  84
Va per lo regno della morta gente? »
E 'l savio mio Maestro fece segno
Di voler lor parlar segretamente.  87

Allor chiusero un poco il gran disdegno,
E disser : « Vien tu solo, e quei sen vada,
Che sì ardito entrò per questo regno.  90
Sol si ritorni per la folle strada :
Pruovi, se sa; chè tu qui rimarrai,
Che gli hai scorta sì buia contrada. »  93

Pensa, Lettor, s'io mi disconfortai
Nel suon delle parole maladette;
Chè non credetti ritornarci mai.  96

« O caro Duca mio, che più di sette
Volte m' hai sicurtà renduta, e tratto
D' alto periglio che 'ncontra mi stette,  99
Non mi lasciar, diss' io, così disfatto :
E se l' andar più oltre c' è negato,
Ritroviam l' orme nostre insieme ratto. »  102

E quel Signor, che lì m' avea menato,
Mi disse : « Non temer, chè 'l nostro passo
Non ci può torre alcun, da tal n' è dato.  105
Ma qui m' attendi, e lo spirito lasso
Conforta, e ciba di speranza buona,
Ch' io non ti lascerò nel mondo basso. »  108

Così sen va, e quivi m' abbandona
Lo dolce padre, ed io rimango in forse,

car le oui et le non se combattent dans ma tête. Je ne pus entendre ce qu'il leur dit; mais il ne resta guère avec eux, et ils rentrèrent précipitamment. Nos ennemis fermèrent les portes sur la poitrine de mon maître, qui resta dehors et revint vers moi à pas lents. Il avait les yeux à terre et l'air découragé, et il disait dans ses soupirs : « Qui m'a fermé ces demeures douloureuses? »

Et s'adressant à moi : « Si tu me vois courroucé, ne t'alarme pas, me dit-il; je sortirai vainqueur de ce combat, quels que soient ceux qui se préparent à la défense. Leur outrecuidance n'est pas nouvelle; ils l'ont déjà montrée à une porte moins reculée, qui se trouve encore sans serrure. Tu as vu au-dessus l'inscription de mort; et déjà, ayant franchi son entrée, celui par qui cette forteresse nous sera ouverte descend la pente et traverse les cercles sans escorte. »

Chè 'l sì e 'l no nel capo mi tenzona. 111
Udir non pote' quello ch' a lor porse :
Ma ei non stette là con essi guari
Che ciascun dentro a pruova si ricorse. 114
Chiuser le porte quei nostri avversari
Nel petto al mio Signor, che fuor rimase,
E rivolsesi a me con passi rari. 117
Gli occhi alla terra, e le ciglia avea rase
D' ogni baldanza, e dicea ne' sospiri :
« Chi m' ha negate le dolenti case? » 120

Ed a me disse : « Tu, perch' io m' adiri,
Non sbigottir, ch' io vincerò la pruova,
Qual ch' alla difension dentro s' aggiri. 123
Questa lor tracotanza non è nuova;
Chè già l' usaro a men segreta porta,
La qual senza serrame ancor si truova. 126
Sovr' essa vedestù la scritta morta. —
E già di qua da lei discende l' erta,
Passando per li cerchi senza scorta, 129
Tal che per lui ne fia la terra aperta. »

26

Je ne pus entendre ce qu'il leur dit....

L'Enfer, ch. VIII.

*Udir non pote' quello ch' a lor porse :*

Inferno, c. VIII, v. 112.

# CHANT NEUVIÈME.

*Virgile fait mention d'un voyage qu'il a déjà accompli jusque dans les profondeurs de l'Enfer, comprenant en divers étages les quatre derniers cercles à parcourir. Sur la tour d'entrée apparaissent les Furies, appelant à elles Méduse : Virgile s'empresse d'ôter à Dante la vue de la redoutable Gorgone. Un Ange survient, impétueux, irrité, qui ouvre la porte en la touchant, et s'éloigne. Les Poëtes entrent dans le sixième cercle. Incrédules et hérétiques. Vastes tombeaux ouverts, embrasés, où gisent, répartis ensemble, les sectateurs d'erreurs diverses.*

La pâleur que la crainte répandit sur mon visage, lorsque je vis mon guide retourner en arrière, fit qu'il se hâta aussitôt de cacher son trouble. Il s'arrêta attentif comme un homme qui écoute; car son regard ne pouvait le mener loin dans l'air noir et dans le brouillard épais.

« Cependant il nous faudra vaincre dans ce combat, dit-il, à moins que.... Tel s'est offert à nous!... Oh! qu'il me tarde que ce secours nous arrive! » Je vis bien qu'il déguisa le commencement de son discours, par les paroles qui vinrent ensuite, et qui étaient tout à fait différentes des premières. Néanmoins son langage m'effraya, parce que je donnais à ces mots tronqués un sens pire qu'ils ne l'avaient peut-être.

## CANTO NONO.

Quel color, che viltà di fuor mi pinse,
Veggendo 'l Duca mio tornare in volta,
Più tosto dentro il suo nuovo ristrinse. 3
  Attento si fermò, com' uom ch' ascolta;
Chè l' occhio nol potea menare a lunga
Per l' aer nero, e per la nebbia folta. 6
  « Pure a noi converrà vincer la punga,
Cominciò ei : se non.... tal ne s'offerse.

Oh quanto tarda a me ch' altri qui giunga! »
  Io vidi ben sì com' ei ricoperse
Lo cominciar con l' altro che poi venne,
Che fur parole alle prime diverse. 12
  Ma nondimen paura il suo dir dienne,
Perch' io traeva la parola tronca
Forse a peggior sentenzia, ch' ei non tenne.
  « In questo fondo della trista conca

« A cet endroit du triste gouffre, descend-il jamais quelqu'un du premier cercle, où le seul châtiment est d'être sans espérance? »

Je fis cette question, et lui : « Il arrive rarement, me répondit-il, qu'un de nous fasse le chemin que je parcours. Il est vrai qu'une autre fois je descendis ici-bas, conjuré par cette cruelle Érichtho qui rappelait les esprits à leurs corps. Ma chair était depuis peu veuve de moi, lorsque Érichtho me fit entrer dans ces murs pour en tirer un esprit du cercle de Judas. C'est l'endroit le plus bas, et le plus sombre, et le plus loin du ciel, qui tout enserre. Je connais le chemin; sois donc tranquille. Ce marais, d'où s'exhale une vapeur fétide, entoure la cité de douleur, où désormais nous ne pouvons entrer sans combat. »

Et il ajouta d'autres paroles, mais je ne m'en souviens plus; car mon œil m'avait entièrement attiré au sommet flamboyant de la haute tour, où je vis se dresser tout à coup trois furies infernales teintes de sang, ayant des formes et des gestes de femmes. Elles étaient ceintes d'hydres affreusement vertes; elles avaient pour cheveux des serpents et des cérastes, qui se nouaient autour de leurs fronts hautains. Et lui, qui avait bien reconnu les servantes de la reine des pleurs éternels : « Voilà, me dit-il, les féroces Érynnies; celle qui est à gauche est Mégère; celle qui pleure à droite est Alecto; Tisiphone est au milieu. »

A ces mots il se tut.

Discende mai alcun del primo grado,
Che sol per pena ha la speranza cionca? » 18
  Questa question fec' io; e quei : « Di rado
Incontra, mi rispose, che di nui
Faccia 'l cammino alcun, per quale io vado.
  Vero è ch' altra fiata quaggiù fui
Congiurato da quella Eriton cruda,
Che richiamava l' ombre a' corpi sui. 24
  Di poco era di me la carne nuda,
Ch' ella mi fece entrar dentro a quel muro,
Per trarne un spirto del cerchio di Giuda. 27
  Quell' è 'l più basso luogo, e 'l più oscuro,
E 'l più lontan dal ciel che tutto gira;
Ben so 'l cammin : però ti fa sicuro. 30
  Questa palude, che 'l gran puzzo spira,
Cinge d' intorno la città dolente,

U' non potemo entrare omai senz' ira. » 33
  Ed altro disse, ma non l' ho a mente;
Perocchè l' occhio m' avea tutto tratto
Ver l' alta torre, alla cima rovente, 36
  Ove in un punto vidi dritte ratto
Tre Furie infernal di sangue tinte,
Che membra femminili avieno ed atto; 39
  E con idre verdissime eran cinte :
Serpentelli e ceraste avean per crine,
Onde le fiere tempie erano avvinte. 42
  E quei, che ben conobbe le meschine
Della Regina dell' eterno pianto,
« Guarda, mi disse, le feroci Erine. 45
  Quest' è Megera dal sinistro canto;
Quella, che piange dal destro, è Aletto;
Tesifone è nel mezzo. » E tacque a tanto.

« Voilà, me dit-il, les féroces Erynnies.... »

L'Enfer, ch. IX.


« *Guaraa, mi disse, le feroci Erine.* »

Inferno, c. IX, v. 45.

Elles fendaient leur poitrine avec leurs ongles, se battaient avec leurs mains, et criaient si fort, que par frayeur je me serrai contre le poëte. « Vienne Méduse, nous le changerons en pierre, s'écriaient-elles toutes en regardant en bas; nous avons mal fait de ne pas nous venger sur Thésée de son attaque. »

— « Détourne-toi et tiens ton visage caché; car si la Gorgone se montre et que tu la voies, il ne te restera nul espoir de retourner là-haut. »

Ainsi parla mon maître, et il me détourna lui-même; et ne s'en fiant pas à mes mains, il me ferma les yeux avec les siennes. O vous qui avez l'intelligence saine, comprenez la doctrine qui se cache sous le voile de ces vers étranges.

Et déjà s'avançait sur les ondes troubles le fracas d'un son plein d'épouvantement qui faisait trembler les deux rivages, semblable à un vent impétueux qui, soulevé par des ardeurs contraires, secoue la forêt, et, sans aucune trêve, arrache, brise et emporte au loin les rameaux, marche superbement en chassant la poussière devant lui, et fait fuir les bêtes et les pasteurs.

Il me découvrit les yeux et me dit : « Maintenant dirige ta vue sur cette écume antique, là où la fumée est plus épaisse. »

Comme les grenouilles, devant la couleuvre ennemie, disparaissent toutes à travers l'eau jusqu'à ce que chacune d'elles se soit enfouie dans la vase, je vis plus de mille âmes damnées fuir ainsi devant quelqu'un qui traversait le Styx

---

Con l' unghie si fendea ciascuna il petto;
Batteansi a palme; e gridavan sì alto,
Ch' io mi strinsi al Poeta per sospetto.　51
« Venga Medusa, sì 'l farem di smalto, »
Dicevan tutte, riguardando in giuso :
« Mal non vengiammo in Teseo l' assalto. » 54

« Volgiti 'ndietro, e tien lo viso chiuso;
Chè se 'l Gorgon si mostra, e tu 'l vedessi,
Nulla sarebbe del tornar mai suso. »　57
Così disse 'l Maestro, ed egli stessi
Mi volse, e non si tenne alle mie mani,
Che con le sue ancor non mi chiudessi.　60
O voi ch' avete gl' intelletti sani,
Mirate la dottrina che s' asconde
Sotto 'l velame degli versi strani.　63

E già venia su per le torbid' onde
Un fracasso d' un suon pien di spavento,
Per cui tremavan amendue le sponde : 66
Non altrimenti fatto, che d' un vento
Impetuoso per gli avversi ardori,
Che fier la selva, e senza alcun rattento　69
Li rami schianta, abbatte, e porta fuori;
Dinanzi polveroso va superbo;
E fa fuggir le fiere, e li pastori.　[nerbo
Gli occhi mi sciolse, e disse : « Or drizza 'l
Del viso su per quella schiuma antica
Per indi ove quel fummo è più acerbo. » 75
Come le rane innanzi alla nimica
Biscia per l' acqua si dileguan tutte,
Fin ch' alla terra ciascuna s' abbica;　78
Vid' io più di mille anime distrutte

à pieds secs. Il repoussait de son visage l'air épais, étendant devant lui la main gauche, et ne paraissait fatigué que de cette peine. Je vis bien que c'était un envoyé du ciel, et je me tournai vers le maître, qui me fit signe de me tenir tranquille et de m'incliner devant lui. Oh! qu'il me paraissait plein de courroux! Il s'approcha de la porte, et avec une petite verge il l'ouvrit sans aucun obstacle.

« O bannis du ciel, race méprisée, s'écria-t-il sur l'horrible seuil, d'où vous vient une telle outrecuidance? Pourquoi regimbez-vous contre cette volonté qui ne souffre aucune atteinte à ses desseins, et qui a, tant de fois, accru vos tourments? A quoi vous sert de vous heurter contre la destinée? Votre Cerbère, s'il vous en souvient, en a encore le cou et le menton pelés. »

Puis il s'en retourna par le chemin fangeux, sans nous parler, et semblable à un homme soucieux et pressé de tout autre soin que de ceux qui sont devant lui; et nous dirigeâmes nos pas vers la cité, rassurés par ces saintes paroles.

Nous y entrâmes sans aucun combat; et moi, qui désirais voir ce qui pouvait être enfermé dans cette forteresse, aussitôt que je fus entré, je jetai les yeux autour de moi, et je vis de toutes parts une grande campagne pleine de douleurs et d'affreux tourments.

Fuggir così dinanzi ad un, ch' al passo
Passava Stige con le piante asciutte. 81
   Dal volto rimovea quell' aere grasso,
Menando la sinistra innanzi spesso;
E sol di quell' angoscia parea lasso. 84
   Ben m'accorsi ch' egli era del Ciel messo,
E volsimi al Maestro; e quei fe' segno
Ch' io stessi cheto, ed inchinassi ad esso. 87
   Ahi quanto mi parea pien di disdegno!
Giunse alla porta, e con una verghetta
L' aperse, chè non v' ebbe alcun ritegno. 90
   « O cacciati del ciel, gente dispetta, »
Cominciò egli in su l' orribil soglia,
« Ond' esta oltracotanza in voi s' alletta? 93
   Perchè ricalcitrate a quella voglia,
A cui non puote 'l fin mai esser mozzo,
E che più volte v' ha cresciuta doglia? 96
   Che giova nelle fata dar di cozzo?
Cerbero vostro, se ben vi ricorda,
Ne porta ancor pelato il mento e 'l gozzo. »
   Poi si rivolse per la strada lorda,
E non fe' motto a noi; ma fe' sembiante
D' uomo cui altra cura stringa e morda, 102
   Che quella di colui che gli è davante.
E noi movemmo i piedi inver la terra,
Sicuri appresso le parole sante. 105
   Dentro v' entrammo senza alcuna guerra:
Ed io, ch' avea di riguardar disio
La condizion che tal fortezza serra, 108
   Com' io fui dentro, l' occhio intorno invio,
E veggio ad ogni man grande campagna,
Piena di duolo, e di tormento rio. 111

Il s'approcha de la porte, et, avec une petite verge, il l'ouvrit sans aucune résistance.

L'Enfer, ch. IX.

*Giunse alla porta, e con una verghetta
L' averse, chè non v' ebbe alcun ritegno.*

Inferno, c. IX, v. 89 e 90.

Et lui : « Ce sont les hérésiarques avec tous ceux qui ont suivi leur secte. »

L'Enfer, ch. IX.

*Ed egli a me :* « *Qui son gli eresiarche*
*Co' lor seguaci d' ogni setta....* »

Inferno, c. IX, v. 127 e 128.

# CHANT NEUVIÈME.

Comme près d'Arles, où le Rhône devient stagnant; comme à Pola, près du Quarnaro, qui ferme l'Italie et baigne ses confins, les tombeaux rendent le terrain inégal, ainsi ils faisaient là de tous les côtés, mais d'une manière plus cruelle. Des flammes serpentaient entre une tombe et l'autre, et les embrasaient tellement, qu'aucun art ne soumet le fer à plus forte chaleur. Tous les couvercles étaient soulevés, et il en sortait des plaintes si amères, qu'on voyait bien que c'étaient des cris de malheureux et de torturés.

Et moi : « Maître, quelles sont ces âmes qui, ensevelies dans ces tombes, font entendre leurs soupirs douloureux ? »

Et lui : « Ce sont les hérésiarques, avec tous ceux qui ont suivi leur secte, et les tombeaux sont beaucoup plus remplis que tu ne le penses; ici le semblable est enseveli avec son semblable, et les sépulcres sont plus ou moins ardents. »

Alors il tourna à main droite, et nous passâmes entre les martyres et les hauts remparts.

Sì come ad Arli, ove 'l Rodano stagna,
Sì come a Pola presso del Quarnaro,
Che Italia chiude, e i suoi termini bagna, 114
   Fanno i sepolcri tutto 'l loco varo :
Così facevan quivi d' ogni parte,
Salvo che 'l modo v' era più amaro : 117
   Chè tra gli avelli fiamme erano sparte,
Per le quali eran sì del tutto accesi,
Che ferro più non chiede verun' arte. 120
   Tutti gli lor coperchi eran sospesi,
E fuor n' uscivan sì duri lamenti,
Che ben parean di miseri, e d' offesi. 123
   Ed io : « Maestro, quai son quelle genti,
Che seppellite dentro da quell' arche
Si fan sentir coi sospiri dolenti? » 126
   Ed egli a me : « Qui son gli eresiarche
Co' lor seguaci d' ogni setta, e molto
Più che non credi, son le tombe carche. 129
   Simile qui con simile è sepolto;
E i monimenti son più e men caldi. » —
E poi ch' alla man destra si fu volto, 132
   Passammo tra i martìri, e gli alti spaldi.

# CHANT DIXIÈME.

*Suite du sixième cercle. Dante, curieux de reconnaître certains personnages, voit s'élever hors d'une tombe un chef redouté de factions politiques, Farinata degli Uberti. Comme ils échangent de fières paroles, ils sont interrompus par le vieux Cavalcanti, qui voudrait voir son fils vivant en compagnie de Dante, son émule et son ami. Douleur paternelle causée par un malentendu de Dante sur la vision prophétique des damnés. Explication reprise avec Farinata; prédictions obscures et menaçantes; autres damnés illustres. Dante, en s'éloignant, apprend que sa destinée politique lui sera plus clairement annoncée dans le Ciel.*

Maintenant mon maître s'en va par un étroit sentier, entre le mur de la forteresse et les martyres, et moi je marche derrière lui.

« O vertu suprême, qui me conduis comme il te plaît par les cercles impies, parle et satisfais mes désirs. Pourrait-on voir ceux qui gisent dans les sépulcres? Justement, tous les couvercles sont levés, et nul ne les garde. »

Et lui : « Tous les tombeaux seront fermés sur les coupables, quand ils reviendront de Josaphat avec les corps qu'ils ont laissés là-haut. De ce côté, ont leur cimetière Épicure et tous ceux qui le suivent et font mourir l'âme avec le corps. C'est pourquoi, du fond d'une de ces tombes on va

## CANTO DECIMO.

Ora sen va per uno stretto calle,
Tra 'l muro della terra e li martìri,
Lo mio Maestro, ed io dopo le spalle. 3

« O virtù somma, che per gli empj giri
Mi volvi, cominciai, come a te piace,
Parlami, e soddisfammi a' miei desiri. 6

La gente che per li sepolcri giace,
Potrebbesi veder? già son levati
Tutti i coperchi, e nessun guardia face. » 9

Ed egli a me : « Tutti saran serrati,
Quando di Josaffà qui torneranno
Coi corpi che lassù hanno lasciati. 12

Suo cimitero da questa parte hanno
Con Epicuro tutti i suoi seguaci,
Che l'anima col corpo morta fanno. 15

Però alla dimanda che mi faci,

Il me regarda un peu, et me demanda avec dédain : « Quels furent tes ancêtres ? »

L'Enfer, ch. X.

*Guardommi un poco; e poi, quasi sdegnoso,*
*Mi dimandò : « Chi fur gli maggior tui? »*

Inferno, c. X, v. 41 e 42.

# CHANT DIXIÈME.

bientôt satisfaire à la demande que tu me fais, et aussi au désir que tu me caches. »

Et moi : « Guide chéri, si je ne t'ouvre point tout mon cœur, c'est pour être concis dans mes discours; et ce n'est point d'aujourd'hui que tu m'en donnes l'exemple.

— O Toscan, qui parcours tout vivant la cité du feu, en parlant avec tant de modestie, daigne t'arrêter en ce lieu. Ton parler dit clairement que tu es né dans cette noble patrie, à laquelle peut-être ai-je été trop funeste. » Cette voix sortit soudain d'un de ces tombeaux; c'est pourquoi je me rapprochai, saisi de crainte, un peu plus de mon guide. Et il me dit : « Tourne-toi; que fais-tu? Regarde Farinata[1] qui s'est levé, tu le verras de la ceinture à la tête. »

J'avais déjà tourné mes yeux vers lui, et il dressait la poitrine et le front comme s'il eût eu l'enfer en grand mépris. Mais mon guide, d'une main prompte et hardie, me poussa vers lui à travers les sépultures, en disant : « Que ton langage soit net. » Dès que je fus au pied de sa tombe, il me regarda un peu, et me demanda avec dédain : « Quels furent tes ancêtres? » Moi qui ne désirais que de lui obéir, je ne lui cachai pas ce qu'il demandait, et je lui découvris tout. Alors il releva un peu les sourcils, et il dit : « Tes aïeux furent terriblement contraires à moi, à mes ancêtres et à mon parti; aussi les ai-je bannis par deux fois.

Quinc' entro soddisfatto sarai tosto,
Ed al disio ancor che tu mi taci. »                                18
   Ed io : « Buon Duca, non tegno nascosto
A te mio cor, se non per dicer poco;
E tu m' hai non pur mo a ciò disposto. » —
   « O Tosco, che per la città del foco
Vivo ten vai così parlando onesto,
Piacciati di restare in questo loco.                              24
   La tua loquela ti fa manifesto
Di quella nobil patria natio,
Alla qual forse fui troppo molesto. »                             27
   Subitamente questo suono uscìo
D' una dell' arche : però m' accostai,
Temendo, un poco più al Duca mio.                                 30
   Ed ei mi disse : « Volgiti, che fai?
Vedi là Farinata, che s' è dritto :

Dalla cintola in su tutto 'l vedrai. »                            33
   Io avea già 'l mio viso nel suo fitto :
Ed ei s' ergea col petto e con la fronte,
Come avesse lo Inferno in gran dispitto.                          36
   E l' animose man del Duca e pronte,
Mi pinser tra le sepolture a lui,
Dicendo : « Le parole tue sien conte. »                           39
   Tosto ch' al piè della sua tomba fui,
Guardommi un poco, e poi, quasi sdegnoso,
Mi dimandò : « Chi fur gli maggior tui ? »                        42
   Io ch' era d' ubbidir disideroso,
Non gliel celai, ma tutto gliel' apersi;
Ond' ei levò le ciglia un poco in soso.                           45
   Poi disse : « Fieramente furo avversi
A me, e a' miei primi, e a mia parte;
Sì che per due fiate gli dispersi. » —                            48

— S'ils furent chassés, lui répondis-je, de tous côtés, ils revinrent et l'une et l'autre fois; mais les vôtres n'ont pas appris cet art. »

Alors, au bord de la tombe ouverte, une ombre surgit près de l'autre jusqu'au menton; je crois qu'elle s'était levée sur ses genoux. Elle regarda autour, comme désirant voir si un autre homme n'était pas avec moi; mais quand elle eut perdu tout espoir, elle me dit en pleurant :

« Si tu viens à travers cette sombre prison par grandeur de génie, mon fils, où est-il, et pourquoi n'est-il pas avec toi? »

Et je lui dis : « Je ne viens pas de moi-même; celui qui m'attend là conduit mes pas, lui que votre Guido eut peut-être à dédain[2]. »

Ses paroles et le genre de sa peine m'avaient déjà appris son nom; c'est pourquoi ma réponse fut si juste. Se dressant subitement, il s'écria : « Comment as-tu dit? *Il eut!* Ne vit-il pas encore? la douce lumière du jour ne frappe-t-elle plus ses yeux? » Quand il s'aperçut que je mettais quelque retard à lui répondre, il tomba à la renverse et ne parut plus au dehors.

Mais l'autre magnanime, pour qui je m'étais arrêté, ne changea pas de visage, ne tourna pas le cou, ne fléchit point le corps.

« Et si les miens, reprit-il en continuant son premier discours, ont mal appris cet art, cela me tourmente plus que cette tombe. Mais la reine qui com-

---

« S'ei fur cacciati, ei tornar d'ogni parte, »
Risposi lui, « e l'una e l'altra fiata;
Ma i vostri non appreser ben quell'arte. »

Allor surse alla vista scoperchiata
Un'ombra lungo questa, infino al mento :
Credo che s'era inginocchion levata. 54

D'intorno mi guardò, come talento
Avesse di veder s'altri era meco;
Ma, poi che 'l sospicar fu tutto spento, 57

Piangendo disse : « Se per questo cieco
Carcere vai per altezza d'ingegno,
Mio figlio ov'è, e perchè non è teco? » 60

Ed io a lui : « Da me stesso non vegno :
Colui, ch'attende là, per qui mi mena,
Forse cui Guido vostro ebbe a disdegno. » 63

Le sue parole, e 'l modo della pena
M'avevan di costui già letto il nome;
Però fu la risposta così piena. 66

Di subito drizzato gridò : « Come
Dicesti : *egli ebbe?* non vive egli ancora?
Non fiere gli occhi suoi lo dolce lome? » 69

Quando s'accorse d'alcuna dimora
Ch'io faceva dinanzi alla risposta,
Supin ricadde, e più non parve fuora. 72

Ma quell'altro magnanimo, a cui posta
Restato m'era, non mutò aspetto,
Nè mosse collo, nè piegò sua costa : 75

« E se, continuando al primo detto,
Egli han quell'arte, disse, male appresa,
Ciò mi tormenta più che questo letto. 78

mande ici n'aura pas rallumé cinquante fois son visage, que tu sauras ce que coûte cet art. Et puisses-tu ainsi retourner dans le doux monde! Dis-moi pourquoi ce peuple est si cruel contre les miens dans toutes ses lois? »

Je lui répondis : « Le carnage et le grand massacre qui ont rougi l'Arbia font faire une telle oraison dans notre temple[3]. »

Il secoua la tête en soupirant : « Je n'étais pas seul alors, dit-il, et ce n'est certes point sans cause que j'eusse marché avec les autres; mais lorsque tous avaient consenti à raser Florence, je la défendis seul à visage découvert.

— Ah! qu'ainsi votre race puisse enfin recouvrer le repos! Otez-moi ce doute, je vous prie, qui vient d'embarrasser ma pensée. Il paraît, si je ne me trompe, que vous voyez d'avance ce que le temps amène avec lui, et qu'il en est autrement pour le présent. — Nous voyons, reprit-il, comme ceux qui ont mauvaise vue, les choses éloignées; le maître suprême nous laisse encore cette lueur. Quand les choses s'approchent ou existent, notre lucidité s'évanouit, et si on ne nous apporte pas ici de vos nouvelles, nous ne savons rien de votre état humain. Tu peux comprendre maintenant que notre science s'éteindra tout à fait le jour où sera fermée la porte de l'avenir. »

Alors, comme repentant de ma faute, je dis : « Vous apprendrez donc à celui qui vient de tomber que son fils est encore parmi les vivants; et si tout à

Ma non cinquanta volte fia raccesa
La faccia della Donna, che qui regge,
Che tu saprai quanto quell' arte pesa.   81

E se tu mai nel dolce mondo regge,
Dimmi, perchè quel popolo è sì empio
Incontro a' miei in ciascuna sua legge? »   84

Ond' io a lui : « Lo strazio, e'l grande scem-
Che fece l'Arbia colorata in rosso,   [pio,
Tale orazion fa far nel nostro tempio. »   87

Poi ch' ebbe sospirando il capo scosso :
« A ciò non fu' io sol, disse, nè certo
Senza cagion sarei con gli altri mosso;   90

Ma fu' io sol colà, dove sofferto
Fu per ciascun di torre via Fiorenza,
Colui che la difesi a viso aperto. » —   93

« Deh, se riposi mai vostra semenza,

Prega' io lui, solvetemi quel nodo,
Che qui ha inviluppata mia sentenza.   96

E' par, che voi veggiate, se ben odo,
Dinanzi quel che 'l tempo seco adduce,
E nel presente tenete altro modo. »   99

« Noi veggiam come quei ch' ha mala luce,
Le cose, disse, che ne son lontano;
Cotanto ancor ne splende 'l sommo Duce :   102

Quando s'appressano, o son, tutto è vano
Nostro intelletto, e, s' altri nol ci apporta,
Nulla sapem di vostro stato umano.   105

Però comprender puoi che tutta morta
Fia nostra conoscenza da quel punto,
Che del futuro fia chiusa la porta. »   108

Allor, come di mia colpa compunto,
Dissi : « Or direte dunque a quel caduto,

l'heure j'ai tardé à répondre, faites-lui savoir que ce fut parce que j'avais l'esprit occupé du doute que vous avez éclairci. »

Déjà mon guide me rappelait, et je priai l'ombre, plus promptement, de me nommer ceux qui étaient avec elle.

Elle me dit : « Plus de mille gisent dans ce tombeau avec moi; Frédéric II et le cardinal sont ici enfermés[4], et je me tais des autres. »

Puis elle se recoucha dans sa tombe, et je dirigeai mes pas vers l'antique poëte, en pensant à ces paroles qui me semblaient menaçantes. Il se mit en marche, et tout en allant, il me dit :

« Pourquoi es-tu si affligé? » et moi je satisfis à sa demande.

« Que ta mémoire conserve ce que tu as entendu contre toi, m'ordonna le sage, et maintenant regarde ici. » Et il leva le doigt : « Quand tu seras devant le doux rayon de cette femme dont le bel œil voit tout, tu apprendras d'elle le voyage de ta vie. »

Puis il tourna son pied à gauche; nous laissâmes le mur et suivîmes vers le centre le sentier qui aboutissait à une vallée dont la puanteur remontait jusqu'à nous.

Che 'l suo nato è coi vivi ancor congiunto.
  E s' io fui dianzi alla risposta muto,
Fate i saper, che 'l fei, perchè pensava
Già nell' error che m' avete soluto. »   114
  E già 'l Maestro mio mi richiamava :
Perch' io pregai lo spirito più avaccio,
Che mi dicesse chi con lui si stava.   117
  Dissemi : « Qui con più di mille giaccio :
Qua entro è lo secondo Federico,
E 'l Cardinale, e degli altri mi taccio. »   120
  Indi s' ascose; ed io inver l' antico
Poeta volsi i passi, ripensando
A quel parlar, che mi parea nemico.   123

  Egli si mosse; e poi, così andando,
Mi disse : « Perchè se' tu sì smarrito? »
Ed io gli soddisfeci al suo dimando.   126
  « La mente tua conservi quel ch' udito
Hai contra te, mi comandò quel Saggio,
Ed ora attendi qui; » E drizzò 'l dito.   129
  « Quando sarai dinanzi al dolce raggio
Di quella, il cui bell' occhio tutto vede,
Da lei saprai di tua vita il viaggio. »   132
  Appresso volse a man sinistra il piede;
Lasciammo il muro, e gimmo inver lo mezzo
Per un sentier che ad una valle fiede,   135
Che infin lassù facea spiacer suo lezzo.

Nous nous retranchâmes derrière le couvercle d'un grand tombeau.

L'Enfer, ch. XI.

*Ci raccostammo dietro ad un coperchio
D' un grand' avello....*

Inferno, c. XI, v. 6 e 7.

# CHANT ONZIÈME.

*Fin du sixième cercle. Exposition des trois derniers cercles qui restent à parcourir d'après l'ordre de gravité des péchés de Violence et de Tromperie, les cercles déjà parcourus appartenant aux diverses formes de l'Incontinence, classe de péchés moins odieuse de sa nature. Comment les Usuriers sont rangés dans la catégorie des Violents, d'après la distinction scolastique de la nature et de l'art.*

Sur l'extrémité d'une haute rive formée par un cercle de grosses roches brisées, nous arrivâmes à un ramas de damnés tourmentés plus cruellement. Et là, à cause de l'horrible puanteur exhalée par cet abîme profond, nous nous retranchâmes derrière le couvercle d'un grand tombeau où je vis une épitaphe qui disait : « Je garde le pape Anastase, que Photin entraîna hors du droit chemin[1]. »

« Il nous faut descendre lentement, afin que nos sens s'accoutument à cette exhalaison infecte, et puis nous n'y prendrons plus garde. »

Ainsi dit le maître; et moi : « Trouve, lui dis-je, un moyen pour que le temps ne soit pas perdu. »

Et lui : « Tu vois que j'y songe. Mon fils, me dit-il, au dedans de ces

## CANTO UNDECIMO.

In su l'estremità d'un' alta ripa,
Che facevan gran pietre rotte in cerchio,
Venimmo sopra più crudele stipa :  3
  E quivi per l'orribile soperchio
Del puzzo che 'l profondo abisso gitta,
Ci raccostammo dietro ad un coperchio  6
  D'un grand' avello, ov' io vidi una scritta
Che diceva : *Anastagio Papa guardo,*
Lo qual trasse Fotin della via dritta.  9
  « Lo nostro scender conviene esser tardo,
Sì che s'ausi un poco prima il senso
Al tristo fiato, e poi non fia riguardo. »  12
  Così 'l Maestro; ed io : « Alcun compenso,
Dissi lui, truova, che 'l tempo non passi
Perduto. » Ed egli : « Vedi ch' a ciò penso.  15
  Figliuol mio, dentro da cotesti sassi, »

rochers il y a trois cercles moins larges de degré en degré, comme ceux que tu quittes. Ils sont tous remplis d'esprits maudits; mais pour qu'après il te suffise seulement de les voir, apprends comment et pourquoi ils sont ainsi emprisonnés. Toute méchanceté qui se rend odieuse au ciel a pour fin l'injustice, et toute fin semblable porte dommage à autrui, soit par la violence, soit par la fraude. Mais comme la fraude est le propre vice de l'homme, elle déplaît plus à Dieu; aussi les frauduleux sont-ils au-dessous des autres et sont assaillis par une plus vive douleur. Le premier cercle est tout rempli de violents; mais comme la violence s'exerce contre trois personnes, il est bâti et divisé en trois enceintes. On fait violence à Dieu, à soi, au prochain; et cela, sur leurs personnes ou sur leurs choses, comme tu le comprendras par un raisonnement bien clair. On peut donner par la force la mort à son prochain, ou lui faire des blessures douloureuses; on peut le priver de ses biens par la ruine, par l'incendie ou par le pillage; aussi les meurtriers et ceux qui frappent méchamment, les ravageurs et les larrons sont-ils tourmentés, par bandes séparées, dans la première enceinte. L'homme peut porter sur lui-même ou sur ses biens une main violente; c'est pourquoi, dans la deuxième enceinte, est condamné à un repentir inutile quiconque se prive de la vie de votre monde, joue et dissipe son patrimoine, et pleure là où il aurait dû être heureux. On fait violence à la Divinité en la blas-

Cominciò poi a dir, « son tre cerchietti
Di grado in grado, come quei che lassi.   18
   Tutti son pien di spiriti maladetti :
Ma perchè poi ti basti pur la vista,
Intendi come, e perchè son costretti :   21

   D'ogni malizia, ch'odio in Cielo acquista,
Ingiuria è il fine, ed ogni fin cotale
O con forza, o con frode altrui contrista.   24
   Ma perchè frode è dell'uom proprio male,
Più spiace a Dio; e però stan di sutto
Gli frodolenti, e più dolor gli assale.   27
   De' violenti il primo cerchio è tutto :
Ma perchè si fa forza a tre persone,
In tre gironi è distinto e costrutto.   30
   A Dio, a sè, al prossimo si puone

Far forza; dico in loro, ed in lor cose,
Come udirai con aperta ragione.   33
   Morte per forza, e ferute dogliose
Nel prossimo si danno; e nel suo avere
Ruine, incendj, e tollette dannose.   36
   Onde omicidi, e ciascun che mal fiere,
Guastatori, e predon tutti tormenta
Lo giron primo per diverse schiere.   39
   Puote uomo avere in sè man violenta,
E ne' suoi beni; e però nel secondo
Giron convien che senza pro si penta   42
   Qualunque priva sè del vostro mondo,
Biscazza e fonde la sua facultade,
E piange là dove esser dee giocondo.   45
   Puossi far forza nella Deitade,
Col cuor negando e bestemmiando quella,

# CHANT ONZIÈME.

phémant et en la reniant dans son cœur, et en méprisant la nature et sa bonté ; c'est pourquoi l'enceinte plus étroite scelle du même sceau Sodome et Cahors[2], et tous ceux qui méprisent Dieu dans leurs paroles et dans leur cœur.

« La fraude, dont toute conscience a remords, peut s'exercer contre ceux qui ont la confiance en nous et ceux qui n'en ont point. Cette dernière espèce de fraude rompt seulement le lien d'amour que fait la nature ; c'est pourquoi le second cercle recèle l'hypocrisie, la flatterie, et ceux qui jettent le sort, les faussaires, le vol, la simonie, les rufiens, les escrocs et autres ordures.

« Par la première espèce de fraude on oublie l'amour que forme la nature, et celui qui vient s'y joindre et qui fait naître la confiance personnelle. Aussi, dans le dernier cercle, au centre de l'univers, sur lequel pèse Dité, quiconque trahit est-il consumé éternellement. »

Et moi : « Maître, ton raisonnement procède clairement et explique très-bien ce gouffre et le peuple qui l'habite. Mais, dis-moi : ceux du marais fangeux, et ceux que le vent emporte et que fouette la pluie, et ceux qui se rencontrent avec des paroles si âpres, pourquoi ne sont-ils pas punis au dedans de la cité ardente, si Dieu les a dans sa haine ? sinon, pourquoi sont-ils punis de la sorte ? »

Et lui : « Pourquoi ta pensée s'égare-t-elle ainsi contre sa coutume ? Est-ce

| | |
|---|---|
| E spregiando Natura, e sua bontade : 48 | Onde nel cerchio minore, ov' è 'l punto |
| E però lo minor giron suggella | Dell' universo in su che Dite siede, |
| Del segno suo e Soddoma, e Caorsa, | Qualunque trade in eterno è consunto. » 66 |
| E chi, spregiando Dio, col cuor favella. 51 | |
| La frode, ond' ogni coscienza è morsa, | Ed io : « Maestro, assai chiaro procede |
| Può l'uomo usare in colui che si fida, | La tua ragione, ed assai ben distingue |
| E in quello che fidanza non imborsa. 54 | Questo baratro, e 'l popol che 'l possiede. |
| Questo modo di retro par ch' uccida | Ma dimmi : quei della palude pingue, |
| Pur lo vincol d' amor che fa Natura ; | Che mena 'l vento, e che batte la pioggia, |
| Onde nel cerchio secondo s' annida 57 | E che s' incontran con sì aspre lingue, 72 |
| Ipocrisia, lusinghe, e chi affattura, | Perchè non dentro della città roggia |
| Falsità, ladroneccio, e simonia, | Son ei puniti, se Dio gli ha in ira ? |
| Ruffian, baratti, e simile lordura. 60 | E se non gli ha, perchè sono a tal foggia ? » |
| Per l' altro modo quell' amor s' obblia, | Ed egli a me : « Perchè tanto delira, |
| Che fa Natura, e quel ch' è poi aggiunto, | Disse, lo ingegno tuo da quel ch' e' suole ; |
| Di che la fede spezial si cria : 63 | Ovver la mente dove altrove mira ? 75 |

que ton esprit regarde ailleurs? Ne te souviens-tu pas du passage dans lequel ton Éthique traite des trois dispositions que le ciel réprouve? l'incontinence, la malice et la folle bestialité[3]; et comment l'incontinence offense moins Dieu et provoque moins de blâme? Si tu médites bien sur cette vérité, et si ton souvenir se reporte sur ceux qui sont punis de hors d'ici, au-dessus de cette cité, tu verras bien pourquoi ils sont séparés de ces pervers, et pourquoi la justice de Dieu les martelle d'une main courroucée.

— O soleil qui guéris toute vue troublée, tu me rends si heureux quand tu m'éclaires, que j'aime presque autant douter que savoir. Retourne un peu sur tes pas, où tu as dit que l'usure offense la bonté divine, et délie ce nœud.

— La philosophie, me dit-il, apprend dans plusieurs endroits, à ceux qui l'étudient, que la nature, dans son cours, procède de l'intelligence de Dieu et de l'art divin. Et si tu lis bien ta Physique, tu trouveras dès les premières pages que votre art suit la nature autant qu'il le peut, comme le disciple suit le maître, si bien que votre art est, pour ainsi parler, petit-fils de Dieu. Maintenant, si tu te souviens de la Genèse, au commencement, il est nécessaire que l'homme puise à ces deux sources sa vie et sa fortune. Or, comme l'usurier suit une autre route, il offense la nature en elle-même et dans l'art qui l'imite;

Non ti rimembra di quelle parole,
Con le quai la tua Etica pertratta
Le tre disposizion che 'l Ciel non vuole, 81
　Incontinenza, malizia, e la matta
Bestialitade? e come incontinenza
Men Dio offende, e men biasimo accatta? 84
　Se tu riguardi ben questa sentenza,
E rechiti alla mente chi son quelli,
Che su di fuor sostengon penitenza, 87
　Tu vedrai ben perchè da questi felli
Sien dipartiti, e perchè men crucciata
La divina Giustizia gli martelli. » — 90
　« O Sol, che sani ogni vista turbata,
Tu mi contenti sì, quando tu solvi,
Che, non men che saver, dubbiar m'aggrata.
　Ancora un poco 'ndietro ti rivolvi,

Diss' io, là dove di', ch' usura offende
La divina Bontade, e 'l groppo svolvi. » 96
　« Filosofia, mi disse, a chi l'attende,
Nota, non pure in una sola parte,
Come Natura lo suo corso prende 99
　Dal divino intelletto, e da sua arte:
E se tu ben la tua Fisica note,
Tu troverai non dopo molte carte, 102
　Che l'arte vostra quella, quanto puote,
Segue, come 'l maestro fa il discente,
Sì che vostr' arte a Dio quasi è nipote. 105
　Da queste due, se tu ti rechi a mente
Lo Genesi dal principio, conviene
Prender sua vita, ed avanzar la gente. 108
　E perchè l'usuriere altra via tiene,
Per sè Natura, e per la sua seguace

car il place son espérance ailleurs[4]. Mais suis-moi désormais, car il me plaît d'avancer. Déjà les poissons se montrent à l'horizon, et le chariot s'étend sur le Corus[5], et c'est là-bas qu'on descend le rocher. »

Dispregia, poichè in altro pon la spene. — Chè i Pesci guizzan su per l' orizzonta,
                                  E 'l Carro tutto sovra 'l Coro giace, 115
Ma seguimi oramai, chè 'l gir mi piace : | E 'l balzo via là oltre si dismonta. »

# CHANT DOUZIÈME.

*Septième cercle. Abords de la première zone, formés d'un vaste débris de rochers écroulés depuis le passage du Christ aux Limbes de l'Enfer. Le Minotaure gardien de cette section, attribuée aux Violents contre le prochain, aux tyrans sanguinaires. Ils sont plongés dans les eaux sanglantes et bouillantes du Phlégéthon, ou au fond sous la vase : des Centaures lancent leurs flèches contre ceux qui sortent de ce marais plus qu'il ne leur est permis. Chiron et Nessus. Ce dernier sert de guide aux deux Poëtes. Personnages punis.*

Le lieu où nous vînmes pour descendre la rive était si rude, et ce que l'on y voyait le rendait tel, qu'il n'est point de vue qui ne s'en détournât. Ainsi qu'en cet éboulement, qui, en deçà de Trente, roula sur un des flancs de l'Adige, soit par un tremblement de terre, soit que le sol manquât d'appui, du haut de la montagne, d'où elle s'écroula, jusqu'à la plaine, la roche est devenue si escarpée, qu'elle n'offre aucun chemin à qui serait en haut : telle était la descente de ce précipice, et sur la cime déchirée du rocher gisait l'opprobre de Crète, ce monstre qui fut conçu dans la fausse vache. Aussitôt qu'il nous aperçut, il se mordit lui-même, comme celui que la rage dévore.

Le sage qui me guidait lui cria : « Tu crois peut-être voir ici le prince

## CANTO DECIMOSECONDO.

Era lo loco, ove a scender la riva [anco,
Venimmo, alpestro, e, per quel ch'ivi era
Tal, ch'ogni vista ne sarebbe schiva. 3

Quale è quella ruina che nel fianco
Di qua da Trento l'Adice percosse,
O per tremuoto, o per sostegno manco; 6

Che da cima del monte, onde si mosse,
Al piano, è sì la roccia discoscesa,

Ch'alcuna via darebbe a chi su fosse; 9
   Cotal di quel burrato era la scesa :
E in su la punta della rotta lacca
L'infamia di Creti era distesa, 12
   Che fu concetta nella falsa vacca :
E quando vide noi, sè stessa morse,
Sì come quei cui l'ira dentro fiacca. 15
   Lo Savio mio in ver lui gridò : « Forse

Sur la cime dénudée du rocher gisait l'opprobre de Crète.

L'Enfer, ch. XII.

*E in su la punta della rotta lacca*
*L'infamia di Creti era distesa.*

Inferno, c. XII, v. 11 e 12.

# CHANT DOUZIÈME.

d'Athènes[1], qui te donna la mort dans le monde. Retire-toi, brute; il ne vient pas, celui-ci, instruit par ta sœur; il vient pour visiter vos supplices. »

Comme le taureau qui rompt ses liens au moment où il reçoit le coup mortel, ne peut plus marcher, mais bondit çà et là; ainsi je vis faire au Minotaure, et le maître attentif s'écria :

« Cours au passage; pendant qu'il est en fureur, il est bon que tu descendes. »

Nous suivîmes ainsi ce mouvant amas de pierres que le poids de mon corps faisait rouler sous mes pieds.

Je m'en allais rêvant, et le poëte me dit :

« Tu penses peut-être à ces décombres gardés par cette brutale colère que je viens d'abattre? Sache donc que la première fois que je descendis au fond de l'enfer, ce rocher ne s'était pas encore écroulé; mais peu de temps, si je ne me trompe, avant l'arrivée de celui qui ravit à Dité la grande proie du premier cercle, cette vallée horrible et profonde trembla de toutes parts, et je crus que l'univers sentait l'amour par lequel, selon quelques-uns, le monde a été replongé plus d'une fois dans le chaos[2]. Alors ce vieux rocher s'écroula ici, et plus encore ailleurs. Mais fixe tes yeux dans le gouffre, car nous nous approchons de la rivière de sang, où bouillent tous ceux qui ont

Tu credi che qui sia 'l Duca d' Atene,
Che su nel mondo la morte ti porse?       18
  Partiti, bestia, chè questi non viene
Ammaestrato dalla tua sorella,
Ma vassi per veder le vostre pene. »      21
  Qual è quel toro, che si slaccia in quella
Ch' ha ricevuto già 'l colpo mortale,
Che gir non sa, ma qua e là saltella :    24
  Vid' io lo Minotauro far cotale. —
E quegli accorto gridò : « Corri al varco;
Mentre ch' è 'n furia, è buon che tu ti cale. »
  Così prendemmo via giù per lo scarco
Di quelle pietre, che spesso movìensi,
Sotto i miei piedi per lo nuovo carco.    30

  Io già pensando; e quei disse : « Tu pensi

Forse a questa rovina, ch' è guardata
Da quell' ira bestial, ch' io ora spensi.  33
  Or vo' che sappi che l' altra fiata,
Ch' io discesi quaggiù nel basso Inferno,
Questa roccia non era ancor cascata.      36
  Ma certo poco pria, se ben discerno,
Che venisse Colui che la gran preda
Levò a Dite del cerchio superno,           39
  Da tutte parti l' alta valle feda
Tremò sì, ch' io pensai che l' universo
Sentisse amor, per lo quale è chi creda   42
  Più volte 'l mondo in caos converso :
Ed in quel punto questa vecchia roccia
Qui ed altrove tal fece riverso.           45
  Ma ficca gli occhi a valle; chè s' approccia
La riviera del sangue, in la qual bolle

fait violence aux autres. O aveugle cupidité! ô folle colère, qui nous aiguillonnes ainsi dans notre courte vie, pour nous plonger dans le sang pendant l'éternité! Je vis un grand fossé, creusé en arc, tout autour de la plaine, tel que me l'avait dit mon guide; et entre l'escarpement du rocher et la fosse rôdaient des Centaures armés de flèches, comme ils avaient coutume de chasser dans le monde. En nous voyant descendre, ils s'arrêtèrent, et trois se détachèrent de la bande avec des arcs et des traits qu'ils venaient d'y ajuster. »

Et l'un d'eux cria de loin : « A quel supplice venez-vous, vous qui descendez la côte? Parlez d'où vous êtes, ou je tire l'arc. »

Mon maître dit : « Nous ferons notre réponse à Chiron, de près, tout à l'heure. Mal t'a pris d'avoir été toujours si vif en tes désirs. »

Puis il me toucha et me dit : « C'est Nessus, qui mourut pour la belle Déjanire, et se vengea lui-même; et celui du milieu qui regarde sa poitrine est le grand Chiron, qui nourrit Achille; l'autre est Pholus, qui fut si plein de rage³. Ils s'en vont par milliers autour du fossé, perçant de leurs flèches toute âme qui dépasse, dans ce fleuve de sang, le niveau assigné à chacun par son crime. » Nous nous approchâmes de ces monstres agiles. Chiron prit un trait, et, avec la coche, il retroussa sa barbe derrière sa mâchoire. Quand il eut découvert sa grande bouche, il dit à ses compagnons :

Qual che per violenza in altrui noccia. » 48
O cieca cupidigia, o ira folle,
Che sì ci sproni nella vita corta,
E nell' eterna poi sì mal c' immolle! 51
Io vidi un' ampia fossa in arco torta,
Come quella, che tutto il piano abbraccia,
Secondo ch' avea detto la mia scorta. 54
E tra 'l piè della ripa ed essa, in traccia
Correan Centauri armati di saette,
Come solean nel mondo andare a caccia. 57
Vedendoci calar ciascun ristette,
E della schiera tre si dipartiro
Con archi, ed asticciuole prima elette : 60
E l' un gridò da lungi : « A qual martiro
Venite voi, che scendete la costa?
Ditel costinci, se non, l' arco tiro. » 63

Lo mio Maestro disse : « La risposta
Farem noi a Chiron costà di presso :
Mal fu la voglia tua sempre sì tosta. » 66
Poi mi tentò, e disse : « Quegli è Nesso,
Che morì per la bella Deianira,
E fe' di sè la vendetta egli stesso. 69
E quel di mezzo, che al petto si mira,
È il gran Chirone, il qual nudrì Achille :
Quell' altro è Folo, che fu sì pien d' ira. 72
Dintorno al fosso vanno a mille a mille,
Saettando quale anima si svelle
Del sangue più che sua colpa sortille. » 75
Noi ci appressammo a quelle fiere snelle :
Chiron prese uno strale, e con la cocca
Fece la barba indietro alle mascelle. 78
Quando s' ebbe scoperta la gran bocca,

Un des trois cria de loin : « A quel supplice allez-vous, vous qui descendez la côte ? »

L'Enfer, ch. XII

*E l' un gridò da lungi : « A qual martiro*
*Venite voi, che scendete la costa? »*

Inferno, c. XII, v. 61 e 62

Nous nous approchâmes de ces monstres agiles.

L'Enfer, ch. XII

*Noi ci appressammo a quelle fiere snelle.*

Inferno, c. XII, v. 76.

« Avez-vous remarqué que celui qui marche le dernier fait mouvoir ce qu'il touche? Les pieds des morts ne font pas ainsi. »

Et mon bon guide, qui atteignait déjà la poitrine de Chiron à la hauteur où les deux natures se confondent, lui répondit : « Oui, il est vivant, et je dois lui montrer seul la vallée ténébreuse. La nécessité le conduit et non le plaisir. Une femme a suspendu l'hosanna céleste pour me charger de cet office nouveau. Il n'est pas un larron, ni moi une âme noire. Au nom de cette vertu qui dirige mes pas dans ce rude chemin, donne-nous un des tiens qui puisse nous guider, nous montrer un gué sur le fleuve, et porter en croupe cet homme, qui ne peut fendre l'air comme un esprit. »

Chiron se tourna à droite et dit à Nessus : « Retourne en arrière, guide-les, et protége-les contre les autres bandes que vous pourrez rencontrer. »

Alors nous marchâmes sous l'escorte fidèle, le long des flots rouges où ceux qui bouillaient dans le sang poussaient de grands cris. Je vis des pécheurs qui y étaient plongés jusqu'aux sourcils.

Et le grand Centaure dit :

« Ce sont les tyrans qui ont souillé leurs mains de sang et de rapines. On pleure ici les crimes sans pitié; ici est Alexandre, et ce cruel Denys à qui la Sicile dut tant d'années de douleur. Et ce front au poil si noir, c'est Ezzelin;

Disse a' compagni : « Siete voi accorti
Che quel di retro muove ciò che tocca?
Così non soglion fare i piè de' morti. »
E'l mio buon Duca, che già gli era al petto,
Ove le duo nature son consorti,
Rispose : « Ben è vivo, e sì soletto
Mostrargli mi convien la valle buia :
Necessità 'l c' induce, e non diletto.
Tal si partì da cantare alleluia,
Che ne commise quest' ufficio nuovo;
Non è ladron, nè io anima fuia.
Ma per quella virtù, per cu' io muovo
Li passi miei per sì selvaggia strada,
Danne un de' tuoi, a cui noi siamo a pruovo,
Che ne dimostri là dove si guada,
E che porti costui in su la groppa,
Chè non è spirto, che per l'aere vada. »
Chiron si volse in su la destra poppa,
E disse a Nesso : « Torna, e sì gli guida,
E fa cansar, s'altra schiera s'intoppa. »
Noi ci movemmo con la scorta fida
Lungo la proda del bollor vermiglio,
Ove i bolliti faceano alte strida.
Io vidi gente sotto infino al ciglio;
E'l gran Centauro disse : « Ei son tiranni,
Che dier nel sangue, e nell' aver di piglio.
Quivi si piangon gli spietati danni :
Quivi è Alessandro, e Dionisio fero,
Che fe' Cicilia aver dolorosi anni :
E quella fronte ch' ha 'l pel così nero,
È Azzolino; e quell' altro ch' è biondo,

et le blond, c'est Obizzo d'Este, qui, on a dit vrai, là-haut dans le monde, fut tué par son fils. »

Alors je regardai le poëte, et il me dit : « Qu'il te soit maintenant le premier, et moi le second[5]. »

Un peu plus loin, le Centaure arrêta ses regards sur une foule qui avait du sang bouillant jusqu'au cou. Il nous montra un damné tout seul à l'écart, en disant : « Celui-ci perça sur l'autel, au sein de Dieu, le cœur qu'on révère encore sur la Tamise[6]. »

Puis je vis des ombres qui tenaient non-seulement la tête, mais le torse entier hors du fleuve, et j'en reconnus plusieurs. Ainsi le sang s'abaissait de plus en plus, au point qu'il ne baignait que les pieds, et là nous traversâmes la rivière.

De même que tu vois ici le fleuve aller toujours en diminuant, dit le Centaure, tu dois croire que de l'autre côté il devient toujours plus profond jusqu'au point où il convient que la tyrannie gémisse. C'est là que la divine justice a plongé cet Attila, qui fut le fléau de la terre, et Pyrrhus, et Sextus ; c'est là qu'elle arrache, dans les flots bouillants, des pleurs éternels à René de Corneto, à René de Pazzi, qui firent une si longue guerre aux grands chemins. »

Puis il se retourna et repassa le gué.

È Obizzo da Esti, il qual per vero 111
Fu spento dal figliastro su nel mondo. »
Allor mi volsi al Poeta, e quei disse :
« Questi ti sia or primo, ed io secondo. » 114
Poco più oltre 'l Centauro s'affisse
Sovr' una gente, che infino alla gola
Parea che di quel bulicame uscisse. 117
Mostrocci un'ombra dall' un canto sola,
Dicendo : « Colui fesse in grembo a Dio
Lo cor, che 'n su 'l Tamigi ancor si cola. »
Poi vidi genti, che di fuor del rio
Tenean la testa, ed ancor tutto 'l casso :
E di costoro assai riconobb' io. 123
Così a più a più si facea basso
Quel sangue sì, che copria pur li piedi :

E quivi fu del fosso il nostro passo. 126
« Siccome tu da questa parte vedi
Lo bulicame, che sempre si scema, »
Disse 'l Centauro, « voglio che tu credi 129
Che da quell' altra a più a più giù prema
Il fondo suo, infin ch' ei si raggiunge
Ove la tirannia convien che gema. 132
La divina Giustizia di qua punge
Quell' Attila, che fu flagello in terra,
E Pirro, e Sesto ; ed in eterno munge 135
Le lacrime, che col bollor disserra
A Rinier da Corneto, a Rinier Pazzo,
Che fecero alle strade tanta guerra. » 138
Poi si rivolse, e ripassossi 'l guazzo.

C'est là que font leur nid les hideuses Harpies.

L'Enfer, ch. XIII.

*Quivi le brutte Arpie lor nidi fanno.*

Inferno, c. XIII, v. 40

# CHANT TREIZIÈME.

*Suite du septième cercle ; seconde zone comprenant les Violents envers eux-mêmes, destructeurs de leurs vies et de leurs propriétés. Ames enfermées dans les arbres d'une affreuse forêt, où perchent les Harpies. Entretien avec Pierre des Vignes. Deux autres âmes surviennent, poursuivies par des chiennes affamées : châtiment du suicide accompagné de la destruction des biens. État futur des suicidés après le jugement dernier.*

Nessus n'avait pas atteint l'autre rivage, que déjà nous entrions dans un bois où nul sentier n'était tracé. Là point de feuilles vertes, mais d'une couleur sombre ; point de branches lisses, mais des rameaux noueux et tordus ; point de fruits, mais des épines empoisonnées. Les bêtes sauvages, qui haïssent les lieux cultivés, n'ont pas, entre Cecina et Corneto, de buissons plus hérissés et plus touffus. C'est là que font leur nid les hideuses Harpies, qui chassèrent les Troyens des Strophades, en leur prédisant leurs tristes destins. Elles ont les ailes larges, le cou et le visage humains, des pieds armés de serres, le ventre énorme et couvert de plumes; elles poussent des cris lamentables du haut de ces arbres étranges.

Le bon maître me dit : « Avant d'aller plus loin, sache que tu es dans la

## CANTO DECIMOTERZO.

Non era ancor di là Nesso arrivato,
Quando noi ci mettemmo per un bosco,
Che da nessun sentiero era segnato. 3

Non frondi verdi, ma di color fosco;
Non rami schietti, ma nodosi e involti;
Non pomi v' eran, ma stecchi con tosco. 6

Non han sì aspri sterpi, nè sì folti
Quelle fiere selvagge, che in odio hanno

Tra Cecina e Corneto i luoghi colti. 9

Quivi le brutte Arpie lor nidi fanno,
Che cacciar delle Strofade i Troiani,
Con tristo annunzio di futuro danno. 12

Ali hanno late, e colli e visi umani,
Piè con artigli, e pennuto 'l gran ventre :
Fanno lamenti in su gli alberi strani. 15

E'l buon Maestro : « Prima che più entre,

seconde enceinte, et que tu y seras jusqu'à ce que tu arrives aux sables douloureux. Or donc, regarde bien, et tu verras des choses qui feraient douter de mes récits. » J'entendais des gémissements de toutes parts, et je ne voyais personne qui gémît; c'est pourquoi je m'arrêtai tout éperdu. Il imagina, je suppose, que j'attribuais toutes ces voix sortant de ces troncs à des esprits qui se cachaient à notre approche.

Or, le maître me dit : « Si tu brises une petite branche d'un de ces arbres, les pensées que tu as changeront bientôt. »

Alors j'avançai un peu la main, et je cueillis un rameau d'un grand arbre épineux; et le tronc s'écria : « Pourquoi me brises-tu? »

Puis, quand il fut devenu noir de sang, il se reprit à crier : « Pourquoi me déchires-tu? N'as-tu aucun sentiment de pitié? Nous fûmes des hommes, et maintenant nous ne sommes plus que des troncs; ta main devrait être moins cruelle, eussions-nous été des âmes de serpents. »

Comme un tronc vert qu'on brûle par un bout gémit par l'autre et siffle avec le vent qui s'en échappe, ainsi de cette branche jaillissaient à la fois le sang et les paroles. C'est pourquoi je la laissai tomber, et je demeurai comme un homme qui craint.

« S'il avait pu croire d'avance, ô âme blessée, répondit mon guide, ce

Sappi che sei nel secondo girone, »
Mi cominciò a dire, « e sarai, mentre
  Che tu verrai nell' orribil sabbione.
Però riguarda bene, e sì vedrai
Cose che torrien fede al mio sermone. »

Io sentia d' ogni parte tragger guai,
E non vedea persona che 'l facesse :
  Perch' io tutto smarrito m' arrestai.
Io credo ch' ei credette ch' io credesse
Che tante voci uscisser tra que' bronchi
  Da gente, che per noi si nascondesse :
Però disse 'l Maestro : « Se tu tronchi
Qualche fraschetta d' una d' este piante,
  Li pensier ch' hai si faran tutti monchi. »
Allor pors' io la mano un poco avante,

E colsi un ramuscel da un gran pruno,
  E 'l tronco suo gridò : « Perchè mi schiante? »
Da che fatto fu poi di sangue bruno,
Ricominciò a gridar : « Perchè mi scerpi?
  Non hai tu spirto di pietate alcuno?
Uomini fummo, ed or sem fatti sterpi :
Ben dovrebb' esser la tua man più pia,
  Se state fossim' anime di serpi. »
Come d' un stizzo verde, ch' arso sia
Dall' un de' capi, che dall' altro geme,
  E cigola per vento che va via :
Così di quella scheggia usciva insieme
Parole, e sangue; ond' io lasciai la cima
  Cadere, e stetti come l' uom che teme.
« S' egli avesse potuto creder prima, »
Rispose 'l Savio mio, « anima lesa,

Et le tronc s'écria : « Pourquoi me brises-tu ? »

L'ENFER, CH. XIII.

*E' l tronco suo gridò : « Perchè mi schiante? »*

INFERNO, C. XIII, v. 33.

qu'il avait lu dans mes vers, il n'aurait pas porté la main sur toi. Mais, c'est moi, tant la chose est incroyable, qui l'ai poussé à faire ce que maintenant je regrette; mais, dis-lui qui tu fus, afin qu'il puisse, en guise d'amende, raviver ta renommée dans le monde, où il lui est permis de retourner. »

Et l'arbre reprit :

« Tu me séduis si bien avec tes douces paroles, que je ne puis me taire; et vous, pardonnez-moi si je me laisse prendre à l'attrait de vous parler. J'ai tenu les deux clefs du cœur de Frédéric[1], et je les tournai si doucement pour ouvrir et pour fermer, que j'écartai tous les autres de sa confiance. Je remplis si fidèlement mon glorieux office, que j'en perdis le repos et la vie. La courtisane, qui jamais du palais de César ne détourna ses yeux adultères, mort commune et vice des cours, enflamma contre moi tous les cœurs, et ceux qu'elle enflammait enflammèrent tellement Auguste, que les joyeux honneurs se changèrent en un triste deuil.

« Alors mon âme indignée, croyant fuir le mépris par la mort, me rendit injuste contre moi juste. Par les nouvelles racines de cet arbre, je vous jure que je n'ai jamais failli à mon maître, qui fut si digne d'honneur. Et si quelqu'un de vous retourne au monde, qu'il relève ma mémoire encore abattue du coup que l'Envie lui a porté. »

Ciò ch' ha veduto pur con la mia rima,
  Non averebbe in te la man distesa;
Ma la cosa incredibile mi fece
Indurlo ad ovra, ch' a me stesso pesa. 51
  Ma dilli chi tu fosti, sì, che in vece
D' alcuna ammenda, tua fama rinfreschi
Nel mondo su, dove tornar gli lece. » 54

  E 'l tronco : « Sì col dolce dir m'adeschi,
Ch'io non posso tacere; e voi non gravi
Perch' io un poco a ragionar m'inveschi. 57
  Io son colui, che tenni ambo le chiavi
Del cor di Federigo, e che le volsi,
Serrando e disserrando, sì soavi, 60
  Che dal segreto suo quasi ogni uom tolsi.
Fede portai al glorioso ufizio,
Tanto, ch' io ne perdei le vene e i polsi. 63
  La meretrice che mai dall' ospizio
Di Cesare non torse gli occhi putti,
Morte comune e delle corti vizio, 66
  Infiammò contra me gli animi tutti,
E gl' infiammati infiammar sì Augusto,
Che i lieti onor tornaro in tristi lutti. 69
  L' animo mio, per disdegnoso gusto,
Credendo col morir fuggir disdegno,
Ingiusto fece me contra me giusto. 72
  Per le nuove radici d' esto legno
Vi giuro che giammai non ruppi fede
Al mio signor, che fu d' onor sì degno : 75
  E se di voi alcun nel mondo riede,
Conforti la memoria mia, che giace
Ancor del colpo, che invidia le diede. » 78

Le poëte attendit un instant et me dit : « Puisqu'il se tait, ne perds pas de temps, mais parle, interroge-le, si tu veux en savoir davantage. »

Et moi : « Demande-lui plutôt, toi-même, ce que tu crois que j'ai besoin d'apprendre; car moi, je ne le pourrais pas, tant mon cœur est ému de pitié. »

Il reprit alors : « Qu'ainsi, ô pauvre âme captive, celui-ci t'accorde volontiers ta prière, et qu'il te plaise encore de nous dire comment l'âme se lie à ces nœuds, et, si tu le peux, dis-nous si quelqu'un jamais se dégage de ces membres. »

Alors le tronc souffla fortement, et le souffle se changea en ces mots : « On vous répondra brièvement. Lorsqu'une âme féroce part du corps d'où elle-même s'est détachée, Minos l'envoie au septième cercle. Elle tombe dans la forêt, et aucun lieu ne lui est fixé; mais là où la fortune la jette, elle germe comme un grain d'épeautre; elle pousse en arbuste et en arbre sauvage; les Harpies, en se repaissant de ses feuilles, la blessent, et la blessure ouvre une voie à la douleur. Comme les autres âmes, nous viendrons reprendre nos dépouilles; mais aucune de nous ne s'en revêtira, car il n'est pas juste qu'on recouvre ce qu'on s'est ravi soi-même. Nous traînerons ici nos corps, et nous les suspendrons dans la triste forêt, chacun au tronc de son âme malheureuse. »

Nous écoutions encore, croyant qu'il avait autre chose à nous dire, lorsque

Un poco attese, e poi : « Da ch' ei sì tace,
Disse 'l Poeta a me, non perder l' ora,
Ma parla, e chiedi a lui, se più ti piace. » 81
Ond' io a lui : « Dimandal tu ancora
Di quel che credi ch' a me soddisfaccia;
Ch' io non potrei, tanta pietà m' accora. » 84
Però ricominciò : « Se l' uom ti faccia
Liberamente ciò che 'l tuo dir prega,
Spirito incarcerato, ancor ti piaccia 87
Di dirne come l' anima si lega
In questi nocchi; e dinne, se tu puoi,
S' alcuna mai da tai membra si spiega. » 90
Allor soffiò lo tronco forte, e poi
Si convertì quel vento in cotal voce :
« Brevemente sarà risposto a voi. 93
Quando si parte l' anima feroce,
Dal corpo, ond' ella stessa s' è disvelta,
Minos la manda alla settima foce. 96
Cade in la selva, e non l' è parte scelta;
Ma là, dove fortuna la balestra,
Quivi germoglia, come gran di spelta. 99
Surge in vermena, ed in pianta silvestra :
L' Arpie, pascendo poi delle sue foglie,
Fanno dolore, ed al dolor finestra. 102
Come l' altre, verrem per nostre spoglie;
Ma non però ch' alcuna sen rivesta :
Chè non è giusto aver ciò ch' uom si toglie.
Qui le strascineremo, e per la mesta
Selva saranno i nostri corpi appesi,
Ciascuno al prun dell' ombra sua molesta. »
Noi eravamo ancora al tronco attesi,
Credendo ch' altro ne volesse dire,

Le premier s'écriait : « Viens donc, viens donc, ô Mort.... »

L'Enfer, ch. XIII.

*Quel dinanzi :* « *Ora accorri, accorri, Morte!* »

Inferno, c. XIII, v. 118.

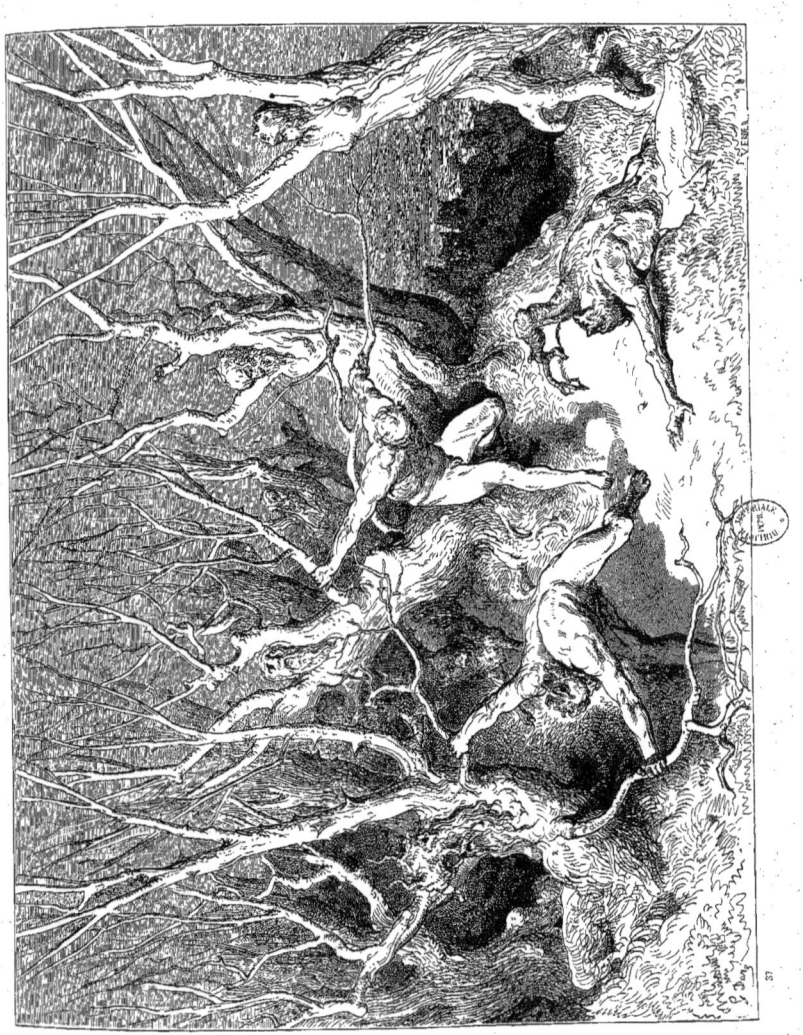

## CHANT TREIZIÈME.

nous fûmes surpris par un bruit, pareillement à celui qui voit venir le sanglier et la meute, et entend le fracas des bêtes et des branches; et voilà, vers la gauche, deux damnés nus, déchirés, fuyant si fort qu'ils brisaient tout à travers la forêt.

Le premier s'écriait : « Viens donc, viens donc, ô mort! » Et l'autre, qui ne croyait pas courir assez vite : « O Lano[2], tes pieds ne furent pas si légers aux joutes du Toppo. »

Et comme l'haleine lui manquait peut-être, il s'affaissa sur un buisson. Derrière eux la forêt était remplie de chiennes noires, affamées, bondissantes comme des lévriers détachés de leur chaîne. Elles enfoncèrent leurs dents aux flancs de celui qui s'était caché, le déchirèrent en lambeaux, et emportèrent au loin ses membres palpitants.

Mon guide alors me prit par la main et me mena vers le buisson qui pleurait en vain par ses plaies saignantes.

« O Jacques de Saint-André, s'écriait-il, que t'a servi de t'abriter de mes branches? En quoi suis-je coupable de ta vie criminelle? »

Quand le maître se fut arrêté près de lui : « Qui étais-tu, dit-il, toi qui, par tant de blessures, souffles avec le sang ces plaintes douloureuses? »

Et lui : « Ames qui arrivez pour voir le terrible ravage qui me sépare ainsi

Quando noi fummo d' un romor sorpresi, 111
  Similemente a colui, che venire
Sente 'l porco, e la caccia alla sua posta,
Ch' ode le bestie e le frasche stormire. 114
  Ed ecco due, dalla sinistra costa,
Nudi, e graffiati, fuggendo sì forte,
Che della selva rompièno ogni rosta. 117
  Quel dinanzi : « Ora accorri, accorri, Mor-
E l' altro, a cui pareva tardar troppo, [te! »
Gridava : « Lano, sì non furo accorte 120
  Le gambe tue alle giostre del Toppo. »
E poichè forse gli fallìa la lena,
Di sè, e d' un cespuglio fece groppo. 123
  Diretro a loro era la selva piena
Di nere cagne bramose, e correnti,
Come veltri ch' uscisser di catena. 126

In quel che s' appiattò miser li denti,
E quel dilaceraro a brano a brano;
Poi sen portar quelle membra dolenti. 129
  Presemi allor la mia Scorta per mano,
E menommi al cespuglio, che piangea,
Per le rotture sanguinenti, invano. 132
  « O Iacopo, dicea, da Sant' Andrea,
Che t' è giovato di me fare schermo?
Che colpa ho io della tua vita rea? » 135
  Quando 'l Maestro fu sovr' esso fermo,
Disse : « Chi fusti, che per tante punte
Soffi col sangue doloroso sermo? » 138
  E quegli a noi : « O anime, che giunte
Siete a veder lo strazio disonesto
Ch' ha le mie frondi sì da me disgiunte, 141

de mes feuilles, ramassez-les au pied de ce triste buisson. Je fus de la cité qui prit Baptiste à la place de son premier patron; c'est pourquoi celui-ci l'attristera toujours avec son art[3]. Et n'était que sur un pont de l'Arno il reste encore quelque image de lui, les citoyens qui rebâtirent cette ville sur les cendres qu'Attila avait laissées, auraient perdu leur travail[4].

« De ma maison je me fis un gibet. »

Raccoglietele al piè del tristo cesto :
Io fui della città, che nel Battista
Cangiò 'l primo padrone, ond' ei per questo
  Sempre con l' arte sua la farà trista.
E se non fosse che in sul passo d' Arno

Rimane ancor di lui alcuna vista;
  Quei cittadin, che poi la rifondarno
Sovra 'l cener che d' Attila rimase,
Avrebber fatto lavorare indarno.
Io fei giubbetto a me delle mie case. »

# CHANT QUATORZIÈME.

*Suite du septième cercle; troisième section, celle des Violents contre Dieu, en trois catégories; premièrement, ceux qui ont bravé la Divinité elle-même. Plaine de sable brûlant sous une pluie de feu. Ames étendues sur le sol. Capanée. Un ruisseau rouge et bouillonnant. Tableau de la mystérieuse origine des eaux de l'Enfer, dérivées des larmes d'une grande figure symbolique; leur division en rivières et marais successifs jusqu'au fond de l'abîme.*

Ému de l'amour du lieu natal, je rassemblai les feuilles éparses et je les rendis au tronc dont la voix s'éteignait. De là nous vînmes à l'endroit où la seconde enceinte se sépare de la troisième, et où l'on voit l'art terrible de la justice divine. Pour bien expliquer ces choses nouvelles, je dis que nous arrivâmes dans une plaine qui repousse toute espèce de plantes. La forêt douloureuse lui fait une guirlande, comme le triste fossé entoure la forêt; là nous posâmes nos pieds tout au bord. Le sol était d'un sable aride et fin, pareil à celui que foulèrent jadis les pieds de Caton[1]. O vengeance de Dieu! combien devront te craindre ceux qui liront ce que j'ai vu de mes yeux! Je vis plusieurs

## CANTO DECIMOQUARTO.

Poichè la carità del natio loco
Mi strinse, raunai le fronde sparte,
E rendèle a colui, ch' era già roco.
 Indi venimmo al fine, onde si parte
Lo secondo giron dal terzo, e dove
Si vede di Giustizia orribil arte.

 A ben manifestar le cose nuove,
I' dico che arrivammo ad una landa
Che dal suo letto ogni pianta rimuove.

 La dolorosa selva l' è ghirlanda
Intorno, come 'l fosso tristo ad essa :
Quivi fermammo i piedi a randa a randa.
 Lo spazzo era una rena arida e spessa,
Non d' altra foggia fatta, che colei
Che fu da' piè di Caton già soppressa.
 O vendetta di Dio, quanto tu dei
Esser temuta da ciascun che legge
Ciò che fu manifesto agli occhi miei!
 D' anime nude vidi molte gregge,

troupeaux d'âmes nues, qui toutes pleuraient bien tristement; mais une loi diverse leur paraissait imposée : les unes gisaient sur leur dos, d'autres étaient accroupies, et d'autres marchaient sans cesse; le nombre des dernières était plus grand, celles qui gisaient dans leur supplice étaient moins nombreuses, mais leur langue était plus prompte à la douleur.

Ainsi que des flocons de neige tombent sur les Alpes, quand le vent ne souffle point, de larges flammes pleuvaient lentement sur le sable, telles qu'Alexandre[2] en vit pleuvoir sur son armée dans ces chaudes régions de l'Inde, et embraser la terre, de sorte qu'il ordonna à ses troupes de fouler le sol aux pieds, afin que le feu s'éteignît plus facilement à mesure qu'il tombait; ainsi descendait l'éternel incendie, et le sable s'enflammait comme l'amadou sous le briquet, pour doubler la douleur de ces âmes. Deçà, delà, sans trêve, se débattaient leurs mains misérables pour secouer chaque flamme nouvelle.

« Maître, lui dis-je alors, toi qui triomphes de toutes choses, hormis des fiers démons qui se sont dressés contre nous sur le seuil de Dité, quel est ce grand qui paraît mépriser l'incendie, étendu sur le sable, se tordant de rage, et que la pluie de feu ne paraît pas dompter? »

Et le maudit, voyant que je parlais de lui à mon guide, s'écria : « Tel je

Che piangean tutte assai miseramente,
E parea posta lor diversa legge.                21
   Supin giaceva in terra alcuna gente;
Alcuna si sedea tutta raccolta;
Ed altra andava continuamente.                 24
   Quella che giva intorno era più molta,
E quella men che giaceva al tormento;
Ma più al duolo avea la lingua sciolta.        27
   Sovra tutto 'l sabbion d' un cader lento
Piovean di fuoco dilatate falde,
Come di neve in alpe senza vento.              30
   Quali Alessandro, in quelle parti calde
D' India, vide sovra lo suo stuolo
Fiamme cadere infino a terra salde;            33
   Perch' ei provvide a scalpitar lo suolo
Con le sue schiere, perciocchè 'l vapore

Me' si stingueva mentre ch' era solo :         36
   Tale scendeva l' eternale ardore;
Onde la rena s' accendea, com' esca
Sotto 'l focile, a doppiar lo dolore.          39
   Senza riposo mai era la tresca
Delle misere mani, or quindi or quinci
Iscotendo da sè l' arsura fresca.              42
   Io cominciai : « Maestro, tu che vinci
Tutte le cose, fuor che i Dimon duri
Ch' all' entrar della porta incontro uscinci;
   Chi è quel grande, che non par che curi
Lo 'ncendio, e giace dispettoso e torto
Sì, che la pioggia non par che 'l maturi? »
   E quel medesmo che si fue accorto
Ch' io dimandava 'l mio Duca di lui,

Deçà, delà, sans trêve, se débattaient leurs mains misérables pour secouer ces flammes nouvelles.

L'Enfer, ch. XIV.

*Senza riposo mai era la tresca*
*Delle misere mani, or quindi or quinci*
*Iscotendo da sè l' arsura fresca.*

Inferno, c. XIV, v. 40, 41 e 42.

fus vivant, tel je suis mort. Que Jupiter fatigue son forgeron, de qui, dans sa colère, il prit la foudre aiguë dont je fus frappé à ma dernière heure, qu'il lasse l'un après l'autre les noirs ouvriers du mont Gibel, en criant : « Bon Vul-« cain ! à l'aide, à l'aide ! » comme il le fit au combat de Phlégra ; qu'il me foudroie de toutes ses flèches, il n'aura point la joie de sa vengeance. »

Mon guide alors parla avec tant de force, que je ne lui avais jamais entendu élever la voix si haut :

« O Capanée³, par cela même que ton orgueil ne fléchit point, tu es puni plus cruellement ; il n'y a que ta rage qui soit un supplice digne de ta démence. »

Puis, se tournant vers moi d'un visage plus calme, il ajouta :

« Il fut un des sept rois qui assiégèrent Thèbes ; il eut et semble encore avoir Dieu en dédain ; mais, comme je le lui ai dit, sa rage seule est un châtiment assez fort pour son orgueil. Or, suis-moi, et garde-toi de mettre les pieds sur le sable brûlant ; mais tiens-les toujours serrés aux bords de la forêt. »

Nous arrivâmes en silence à l'endroit où jaillit hors du bois un petit fleuve, dont les flots rouges me font encore frissonner. Semblable au ruisseau du Bulicame⁴, que les prostituées se partagent entre elles, il s'écoulait à travers le

Gridò : « Qual io fui vivo, tal son morto. 51
Se Giove stanchi il suo fabbro, da cui
Crucciato prese la folgore acuta
Onde l'ultimo dì percosso fui ; 54
O s'egli stanchi gli altri, a muta a muta,
In Mongibello alla fucina negra,
Gridando : « Buon Vulcano, aiuta, aiuta, » 57
Sì com' ei fece alla pugna di Flegra,
E me saetti di tutta sua forza,
Non ne potrebbe aver vendetta allegra. » 60
Allora 'l Duca mio parlò di forza
Tanto, ch' io non l'avea sì forte udito :
« O Capaneo, in ciò che non s'ammorza 63
La tua superbia, se' tu più punito :
Nullo martirio, fuor che la tua rabbia,
Sarebbe al tuo furor dolor compito. » 66

Poi si rivolse a me con miglior labbia,
Dicendo : « Quel fu l' un de' sette regi,
Ch'assiser Tebe ; ed ebbe, e par ch'egli abbia
Dio in disdegno, e poco par che 'l pregi :
Ma, com' io dissi lui, li suoi dispetti
Sono al suo petto assai debiti fregi. — 72
Or mi vien dietro, e guarda che non metti
Ancor li piedi nella rena arsiccia ;
Ma sempre al bosco gli ritieni stretti. » 75
Tacendo divenimmo là 've spiccia
Fuor della selva un picciol fiumicello,
Lo cui rossore ancor mi raccapriccia. 78
Quale del Bulicame esce 'l ruscello,
Che parton poi tra lor le peccatrici ;
Tal per la rena giù sen giva quello. 81

sable; son lit et ses deux flancs et les bords extérieurs s'étaient durcis en pierre, et je compris que c'était là que nous devions passer.

« Parmi toutes les choses que je t'ai montrées depuis que nous avons franchi la porte dont l'entrée n'est refusée à personne, tes yeux n'ont rien vu d'aussi remarquable que ce fleuve dans lequel toute flamme s'éteint. »

Telles furent les paroles de mon guide, et je le priai de m'accorder l'aliment dont il m'avait donné le désir.

« Au milieu de la mer est un pays en ruines, me dit-il, dont le nom est la Crète, et sous le roi de cette île le monde fut chaste. Là s'élève une montagne qui s'appelle Ida, fière jadis de ses eaux, de sa verdure, et maintenant abandonnée comme toute chose vieillie. Rhéa la choisit pour le berceau fidèle de son fils, et, afin de mieux le cacher, quand il pleurait elle y faisait pousser des clameurs.

« Au dedans du mont se tient debout un grand vieillard qui tourne le dos à Damiette, et regarde Rome comme son miroir; sa tête est formée d'or fin, ses bras et sa poitrine sont d'argent pur, puis il est de cuivre jusqu'à l'enfourchure : de là en bas il est de fer choisi, sauf que son pied droit est d'argile, et qu'il pèse plus sur ce pied que sur l'autre; chacune de ces parties, excepté l'or, est fendue d'une crevasse, d'où filtrent, goutte à goutte, des larmes qui,

Lo fondo suo, ed ambo le pendici
Fatt' eran pietra, e i margini da lato;
Perch' io m' accorsi che il passo era lici.—
« Tra tutto l' altro ch' io t' ho dimostrato,
Posciachè noi entrammo per la porta
Lo cui sogliare a nessuno è serrato, 87
Cosa non fu dagli tuoi occhi scorta
Notabile, com' è 'l presente rio,
Che sopra sè tutte fiammelle ammorta. » 90
Queste parole fur del Duca mio :
Perchè 'l pregai che mi largisse 'l pasto,
Di cui largito m' aveva 'l disio. 93
« In mezzo 'l mar siede un paese guasto,
Diss' egli allora, che s' appella Creta,
Sotto 'l cui Rege fu già 'l mondo casto. 96
Una montagna v' è, che già fu lieta

D' acque, e di fronde, che si chiamò Ida;
Ora è diserta, come cosa vieta. 99
Rea la scelse già per cuna fida
Del suo figliuolo; e, per celarlo meglio,
Quando piangea, vi facea far le grida. 102
Dentro dal monte sta dritto un gran veglio,
Che tien volte le spalle inver Damiata,
E Roma guarda sì come suo speglio. 105
La sua testa è di fin oro formata,
E puro argento son le braccia, e 'l petto;
Poi è di rame infino alla forcata : 108
Da indi ingiuso è tutto ferro eletto,
Salvo che 'l destro piede è terra cotta,
E sta in su quel, più che 'n sull' altro, eretto.
Ciascuna parte, fuor che l' oro, è rotta
D' una fessura, che lagrime goccia,

# CHANT QUATORZIÈME.

mêlées ensemble, percent la montagne; puis, suivant leur cours, elles pénètrent dans cette vallée, y forment l'Achéron, le Styx, le Phlégéthon, et, descendant par un étroit canal jusqu'au fond de l'abîme, elles forment le Cocyte; comme tu verras ce lac, je ne t'en parle pas ici. »

Et moi : « Si ce ruisseau descend ainsi de notre monde, pourquoi ne nous apparaît-il que sur ces bords ? »

Et lui : « Tu sais que ce lieu est rond, et, quoique tu aies beaucoup marché vers la gauche, en descendant toujours, tu n'as pas encore parcouru le cercle entier. Si donc il t'apparaît quelque chose de nouveau, tu ne dois point t'en montrer étonné.

— Maître, repris-je, où se trouvent le Phlégéthon et le Léthé? Tu ne parles pas de ce dernier, et tu dis que l'autre est formé par cette source?

— Certes, tu me plais dans toutes tes questions, me répondit-il ; mais le bouillonnement de l'eau rouge devait répondre à une des demandes que tu me fais[5]. Tu verras le Léthé, mais hors de cette fosse, là où vont se laver les âmes quand le repentir a effacé le péché. »

Puis il dit : « Il est temps de quitter la forêt; aie bien soin de me suivre; nous pouvons passer entre ces bords, qui ne sont point embrasés, et en tombant sur eux toute vapeur s'éteint. »

---

Le quali accolte foran quella grotta. 114
   Lor corso in questa valle si diroccia :
Fanno Acheronte, Stige, e Flegetonta;
   Poi sen van giù per questa stretta doccia 117
Insin là ove più non si dismonta :
Fanno Cocito; e qual sia quello stagno,
   Tu 'l vederai : però qui non si conta. » 120
Ed io a lui : « Se 'l presente rigagno
Si deriva così dal nostro mondo,
   Perchè ci appar pure a questo vivagno? » 123
Ed egli a me : « Tu sai che 'l luogo è tondo;
E tutto che tu sii venuto molto
   Pur a sinistra giù calando al fondo, 126
Non sei ancor per tutto 'l cerchio volto;
Perchè, se cosa n' apparisce nuova,
   Non dee addur maraviglia al tuo volto. » 129
Ed io ancor : « Maestro, ove si trova
Flegetonte, e Letè? chè dell' un taci,
   E l' altro di' che si fa d' esta piova. » — 132
« In tutte tue question certo mi piaci,
Rispose; ma 'l bollor dell' acqua rossa
   Dovea ben solver l' una, che tu faci. 135
Letè vedrai, ma fuor di questa fossa,
Là dove vanno l' anime a lavarsi,
   Quando la colpa pentuta è rimossa. » 138

Poi disse : « Omai è tempo da scostarsi
Dal bosco; fa che di retro a me vegne :
Li margini fan via che non son arsi, 141
   E sopra loro ogni vapor si spegne. »

# CHANT QUINZIÈME.

*Suite du septième cercle et de sa troisième section: seconde catégorie des Violents contre Dieu, savoir, les Violents contre la nature, ou les sodomites. Marche sous la pluie de feu. Entretien avec Brunetto Latini : respect pour ce vieux maître ; avenir du Poëte : mépris du peuple ingrat et de la mauvaise fortune. Divers ecclésiastiques et lettrés célèbres livrés au même châtiment.*

Or, nous marchons sur l'un des bords de pierre, et la vapeur qui sort du ruisseau, s'élevant comme un nuage, abrite du feu l'eau et la rive. Comme les Flamands entre Cadsand et Bruges, craignant le flot qui s'élance sur eux, font leurs digues pour repousser la mer; et comme les Padouans, au bord de la Brenta, élèvent des barrières pour défendre leurs villes et leurs châteaux, avant que Chiarentana sente la chaleur[1] : tels étaient les bords de ce fleuve; mais le maître, quel qu'il fût, les avait faits moins hauts et moins forts. Nous étions déjà si loin de la forêt, que je n'aurais pu la voir si je m'étais retourné en arrière, quand nous rencontrâmes une troupe d'âmes qui venaient en côtoyant la berge, et chacune d'elles nous regardait, comme on se regarde le soir, sous

## CANTO DECIMOQUINTO.

Ora cen porta l' un de' duri margini,
E 'l fummo del ruscel di sopra aduggia
Sì che dal fuoco salva l' acqua, e gli argini.
   Quale i Fiamminghi tra Guzzante e Bruggia,
Temendo 'l fiotto che in ver lor s' avventa,
Fanno lo schermo, perchè 'l mar si fuggia;
   E quale i Padovan lungo la Brenta,
Per difender lor ville, e lor castelli,
Anzi che Chiarentana il caldo senta :  9
   A tale immagine eran fatti quelli,
Tuttochè nè sì alti nè sì grossi,
Qual che si fosse, lo maestro felli.  12
   Già eravam dalla selva rimossi
Tanto, ch' io non avrei visto dov' era,
Perch' io 'ndietro rivolto mi fossi,  15
   Quando incontrammo d'anime una schiera
Che venia lungo l' argine, e ciascuna
Ci riguardava, come suol da sera  18
   Guardar l' un l' altro sotto nuova luna,

Est-ce bien vous, messire Brunetto?

L'Enfer, ch. XV.

*. . . . Siete voi qui, ser Brunetto?*

Inferno, c. XV, v. 30.

# CHANT QUINZIÈME.

la nouvelle lune, en fixant ses yeux sur nous, comme fait un vieux tailleur pour enfiler son aiguille. Pendant que ces esprits me regardaient ainsi, je fus reconnu par l'un d'eux, qui me prit par le pan de ma robe et s'écria : « Quel miracle ! » Lorsqu'il leva le bras vers moi, je regardai fixement son visage brûlé, et son front noirci par la flamme ne m'empêcha pas de le reconnaître ; et, tendant la main vers son visage, je lui répondis : « Vous ici, messire Brunetto[2] ? »

Et lui : « O mon fils ! ne te déplaise point que Brunetto Latini retourne un peu en arrière avec toi, sans plus suivre leur trace. »

Je lui dis : « Autant que je puis, je vous en prie ; et si vous voulez que je m'asseye auprès de vous, je le ferai, s'il plaît à celui avec qui je vais.

— O mon fils ! reprit-il, si une de ces âmes s'arrête un instant dans son chemin, elle reste cent ans sans pouvoir se défendre du feu lorsqu'il vient l'assaillir. Va donc, je m'attache à tes vêtements, puis je rejoindrai ma bande, qui pleure son malheur éternel. » Je n'osais pas quitter le bord du ruisseau pour descendre près de lui ; mais je tenais ma tête inclinée comme un homme qui marche avec respect. Il me dit alors : « Quel hasard ou quel destin t'amène ici avant ton dernier jour, et quel est celui qui te montre le chemin ?

— Là-haut, sur la terre, dans la vie sereine, lui répondis-je alors, avant que mon âge fût accompli[3], je me suis égaré dans une vallée ; hier matin seu-

E sì ver noi aguzzavan le ciglia,
Come vecchio sartor fa nella cruna.  21
   Così adocchiato da cotal famiglia,
Fui conosciuto da un che mi prese
Per lo lembo, e gridò : « Qual maraviglia ! »
   Ed io, quando 'l suo braccio a me distese,
Ficcai gli occhi per lo cotto aspetto,
Sì che 'l viso abbruciato non difese  27
   La conoscenza sua al mio intelletto :
E, chinando la mano alla sua faccia,
Risposi : « Siete voi qui, ser Brunetto ? »  30
   E quegli : « O figliuol mio, non ti dispiaccia
Se Brunetto Latini un poco teco
Ritorna indietro, e lascia andar la traccia. »
   Io dissi lui : « Quanto posso ven preco ;
E se volete che con voi m'asseggia,

Farol, se piace a costui ; chè vo seco. »  36
   « O figliuol, disse, qual di questa greggia
S' arresta punto, giace poi cent' anni
Senza arrostarsi quando 'l fuoco il feggia.  39
   Però va oltre : i' ti verrò a' panni,
E poi rigiugnerò la mia masnada,
Che va piangendo i suoi eterni danni. »  42
   Io non osava scender della strada,
Per andar par di lui ; ma 'l capo chino
Tenea, com' uom che riverente vada.  45
   Ei cominciò : « Qual fortuna, o destino
Anzi l' ultimo dì quaggiù ti mena?
E chi è questi, che mostra 'l cammino ? » —
   « Lassù di sopra in la vita serena,
Rispos' io lui, mi smarri' in una valle,
Avanti che l' età mia fosse piena.  51

lement je la laissai derrière moi, celui-ci m'apparut au moment où j'y rentrais, et il me ramène au logis par ce chemin. »

Et lui à moi : « En suivant ton étoile, tu ne peux manquer d'arriver à un port glorieux, si je ne me suis point trompé, dans la vie heureuse. Et si je n'étais pas mort si vite, voyant que le ciel t'était si propice, je t'aurais encouragé dans ton œuvre. Mais ce peuple ingrat et pervers, qui descendit anciennement de Fiésole, et qui tient encore de la montagne et du rocher, pour prix de ta vertu, sera ton ennemi, et c'est raison, car le doux figuier ne peut pas porter ses fruits au milieu des cormiers sauvages.

« Une vieille tradition les appelle dans le monde aveugles, race avare, envieuse, superbe; garde-toi de te salir au contact de leurs mœurs. Ta destinée te réserve à tant d'honneur, que les deux partis auront soif de toi; mais l'herbe restera loin de leur bec. Que les bêtes de Fiésole fassent litière d'elles-mêmes, mais qu'elles ne touchent pas à la plante, s'il en fleurit encore une sur leur fumier, en qui revive la sainte semence de ces Romains qui y restèrent lorsque s'éleva ce nid d'impiété.

— Si ma prière eût été exaucée, lui répondis-je, vous n'eussiez pas encore quitté la terre; car elle est gravée dans ma mémoire et vient encore m'attendrir, votre chère et bonne image paternelle, lorsque vous m'enseigniez

Pur ier mattina le volsi le spalle :
Questi m' apparve, ritornando in quella,
E riducemi a ca per questo calle. »        54

Ed egli a me : « Se tu segui tua stella,
Non puoi fallire a glorioso porto,
Se ben m' accorsi, nella vita bella.         57

E s' io non fossi sì per tempo morto,
Veggendo 'l Cielo a te così benigno,
Dato t' avrei all' opera conforto.           60

Ma quell' ingrato popolo maligno,
Che discese di Fiesole ab antico,
E tiene ancor del monte, e del macigno,  63
Ti si farà, per tuo ben far, nimico;
Ed è ragion : chè tra gli lazzi sorbi
Si disconvien fruttare al dolce fico.        66

Vecchia fama nel mondo li chiama orbi;

Gente avara, invidiosa e superba :
Da' lor costumi fa che tu ti forbi.          69
La tua fortuna tanto onor ti serba,
Che l' una parte e l' altra avranno fame
Di te : ma lungi fia dal becco l' erba.      72
Faccian le bestie fiesolane strame
Di lor medesme, e non tocchin la pianta,
S' alcuna surge ancor nel lor letame,       75
In cui riviva la sementa santa
Di quei Roman che vi rimaser, quando
Fu fatto 'l nido di malizia tanta. » —       78

« Se fosse pieno tutto 'l mio dimando,
Risposi io lui, voi non sareste ancora
Dell' umana natura posto in bando :         81
Chè in la mente m' è fitta, ed or m' accora
La cara, e buona immagine paterna

dans le monde, comment l'homme devient immortel, et combien j'en ai de gratitude, tant que je vivrai, on le saura par mes paroles. Ce que vous me dites de ma destinée, je l'écris et je le garde pour me le faire expliquer, avec une autre prédiction, par une femme qui le pourra bien si j'arrive jusqu'à elle. Je veux seulement que vous sachiez ceci : tant que ma conscience est tranquille, je suis résigné à mon sort, quel qu'il soit. Ces avis ne sont pas nouveaux à mes oreilles; eh bien! donc, que la Fortune tourne sa roue à son gré et le vilain sa houe. »

Mon maître alors se tourna en arrière sur sa droite, me regarda et me dit : « Bien entend qui se souvient. »

Cependant je continuai de parler avec ser Brunetto, et je lui demandai les noms de ses compagnons les plus célèbres et les plus éminents.

Et lui : « Il est bon d'en savoir quelques-uns; mais il faudra me taire des autres, car le temps manquerait à les nommer. Sache, en somme, qu'ils furent tous clercs, grands lettrés et de grande renommée, tous souillés dans le monde du même péché. Priscien et François d'Accurse s'en vont avec cette troupe misérable, et si tu avais été plus curieux de cette lèpre, tu aurais pu y voir celui qui, par le Serviteur des serviteurs, fut transféré des bords de l'Arno à ceux du Bacchiglione, où il laissa ses nerfs mal tendus⁴. J'en dirais davantage;

---

Di voi, quando nel mondo ad ora ad ora 84
 M' insegnavate come l' uom s' eterna :
E quant' io l' abbo in grado, mentre io vivo,
Convien che nella lingua mia si scerna. 87
 Ciò che narrate di mio corso scrivo,
E serbolo a chiosar con altro testo
A donna che 'l saprà, s' a lei arrivo. 90
 Tanto vogl' io che vi sia manifesto,
Pur che mia coscienza non mi garra,
Ch' alla Fortuna, come vuol, son presto. 93
 Non è nuova agli orecchi miei tale arra :
Però giri Fortuna la sua ruota,
Come le piace, e 'l villan la sua marra. » 96

Lo mio Maestro allora in su la gota
Destra si volse indietro, e riguardommi;

Poi disse : « Bene ascolta chi la nota. » 99
 Nè per tanto di men parlando vommi
Con ser Brunetto, e dimando chi sono
Li suoi compagni più noti e più sommi. 102
 Ed egli a me : « Saper d' alcuno è buono;
Degli altri fia laudabile il tacerci,
Chè 'l tempo saria corto a tanto suono. 105
 In somma sappi che tutti fur cherci,
E letterati grandi e di gran fama,
D' un medesmo peccato al mondo lerci. 108
 Priscian sen va con quella turba grama,
E Francesco d' Accorso anco; e vedervi,
S' avessi avuto di tal tigna brama, 111
 Colui potei, che dal Servo de' servi
Fu trasmutato d' Arno in Bacchiglione,
Ove lasciò li mal protesi nervi. 114

mais je ne puis ni venir ni parler plus longtemps, car je vois s'élever des sables une nouvelle vapeur. Voici une autre foule; je ne dois pas me trouver avec elle. Je te recommande mon Trésor, car je vis encore dans ce livre; c'est la seule prière que je t'adresse. »

Puis il se retourna, et partit comme ceux qui courent à Vérone au drap vert, dans la campagne, et sembla dans sa course celui qui gagne et non celui qui perd.

Di più direi; ma 'l venir, e 'l sermone
Più lungo esser non può, però ch' io veggio
Là surger nuovo fummo dal sabbione.
Gente vien con la quale esser non deggio :
Sieti raccomandato 'l mio *Tesoro*,
Nel quale io vivo ancora, e più non cheggio. »
Poi si rivolse, e parve di coloro
Che corrono a Verona 'l drappo verde
Per la campagna, e parve di costoro
Quegli che vince, e non colui che perde.

# CHANT SEIZIÈME.

*Suite du septième cercle et de la même division. Trois illustres Florentins témoignent à Dante leurs alarmes sur l'état des mœurs politiques de leur patrie. Amère et douloureuse réponse du Poëte. Au centre du cercle, l'eau du Phlégéthon se précipite dans le vaste puits qui s'ouvre sur le cercle inférieur. Procédé mystérieux par lequel Virgile attire sur le bord l'étrange figure de Géryon, le monstre de la Fraude, qui devra procurer le passage.*

J'étais déjà dans un endroit d'où l'on entendait, semblable au bourdonnement des ruches, le bruit de l'eau qui tombait dans l'autre cercle, lorsque trois ombres se détachèrent à la fois, en courant, d'un groupe qui passait sous la pluie des douleurs cruelles. Elles venaient vers nous en criant :

« Arrête-toi, toi qui nous sembles, à ton vêtement, être quelqu'un de notre cité perverse. »

Hélas! que de plaies récentes ou anciennes, embrasées par les flammes, je vis dans leurs membres! J'en souffre encore, rien qu'à m'en souvenir. Mon guide prêta l'oreille à leurs cris, retourna son visage vers moi, et me dit :

« Attends, ces âmes ont droit à tes égards; et n'étaient les traits de flamme qui foudroient le sol, je dirais que la hâte te sied mieux qu'à elles. »

## CANTO DECIMOSESTO.

Già era in loco ove s'udia 'l rimbombo
Dell' acqua che cadea nell' altro giro,
Simile a quel, che l'arnie fanno, rombo : 3

Quando tre ombre insieme si partiro,
Correndo, d'una torma che passava,
Sotto la pioggia dell' aspro martiro. 6

Venian ver noi; e ciascuna gridava :
« Sostati tu, che all' abito ne sembri
Essere alcun di nostra terra prava. » 9

Ahimè, che piaghe vidi ne' lor membri,
Recenti, e vecchie dalle fiamme incese!
Ancor men duol, pur ch'io me ne rimembri. 12

Alle lor grida il mio Dottor s'attese;
Volse 'l viso ver me, ed : « Ora aspetta,
Disse; a costor si vuole esser cortese. 15

Aussitôt que nous nous arrêtâmes, les âmes recommencèrent leur antique gémissement, et quand elles furent près de nous, elles formèrent un cercle à elles trois.

Comme jadis les athlètes nus et frottés d'huile cherchaient leur prise et leur avantage avant de s'enlacer et de se battre : ainsi ces ombres dirigeaient, en tournant leur visage vers nous, si bien que leurs têtes et leurs pieds allaient toujours en sens contraire.

« Et si la misère de ce sable mouvant, commença à dire l'une d'elles, et nos figures écorchées et noircies attirent ton mépris sur nous et sur nos prières; puisse du moins notre renommée plier ton âme à nous dire qui tu es, toi qui, avec tant d'assurance, frottes tes pieds vivants au sol de l'enfer. Celui-ci, dont tu me vois suivre la trace, quoiqu'il s'en aille nu et pelé, eut un rang plus élevé que tu ne crois; il fut le petit-fils de la bonne Gualdrada; son nom fut Guidoguerra, et dans sa vie il fit de grandes choses avec son esprit et avec son épée. L'autre, qui foule le sable après moi, est Tegghiaio Aldobrandi, dont le nom devrait être aimé dans le monde. Et moi, qui suis mis en croix avec eux, je fus Jacopo Rusticucci; et certes, c'est ma femme cruelle, plus qu'autre chose, qui m'a perdu[1]. »

Si j'eusse été à l'abri du feu, je me serais jeté dans leurs bras, et je crois

E se non fosse il fuoco che saetta
La natura del luogo, i' dicerei
Che meglio stesse a te, ch' a lor la fretta. » 18

Ricominciar, come noi ristemmo, ei
L' antico verso; e quando a noi fur giunti,
Fenno una ruota di sè tutti e trei. 21

Qual soleano i campion far nudi ed unti,
Avvisando lor presa e lor vantaggio,
Prima che sien tra lor battuti e punti : 24

Così, rotando, ciascuna il visaggio
Drizzava a me, sì che 'n contrario il collo
Faceva a' piè continuo viaggio. 27

E, « Se miseria d' esto loco sollo
Rende in dispetto noi, e nostri preghi, »
Cominciò l' uno, « e 'l tristo aspetto e brollo,

La fama nostra il tuo animo pieghi
A dirne chi tu se', che i vivi piedi
Così sicuro per lo Inferno freghi. 33

Questi, l' orme di cui pestar mi vedi,
Tutto che nudo e dipelato vada,
Fu di grado maggior che tu non credi : 36

Nepote fu della buona Gualdrada :
Guidoguerra ebbe nome, ed in sua vita
Fece col senno assai e con la spada. 39

L' altro, ch' appresso me la rena trita,
È Tegghiaio Aldobrandi, la cui voce
Nel mondo su dovrebbe esser gradita : 42

Ed io, che posto son con loro in croce,
Iacopo Rusticucci fui; e certo
La fiera moglie più ch' altro mi nuoce. »

S' i' fussi stato dal fuoco coverto,
Gittato mi sarei tra lor di sotto,

# CHANT SEIZIÈME.

que mon maître l'eût souffert; mais comme je pouvais me brûler et me cuire, la peur l'emporta sur ma bonne volonté qui me rendait si avide de les embrasser.

Je répondis : « Ce n'est pas du mépris, mais bien de la douleur, que la vue de vos peines a gravé dans mon âme d'une manière à jamais ineffaçable, aussitôt que mon maître m'a dit des paroles par lesquelles j'ai compris que j'allais voir des âmes telles que vous êtes. Je suis de votre pays, et j'ai toujours entendu et répété avec amour vos œuvres et vos noms glorieux. Je laisse le fiel et m'en vais aux doux fruits que m'a promis mon guide véridique ; mais il faut auparavant que je descende jusqu'au centre.

— Puisse ton âme conduire longtemps ton corps! répondit-il, et puisse ta gloire te survivre! Mais dis-nous : La courtoisie et la valeur habitent-elles encore dans notre ville, comme autrefois, ou en sont-elles tout à fait exilées? Car Guglielmo Borsière[2], qui partage depuis peu nos tourments et qui s'en va là-bas avec nos compagnons, nous contriste beaucoup par ses paroles.

— La race neuve et les gains subits ont engendré en toi l'orgueil et les excès, ô Florence! et déjà tu en pleures! »

Ainsi m'écriai-je les yeux levés, et les trois qui entendirent cette réponse échangèrent un regard, comme il arrive lorsqu'on est frappé par le vrai.

E credo che 'l Dottor l' avria sofferto : 48
Ma perch' io mi sarei bruciato e cotto,
Vinse paura la mia buona voglia,
Che di loro abbracciar mi facea ghiotto. 51
Poi cominciai : « Non dispetto ma doglia
La vostra condizion dentro mi fisse
Tanto che tardi tutta si dispoglia, 54
Tosto che questo mio Signor mi disse
Parole, per le quali io mi pensai
Che, qual voi siete, tal gente venisse. 57
Di vostra terra sono : e sempre mai
L' ovra di voi, e gli onorati nomi
Con affezion ritrassi ed ascoltai. 60
Lascio lo fele, e vo pei dolci pomi
Promessi a me per lo verace Duca;
Ma fino al centro pria convien ch' io tomi. »

« Se lungamente l' anima conduca
Le membra tue, » rispose quegli allora,
« E se la fama tua dopo te luca, 66
Cortesia e valor, di', se dimora
Nella nostra città, sì come suole,
O se del tutto se n' è gito fuora? 69
Chè Guglielmo Borsiere, il qual si duole
Con noi per poco, e va là coi compagni,
Assai ne crucia con le sue parole. » — 72

« La gente nuova, e i subiti guadagni
Orgoglio, e dismisura han generata,
Fiorenza, in te, sì che tu già ten piagni! » —
Così gridai con la faccia levata :
E i tre, che ciò inteser per risposta,
Guatar l' un l' altro, come al ver si guata. 78

« S'il t'en coûte toujours si peu de satisfaire autrui, répondirent-ils tous, heureux toi qui parles ainsi à ton gré! et si tu sors de ces sombres lieux et revois encore les belles étoiles, lorsque tu te plairas à dire : « J'y fus, » daigne parler de nous là-haut. »

Puis ils rompirent le cercle, et en s'enfuyant leurs pieds légers semblèrent des ailes; en moins de temps qu'il n'en faut pour dire *amen*, ils avaient disparu.

Mon maître alors trouva bon de partir.

Je le suivais, et, après quelques pas, le bruit de l'eau était si près de nous, qu'il nous aurait empêchés de nous entendre.

Comme ce fleuve qui a son cours propre, en se dirigeant vers l'orient, depuis le mont Viso, sur la gauche des Apennins, qui s'appelle Acquacheta dans sa partie supérieure, avant d'arriver à la plaine, et qui perd ce nom à Forlì, retentit, en tombant des sommets alpestres, dans un ravin, au-dessus de Saint-Benoît, où mille moines devraient trouver un abri[3] : ainsi, tombant d'une roche escarpée, retentissait cette eau noire avec un tel bruit, qu'en peu de temps l'oreille en eût été assourdie.

J'étais ceint d'une corde, et avec elle j'avais eu plus d'une fois l'espoir de prendre la panthère à la peau nuancée.

Quand j'eus détaché de moi cette corde tout entière, ainsi que mon guide

« Se l' altre volte sì poco ti costa, »
Risposer tutti, « il soddisfare altrui,
Felice te, che sì parli a tua posta!
Però, se campi d' esti luoghi bui,
E torni a riveder le belle stelle,
Quando ti gioverà dicere : Io fui;
Fa che di noi alla gente favelle. »
Indi rupper la ruota, ed a fuggirsi
Ale sembiaron le lor gambe snelle.
Un *ammen* non saria potuto dirsi
Tosto così com' ei furo spariti :
Perchè al Maestro parve di partirsi.
Io lo seguiva, e poco eravam iti,
Che 'l suon dell' acqua n' era sì vicino,
Che per parlar saremmo appena uditi.
Come quel fiume, ch' ha proprio cammino

Prima da Monte Veso in ver levante
Dalla sinistra costa d' Apennino,
Che si chiama Acquacheta suso, avante
Che si divalli giù nel basso letto,
E a Forlì di quel nome è vacante,
Rimbomba là sovra San Benedetto
Dall' alpe, per cadere ad una scesa
Dove dovria per mille esser ricetto :
Così, giù d' una ripa discoscesa,
Trovammo risonar quell' acqua tinta,
Sì che 'n poc' ora avria l' orecchia offesa.
Io aveva una corda intorno cinta,
E con essa pensai alcuna volta
Prender la lonza alla pelle dipinta.
Poscia che l' ebbi tutta da me sciolta,
Sì come 'l Duca m' avea comandato,

# CHANT SEIZIÈME.

me l'avait ordonné, je la lui tendis repliée et roulée. Alors il se tourna sur sa droite et la lança un peu loin du bord dans le gouffre profond.

« Il faudra bien, me disais-je, que quelque chose d'étrange réponde à ce nouveau signal, que le maître suit ainsi de l'œil. »

Oh! que les hommes doivent être prudents près de ceux qui ne voient pas seulement les actes, mais dont l'intelligence lit les pensées au fond de l'âme!

Il me dit : « Tout à l'heure va monter ici ce que j'attends, et ce que ton esprit cherche à deviner paraîtra bientôt à tes yeux. »

Toujours, autant qu'il peut, l'homme doit fermer ses yeux à la vérité qui ressemble au mensonge ; car elle l'expose à la honte, sans qu'il y ait de sa faute. Mais ici je ne puis me taire, et je te jure, ô lecteur! par les vers de cette comédie (ainsi puissent-ils ne pas être privés d'une longue faveur!), que je vis une figure qui eût effrayé le cœur le plus ferme, venir d'en bas en nageant par cet air épais et sombre, de même que celui qui descend quelquefois pour dégager l'ancre accrochée à un écueil, ou à quelque autre objet caché dans la mer, remonte en allongeant ses bras et en ramenant ses pieds.

| | |
|---|---|
| Porsi la a lui aggroppata e ravvolta ;     111 | Sempre a quel ver, ch'ha faccia di menzogna, |
| Ond' ei si volse inver lo destro lato, | De' l' uom chiuder le labbra quant' ei puote, |
| E, alquanto di lungi dalla sponda, | Però che senza colpa fa vergogna :     126 |
| La gittò giuso in quell' alto burrato.     114 | Ma qui tacer nol posso; e per le note |
| « E pur convien che novità risponda, » | Di questa Commedia, lettor, ti giuro, |
| Dicea fra me medesmo, » al nuovo cenno | (S' elle non sien di lunga grazia vote!)     129 |
| Che 'l Maestro con l' occhio sì seconda. » — | Ch' io vidi per quell' aer grosso e scuro |
| Ahi quanto cauti gli uomini esser denno | Venir notando una figura in suso, |
| Presso a color che non veggon pur l' opra, | Meravigliosa ad ogni cor sicuro;     132 |
| Ma per entro i pensier miran col senno! — | Sì come torna colui che va giuso |
| Ei disse a me : « Tosto verrà di sopra | Talora a solver ancora, che aggrappa |
| Ciò ch'io attendo, e che 'l tuo pensier sogna, | O scoglio, od altro, che nel mare è chiuso, |
| Tosto convien ch' al tuo viso si scopra. »     123 | Che in su si stende, e da piè si rattrappa. |

# CHANT DIX-SEPTIÈME.

*Pendant que Virgile négocie avec Géryon, Dante va seul visiter la dernière division du septième cercle, celle des Usuriers (Violents contre l'art, voir ch. XI). Il en distingue un certain nombre assis sous la pluie de feu, avec des sacoches armoriées pendues à leur cou. Il retourne auprès de son maître, et tous deux, portés sur le dos de Géryon, descendent au huitième cercle.*

« Voici le monstre à la queue acérée, qui perce les monts, brise les murailles et les armures; voici celui qui infecte l'univers. »

Ainsi mon guide commença de me parler, et il lui fit signe d'approcher des bords de marbre où nous marchions. Et cette hideuse image de la Fraude vint à nous et avança la tête et le buste, mais elle ne tira pas sa queue sur le bord.

Sa figure était celle d'un homme juste, tant son aspect était doux; le reste de son corps était d'un serpent. Le monstre avait les bras velus jusqu'aux aisselles; le dos, la poitrine et les flancs étaient peints de nœuds et de ronds. Jamais les Tartares ni les Turcs n'ont croisé dans leurs draps des fils de tant de couleurs, jamais Arachné n'a tissu de si riches toiles.

## CANTO DECIMOSETTIMO.

« Ecco la fiera con la coda aguzza,
Che passa i monti, e rompe muri ed armi:
Ecco colei che tutto il mondo appuzza. » 3
    Sì cominciò lo mio Duca a parlarmi;
Ed accennolle che venisse a proda,
Vicino al fin dei passeggiati marmi. 6
    E quella sozza imagine di froda
Sen venne, ed arrivò la testa e 'l busto;
Ma in su la riva non trasse la coda. 9

La faccia sua era faccia d'uom giusto,
Tanto benigna avea di fuor la pelle,
E d'un serpente tutto l'altro fusto. 12
    Duo branche avea pilose infin l'ascelle;
Lo dosso, e 'l petto, ed ambedue le coste
Dipinte avea di nodi, e di rotelle. 15
    Con più color sommesse e soprapposte
Non fer mai 'n drappo Tartari, nè Turchi,
Nè fur tai tele per Aragne imposte. 18

Et cette hideuse image de la Fraude vint à nous.

L'Enfer, ch. XVII.

*E quella sozza imagine di Froda*
*Sen venne....*

Inferno, c. XVII, v. 7 e 8.

## CHANT DIX-SEPTIÈME.

Comme parfois les canots amarrés au rivage sont à demi dans l'eau, à demi sur la grève, et comme chez les Tudesques gloutons le castor s'accroupit pour faire sa chasse : ainsi l'affreuse bête s'étendait sur le bord de rochers que les sables entourent. Sa queue entière se jouait dans le vide et redressait sa fourche envenimée, dont la pointe était armée comme celle du scorpion.

Mon guide me dit :

« Il convient maintenant que nous nous détournions un peu de notre chemin pour atteindre cette bête perfide qui s'étend là-bas. »

Alors nous descendîmes à droite, et nous fîmes dix pas tout au bord pour bien éviter le sable et les flammes.

Et quand nous fûmes arrivés à elle, je vis, un peu plus loin sur le sable, des gens assis près du gouffre.

Et le maître me dit : « Afin que tu remportes une pleine connaissance de cette enceinte, va, et contemple leur supplice. Que ton entretien soit court; pendant ton absence, je prierai celui-ci qu'il nous prête son dos vigoureux. »

Ainsi, côtoyant le bord du septième cercle, je m'en allai tout seul vers l'endroit où ces tristes âmes étaient assises. Leur douleur éclatait dans leurs yeux; deçà, delà, elles s'aidaient de leurs mains contre la pluie de feu, contre le sol brûlant. Ainsi font les chiens dans l'été, tantôt de la patte et tantôt

Come talvolta stanno a riva i burchi,
Che parte sono in acqua, e parte in terra,
E come là tra li Tedeschi lurchi 21
   Lo bevero s' assetta a far sua guerra :
Così la fiera pessima si stava
Su l' orlo che di pietra il sabbion serra. 24
   Nel vano tutta sua coda guizzava,
Torcendo in su la venenosa forca
Che a guisa di scorpion la punta armava. 27
   Lo Duca disse : « Or convien che si torca
La nostra via un poco infino a quella
Bestia malvagia che colà si corca. » 30
   Però scendemmo alla destra mammella,
E dieci passi femmo in su lo stremo,
Per ben cessar la rena e la fiammella. 33
   E quando noi a lei venuti semo,

Poco più oltre veggio in su la rena
Gente seder propinqua al luogo scemo. 36
   Quivi'l Maestro : « Acciocchè tutta piena
Esperienza d' esto giron porti, »
Mi disse, « or va, e vedi la lor mena. 39
   Li tuoi ragionamenti sien là corti :
Mentre che torni, parlerò con questa,
Che ne conceda i suoi omeri forti. » 42
   Così ancor su per la strema testa
Di quel settimo cerchio, tutto solo
Andai, ove sedea la gente mesta. 45
   Per gli occhi fuori scoppiava lor duolo :
Di qua, di là soccorrean con le mani,
Quando ai vapori, e quando al caldo suolo.
   Non altrimenti fan di state i cani

du museau, quand ils sont mordus par les puces, par les mouches et par les taons.

Lorsque j'attachai mes regards sur quelques-uns de ces maudits sur qui tombe le feu douloureux, je n'en reconnus aucun, mais je m'aperçus qu'ils avaient tous une bourse suspendue à leur cou, avec certaines couleurs et certains signes; et leur œil semblait s'en repaître[1]. Et comme je regardais parmi eux, je vis sur une bourse jaune je ne sais quoi d'azur qui avait la forme et l'attitude d'un lion; puis, suivant le cours de mon regard, je vis sur une autre bourse, rouge comme du sang, une oie plus blanche que le lait. Et un damné, qui portait son sachet blanc marqué d'une truie azurée et pleine, me dit :

« Que fais-tu dans cette fosse? Va-t'en; et puisque tu es encore vivant, sache que mon voisin Vitaliano viendra s'asseoir ici à ma gauche. Parmi ces Florentins, je suis Padouan; souvent ils m'assourdissent les oreilles en s'écriant: « Vienne le chevalier souverain qui apportera la bourse aux trois becs. »

Puis il tordit la bouche et tira sa langue comme un bœuf qui lèche ses naseaux. Et moi, craignant, si je restais davantage, de déplaire à celui qui m'avait recommandé de ne pas trop m'arrêter, je revins sur mes pas, m'éloignant de ces âmes harassées.

Je trouvai mon guide monté sur la croupe du terrible animal, et il me

Or col ceffo, or col piè, quando son morsi
O da pulci, o da mosche, o da tafani. 51
  Poi che nel viso a certi gli occhi porsi,
Nei quali il doloroso fuoco casca,
Non ne conobbi alcun; ma io m' accorsi 54
  Che dal collo a ciascun pendea una tasca,
Ch' avea certo colore, e certo segno;
E quindi par che 'l loro occhio si pasca. 57
  E com' io riguardando tra lor vegno,
In una borsa gialla vidi azzurro,
Che di lione avea faccia e contegno. 60
  Poi procedendo di mio sguardo il curro,
Vidine un' altra, più che sangue rossa,
Mostrare un' oca bianca più che burro. 63
  Ed un, che d'una scrofa azzurra e grossa
Segnato avea lo suo sacchetto bianco,

Mi disse : « Che fai tu in questa fossa? 66
  Or te ne va : e, perchè sei vivo anco,
Sappi, che 'l mio vicin Vitaliano
Sederà qui dal mio sinistro fianco : 69
  Con questi Fiorentin son Padovano :
Spesse fiate m' intronan gli orecchi,
Gridando : Vegna il cavalier sovrano, 72
  Che recherà la tasca coi tre becchi. »
Quindi storse la bocca, e di fuor trasse
La lingua, come bue che 'l naso lecchi. 75

  Ed io, temendo no 'l più star crucciasse
Lui, che di poco star m' avea ammonito,
Tornàmi indietro dall' anime lasse. 78
  Trovai lo Duca mio, ch' era salito
Già su la groppa del fiero animale,

dit : « Sois fort et hardi. On ne descend pas désormais par d'autres degrés. Monte devant, je veux être au milieu, afin que la queue ne puisse pas te faire de mal. »

Tel que celui qui sent approcher le frisson de la fièvre, si bien qu'il en a les ongles livides, tremble de tout son corps à la vue d'un lieu froid, tel je devins à ces paroles. Mais elles m'inspirèrent cette honte, qui, devant un bon maître, enhardit le serviteur.

Je m'assis sur le dos du monstre; je voulus dire : « Entoure-moi de tes bras, » mais la voix ne vint pas comme je l'ai cru. Et lui, qui m'avait plus haut secouru mainte fois, aussitôt que je montai, me serra étroitement et me soutint dans ses bras, en disant :

« Géryon, va maintenant; que les cercles soient larges et la descente douce; songe au nouveau fardeau que tu portes. »

Comme la nacelle se détache du bord, reculant peu à peu, ainsi il sortit; et quand il se sentit tout à fait libre, où était la poitrine il tourna la queue, et, l'ayant tendue comme une anguille, il l'agita, et ramena l'air avec ses bras.

Quand Phaéthon abandonna les rênes, et que le ciel, comme on le voit encore, en fut embrasé; ou quand le malheureux Icare sentit ses reins se déplumer sous la cire fondue, tandis que son père lui criait : « Tu t'égares! » ils ne

E disse a me : « Or sie forte ed ardito; 81
  Omai si scende per sì fatte scale :
Monta dinanzi, ch' io voglio esser mezzo,
Sì che la coda non possa far male. » 84
  Qual è colui, ch' ha sì presso 'l riprezzo,
Della quartana, ch' ha già l' unghie smorte,
E trema tutto, pur guardando il rezzo : 87
  Tal divenn' io alle parole porte;
Ma vergogna mi fer le sue minacce
Che innanzi a buon signor fa servo forte.
  Io m' assettai in su quelle spallacce :
Sì volli dir (ma la voce non venne
Com' io credetti) : « Fa che tu m' abbracce. »
  Ma esso, ch' altra volta mi sovvenne
Ad alto, forte, tosto ch' io montai,
Con le braccia m' avvinse e mi sostenne; 96

E disse : « Gerion, muoviti omai :
Le ruote larghe, e lo scender sia poco :
Pensa la nuova soma che tu hai. » 99
  Come la navicella esce di loco
Indietro indietro, sì quindi si tolse;
E poi ch' al tutto si sentì a giuoco, 102
  Là 'v' era 'l petto la coda rivolse,
E quella tesa, come anguilla, mosse,
E con le branche l' aere a sè raccolse. 105
  Maggior paura non credo che fosse,
Quando Fetonte abbandonò gli freni,
Perchè 'l ciel, come pare ancor, si cosse; 108
  Nè quand' Icaro misero le reni
Sentì spennar per la scaldata cera,
Gridando il padre a lui : « Mala via tieni! »

furent pas saisis d'une plus grande peur que moi, lorsque je me trouvai suspendu dans l'air sans voir autre chose que la bête. Elle s'en va nageant lentement, lentement, tourne et descend ; mais je ne m'en aperçois qu'au vent qui me frappe et de front et par-dessous. Et déjà j'entendais le torrent mugir avec un terrible fracas au-dessous de nous, à droite ; c'est pourquoi je penchai la tête et regardai en bas. Alors ma terreur redoubla à l'aspect de l'abîme ; car je vis des feux et j'entendis des pleurs, et, tout tremblant, je me ramassai sur moi-même. Et je compris alors, aux grandes douleurs qui s'approchaient de toutes parts, ce que je n'avais pas compris auparavant, que je tournais et que je descendais.

Comme le faucon qui, après être resté longtemps sur son aile, sans voir ni leurre ni oiseau, fait dire au fauconnier : « Eh quoi ! tu descends ! » et descend, fatigué, avec cent détours, au lieu d'où il s'était élancé rapidement, et va s'abattre, rebelle et irrité, loin de son maître, ainsi Géryon nous déposa au fond, tout au pied de la roche escarpée, et, quand il se fut déchargé de nous, il disparut comme un trait de la corde.

Che fu la mia, quando vidi ch' io era
Nell' aer d' ogni parte, e vidi spenta
Ogni veduta, fuor che della fiera.   114

Ella sen va notando lenta lenta ;
Ruota, e discende, ma non me n' accorgo,
Se non ch' al viso e di sotto mi venta.   117

Io sentia già dalla man destra il gorgo
Far sotto noi un orribile stroscio ;
Perchè con gli occhi in giù la testa sporgo.

Allor fu' io più timido allo scoscio :
Perocch' io vidi fuochi, e sentii pianti ;
Ond' io tremando tutto mi raccoscio.   123

E udii poi, che non l' udia davanti,
Lo scendere e 'l girar, per li gran mali
Che s' appressavan da diversi canti.   126

Come 'l falcon, ch' è stato assai su l' ali,
Che, senza veder logoro o uccello,
Fa dire al falconiere : Oimè tu cali !   129

Discende lasso onde si muove snello,
Per cento ruote, e da lungi si pone
Dal suo maestro, disdegnoso e fello :   132

Così ne pose al fondo Gerione
A piede a piè della stagliata rocca ;
E, discarcate le nostre persone,   135

Si dileguò, come da corda cocca.

Alors ma terreur redoubla à l'aspect de l'abîme.

L'Enfer, ch. XVII.

*Allor fu' io più timido allo scoscio.*

Inferno, c. XVII, v. 121.

# CHANT DIX-HUITIÈME.

*Le huitième cercle : ses dix fosses circulaires et concentriques assignées aux diverses variétés de la Fraude. Première fosse, où les séducteurs et trompeurs de femmes sont flagellés par les démons. Seconde fosse, où les flatteurs et gens adonnés à la prostitution sont plongés dans l'ordure la plus fétide.*

Il est un lieu dans l'enfer nommé Malebolge, tout en pierre et de la couleur du fer, ainsi que la muraille qui l'entoure.

Droit au milieu de la plaine maudite s'ouvre un puits très-large et très-profond, dont je décrirai la forme en son lieu. Donc l'espace qui reste entre le puits et le pied du rocher dur est rond, et le fond en est partagé en dix vallons.

Comme pour la garde des murs, plusieurs fossés entourent les citadelles pour en protéger les abords, tel était l'aspect de ces gouffres; et comme des ponts sont jetés du seuil de ces forteresses à la campagne, ainsi du pied de la muraille s'élançaient des rochers, et, coupant les bords et les fossés, ils allaient se terminer et se réunir autour du puits.

## CANTO DECIMOTTAVO.

Luogo è in Inferno, detto Malebolge,
Tutto di pietra e di color ferrigno,
Come la cerchia che d'intorno il volge. 3
 Nel dritto mezzo del campo maligno,
Vaneggia un pozzo assai largo e profondo,
Di cui suo loco dicerò l'ordigno. 6
 Quel cinghio che rimane adunque è tondo,
Tra 'l pozzo e 'l piè dell' alta ripa dura,
Ed ha distinto in dieci valli il fondo. 9

Quale, dove per guardia delle mura
Più e più fossi cingon li castelli,
La parte dov' ei son rende figura : 12
 Tale imagine quivi facean quelli;
E come a tai fortezze, da' lor sogli
Alla ripa di fuor, son ponticelli, 15
 Così da imo della roccia scogli
Movien, che ricidean gli argini e i fossi,
Infino al pozzo che i tronca e raccogli. 18

C'est dans ce lieu que nous nous trouvâmes lorsque Géryon nous eut secoués de son dos : le poëte prit à gauche, et je le suivis.

A ma droite, je vis une nouvelle désolation, de nouveaux tourments et de nouveaux bourreaux, dont la première fosse était remplie. Les pécheurs étaient nus au fond : les uns venaient vers nous, les autres marchaient avec nous, mais à pas plus pressés; ainsi que les Romains, à cause de la foule, l'année du jubilé, font passer le pont en deux files, de sorte que les uns ont le front tourné vers le château et vont à Saint-Pierre, les autres reviennent vers le mont.

Sur les deux bords des noirs rochers je vis des démons cornus armés de grands fouets, qui battaient cruellement les damnés par derrière. Ah! comme ils leur faisaient lever les jambes au premier coup; nul n'attendait le second ni le troisième.

Tout en marchant mon regard tomba sur un de ces misérables, et je dis aussitôt :

« Ce n'est point la première fois que je vois celui-ci. »

Alors je m'arrêtai pour le contempler, et mon doux seigneur en fit autant, et me permit de retourner un peu sur mes pas. Le flagellé crut se cacher en baissant sa tête; mais cela lui servit peu, car je lui dis :

« O toi qui baisses les yeux vers la terre, si tes traits ne sont pas trom-

In questo luogo, dalla schiena scossi
Di Gerion, trovammoci : e 'l Poeta
Tenne a sinistra, ed io dietro mi mossi. 21

Alla man destra vidi nuova pieta,
Nuovi tormenti, e nuovi frustatori,
Di che la prima bolgia era repleta. 24

Nel fondo erano ignudi i peccatori :
Dal mezzo in qua ci venian verso 'l volto,
Di là con noi, ma con passi maggiori. 27

Come i Roman, per l'esercito molto,
L'anno del Giubbileo, su per lo ponte
Hanno a passar la gente modo tolto : 30

Che dall' un lato tutti hanno la fronte
Verso 'l castello, e vanno a Santo Pietro;
Dall' altra sponda vanno verso 'l monte : 33

Di qua, di là, su per lo sasso tetro
Vidi dimon cornuti con gran ferze,
Che li battean crudelmente di retro. 36

Ahi come facèn lor levar le berze
Alle prime percosse! e già nessuno
Le seconde aspettava, nè le terze. 39

Mentr' io andava, gli occhi miei in uno
Furo scontrati; ed io sì tosto dissi :
« Già di veder costui non son digiuno. » 42

Perciò a figurarlo gli occhi affissi :
E 'l dolce Duca meco si ristette,
Ed assentì ch' alquanto indietro io gissi. 45

E quel frustato celar si credette,
Bassando 'l viso, ma poco gli valse;
Ch 'io dissi : « Tu, che l' occhio a terra gette,
Se le fazion che porti non son false,

Ah! comme ils leur faisaient lever les jambes au premier coup!

L'Enfer, ch. XVIII.

*Ahi come facèn lor levar le berze*
*Alle prime percosse!...*

Inferno, c. XVIII, v. 37 e 38.

peurs, tu es Venedico Caccianimico[1]; mais qu'est-ce qui te vaut de si cuisantes sauces? »

Et lui à moi :

« C'est à regret que je l'avoue; mais j'y suis contraint par ton clair langage, qui me fait souvenir du monde où j'ai vécu. C'est moi qui entraînai la belle Ghisola à céder aux désirs du marquis, quoi qu'on ait dit sur cette immonde histoire. Et je ne suis pas le seul Bolonais qui pleure ici; mais le lieu en est si plein, que moins de langues ont appris à dire *sipa* entre la Savéna et le Réno, et si tu en veux une preuve, souviens-toi de notre avarice. »

Comme il parlait ainsi, un démon le frappa de sa lanière, et dit : « Va, ruffien; il n'y a pas ici de femmes à vendre. »

Je rejoignis mon escorte, et, après quelques pas, nous vînmes là où un rocher sortait de la rive; nous le gravîmes aisément, et, marchant à droite sur ce pont, nous nous éloignâmes du mur éternel. Lorsque nous arrivâmes à l'endroit où l'arche s'arrondit pour donner passage aux damnés, mon maître me dit :

« Arrête-toi, et regarde de front ces autres misérables dont tu n'as pas vu la figure parce qu'ils marchaient avec nous. »

Du haut du vieux pont nous regardions la file qui venait vers nous du

Venedico sei tu Caccianimico;
Ma chi ti mena a sì pungenti salse? »   51

Ed egli a me : « Mal volentier lo dico;
Ma sforzami la tua chiara favella,
Che mi fa sovvenir del mondo antico.   54

I' fui colui, che la Ghisola bella
Condussi a far la voglia del Marchese,
Come che suoni la sconcia novella.   57

E non pur io qui piango Bolognese :
Anzi n' è questo luogo tanto pieno,
Che tante lingue non son ora apprese   60

A dicer *sipa* tra Savena e 'l Reno :
E se di ciò vuoi fede, o testimonio,
Recati a mente il nostro avaro seno. »   63

Così parlando il percosse un demonio
Della sua scuriada, e disse : « Via,

Ruffian, qui non son femmine da conio. »   66

Io mi raggiunsi con la scorta mia :
Poscia con pochi passi divenimmo
Dove uno scoglio della ripa uscia.   69

Assai leggeramente quel salimmo,
E volti a destra sopra la sua scheggia,
Da quelle cerchie eterne ci partimmo.   72

Quando noi fummo là dov' ei vaneggia
Di sotto, per dar passo agli sferzati,
Lo Duca disse : « Attienti, e fa che feggia   75

Lo viso in te di quest' altri malnati,
Ai quali ancor non vedesti la faccia,
Perocchè son con noi insieme andati. »   78

Dal vecchio ponte guardavam la traccia,
Che venia verso noi dall' altra banda,

côté opposé, et que le fouet déchirait également. Et le bon maître, sans attendre ma demande, me dit :

« Regarde ce grand qui s'avance et qui ne paraît pas verser une larme de douleur. Quel royal aspect n'a-t-il pas encore! C'est Jason, qui, par courage et par sagesse, ravit la toison d'or à Colchos. Il passa par l'île de Lemnos, après que les femmes hardies et cruelles eurent frappé de mort tous les mâles. Là, par des manières et des paroles douces, il trompa la jeune Hypsipyle, qui avait déjà trompé toutes ses sœurs; puis il l'abandonna seule et enceinte. Ce crime le condamne à ce supplice, qui venge aussi Médée[2]. Ceux qui trompent ainsi s'en vont avec lui. Et maintenant nous en savons assez sur ce premier vallon et sur ceux qu'il renferme. »

Déjà nous étions au lieu où l'étroit sentier se croise avec le second bord et forme le pilier d'un autre pont. De là nous entendîmes les cris des pécheurs accroupis dans l'autre fosse, qui soufflent par fortes bouffées et qui se frappent de leurs propres mains. Les parois de ce gouffre étaient incrustées d'une lie gluante, qui, s'élevant du fond, s'y collait comme une pâte et rebutait la vue et l'odorat. Et telle est la profondeur de cette fosse, qu'on ne peut d'aucun lieu en voir le fond, si l'on ne monte sur le haut de l'arche, là où le rocher est le plus élevé.

E che la ferza similmente schiaccia.  81
 E 'l buon Maestro, senza mia dimanda,
Mi disse : « Guarda quel grande che viene,
E per dolor non par lagrima spanda.  84
 Quanto aspetto reale ancor ritiene!
Quelli è Jason che, per cuore e per senno,
Li Colchi del monton privati fene.  87
 Ello passò per l'isola di Lenno,
Poi che l'ardite femmine spietate
Tutti li maschi loro a morte dienno.  90
 Ivi con segni e con parole ornate
Isifile ingannò, la giovinetta,
Che prima tutte l'altre avea ingannate.  93
 Lasciolla quivi gravida e soletta;
Tal colpa a tal martiro lui condanna :
Ed anche di Medea si fa vendetta.  96

Con lui sen va chi da tal parte inganna :
E questo basti della prima valle
Sapere, e di color che in sè assanna. »  99
 Già eravam là 've lo stretto calle
Con l'argine secondo s'incrocicchia,
E fa di quello ad un altr' arco spalle.  102
 Quindi sentimmo gente, che si nicchia
Nell'altra bolgia, e che col muso sbuffa,
E sè medesma con le palme picchia.  105
 Le ripe eran grommate d'una muffa,
Per l'alito di giù, che vi s'appasta,
Che con gli occhi e col naso facea zuffa.  108
 Lo fondo è cupo sì, che non ci basta
Luogo a veder, senza montar al dosso
Dell'arco, ove lo scoglio più sovrasta.  111

Il s'écria : « Pourquoi es-tu si avide de me regarder plutôt que les autres immondes? »

L'Enfer, ch. XVIII.

*Quei mi gridò : « Perchè se' tu sì ingordo*
*Di riguardar più me, che gli altri brutti? »*

Inferno, c. XVIII, v. 118 e 119.

C'est Thaïs la prostituée, qui répondit à ces mots de son amant : Ne me dois-tu pas de grandes grâces? — Oh oui, de merveilleuses!

L'Enfer, ch. XVIII.

*Taida è la puttana, che rispose*
*Al drudo suo, quando disse : Ho io grazie*
*Grandi appo te? — Anzi maravigliose!*

Inferno, c. XVIII, v. 133, 134 e 135.

## CHANT DIX-HUITIÈME.

Nous y parvînmes, et, penché sur le fossé, je vis des gens plongés dans un cloaque où les sentines humaines semblaient s'être vidées. Et comme je cherchai des yeux, je vis l'un d'eux avec la tête tellement souillée d'excréments, qu'on ne pouvait pas voir s'il était clerc ou laïque.

Il s'écria : « Pourquoi es-tu si avide de me regarder plutôt que les autres immondes ? »

Et moi à lui : « C'est que, si ma mémoire ne me trompe pas, je t'ai déjà vu avec des cheveux secs, et tu es Alexis Interminelli de Lucques[3]; c'est pourquoi je te regarde plus attentivement que les autres. »

Et lui alors, en se frappant la tête : « Ici m'ont plongé les flatteries dont ma langue ne fut jamais lasse. »

Puis mon guide me dit : « Porte un peu plus loin tes regards, afin que tu puisses bien atteindre le visage de cette immonde fille échevelée, qui se gratte là-bas avec ses ongles infects, et qui tantôt s'accroupit, tantôt se tient debout. C'est Thaïs la courtisane, qui répondit à ces mots de son amant : « Ne me dois-« tu pas de grandes grâces ? — Oh ! oui, de merveilleuses ! »

Et maintenant nos regards en ont assez vu. »

Quivi venimmo, e quindi giù nel fosso
Vidi gente attuffata in uno sterco
Che dagli uman privati parea mosso.   114

E mentre ch'io laggiù con l'occhio cerco,
Vidi un col capo sì di merda lordo,
Che non parea s'era laico o cherco.   117

Quei mi gridò : « Perchè se' tu sì ingordo
Di riguardar più me, che gli altri brutti ? »
Ed io a lui : « Perchè, se ben ricordo,   120

Già t'ho veduto coi capelli asciutti,
E se' Alessio Interminei da Lucca :
Però t'adocchio più, che gli altri tutti. »   123

Ed egli allor, battendosi la zucca :

« Quaggiù m'hanno sommerso le lusinghe
Ond'io non ebbi mai la lingua stucca. »   126

Appresso ciò lo Duca : « Fa che pinghe,
Mi disse, un poco 'l viso più avante,
Sì che la faccia ben con gli occhi attinghe   129

Di quella sozza scapigliata fante,
Che là si graffia con l'unghie merdose,
Ed or s'accoscia, ed ora è in piede stante :   132

Taida è la puttana, che rispose
Al drudo suo, quando disse : *Ho io grazie
Grandi appo te? — Anzi maravigliose!*   135

E quinci sien le nostre viste sazie. »

# CHANT DIX-NEUVIÈME.

*Suite du huitième cercle, troisième fosse: les prélats et pontifes simoniaques enfoncés dans des canaux ardents, sauf les jambes des derniers arrivés, qu'ils agitent flambantes au dehors. Ainsi le pape Nicolas III attend, pour être refoulé tout entier, la venue de Boniface VIII, que suivra de même Clément V. Véhémente réprimande de Dante contre la simonie. Passage par le pont de rocher vers un nouveau spectacle.*

O Simon le Magicien, ô vous, ses misérables sectateurs, qui prostituez pour de l'or et pour de l'argent les choses de Dieu, ces épouses qui n'appartiennent qu'aux bons, c'est pour vous maintenant que doit sonner la trompette, car vous êtes plongés dans la troisième fosse. Déjà nous étions arrivés à la tombe suivante, à cet endroit du pont qui surplombe au milieu du fossé. O suprême sagesse! que ton art est sublime dans le ciel, sur la terre et dans l'enfer, et quelle justice préside à tes arrêts! Je vis sur les côtes et dans le fond cette pierre livide percée de trous d'une égale largeur, et chacun était rond. Ils ne me paraissaient ni plus ni moins grands que les fonts qu'on a creusés, dans ma belle église de San Giovanni, pour ceux qui baptisent, et l'un desquels j'ai brisé,

## CANTO DECIMONONO.

O Simon mago, o miseri seguaci,
Che le cose di Dio, che di bontate
Deono essere spose, e voi rapaci
 Per oro e per argento adulterate!
Or convien che per voi suoni la tromba,
Perocchè nella terza bolgia state.
 Già eravamo alla seguente tomba
Montati, dello scoglio, in quella parte
Ch' appunto sovra 'l mezzo fosso piomba.

O somma Sapienza, quant' è l' arte
Che mostri in cielo, in terra, e nel mal mondo,
E quanto giusto tua virtù comparte!
 Io vidi, per le coste e per lo fondo,
Piena la pietra livida di fori,
D' un largo tutti, e ciascuno era tondo.
 Non mi parèn meno ampi, nè maggiori,
Che quei che son nel mio bel San Giovanni
Fatti per luogo de' battezzatori;

il y a quelques années, pour sauver quelqu'un qui s'y noyait; et ceci soit le sceau qui détrompe tout homme[2].

Hors de chacun de ces trous sortaient les pieds d'un pécheur jusqu'au gros de la jambe; le reste était dedans. Leurs deux plantes brûlaient, et leurs muscles se tordaient à briser des cordes et des entraves. Comme la flamme parcourt en l'effleurant la surface des choses onctueuses, ainsi le feu glissait sur leurs pieds de la pointe au talon.

« Maître, dis-je, quel est celui qui s'agite et qui se tord plus que les autres, et que brûle une flamme plus rouge? »

Et lui à moi : « Si tu veux que je te transporte là-bas par cette pente inclinée, tu sauras de lui son nom et ses péchés. »

Et moi : « Ce qui te plaît me plaît aussi; tu es le maître, tu sais que je ne m'écarte jamais de ta volonté, et tu comprends ce que je tais. »

Alors nous arrivâmes au quatrième bord, nous tournâmes et nous descendîmes à main gauche, au fond du gouffre étroit et criblé. Et le bon maître me serrait toujours sur son sein, jusqu'à ce qu'il m'eût déposé près du trou de celui qui se plaignait si fort en agitant ses pieds.

« O toi, qui que tu sois, que je vois ainsi renversé, âme triste et enfoncée comme un pal, parle, si tu le peux. »

L' un degli quali, ancor non è molt' anni,
Rupp' io per un che dentro v' annegava :
E questo fia suggel ch' ogni uomo sganni. 21

Fuor della bocca a ciascun soperchiava
D' un peccator li piedi, e delle gambe
Infino al grosso, e l' altro dentro stava. 24

Le piante erano accese a tutti intrambe;
Perchè sì forte guizzavan le giunte,
Che spezzate averian ritorte e strambe. 27

Qual suole il fiammeggiar delle cose unte
Muoversi pur su per l' estrema buccia,
Tal era lì da' calcagni alle punte. 30

« Chi è colui, Maestro, che si cruccia,
Guizzando più che gli altri suoi consorti,
Diss' io, e cui più rossa fiamma succia? » 33

Ed egli a me : « Se tu vuoi ch' io ti porti
Laggiù per quella ripa che più giace,
Da lui saprai di sè, e de' suoi torti. » 36

Ed io : « Tanto m' è bel quanto a te piace :
Tu se' Signore, e sai ch' io non mi parto
Dal tuo volere, e sai quel che si tace. » 39

Allor venimmo in su l' argine quarto;
Volgemmo, e discendemmo a mano stanca
Laggiù nel fondo foracchiato ed arto. 42

E 'l buon Maestro ancor dalla sua anca
Non mi dipose, sin mi giunse al rotto
Di quei che sì piangeva con la zanca. 45

« O qual che sei, che 'l di su tien di sotto,
Anima trista, come pal commessa, »
Comincia' io a dir, « se puoi, fa motto. » 48

J'étais comme le moine écoutant la confession du perfide assassin, qui, à moitié enfoncé dans la terre, le rappelle toujours pour retarder la mort.

Il s'écria : « Quoi! te voici déjà debout, te voici déjà debout, Boniface? l'horoscope m'a donc menti de plusieurs années. Es-tu déjà rassasié de cet or pour lequel tu n'as pas craint d'enlever par trahison la belle épouse, pour la maltraiter ensuite? »

Je demeurai comme ceux qui, ne comprenant rien à ce qu'on leur dit, restent presque honteux et ne savent que répondre.

Alors Virgile me dit : « Réponds-lui vite : Je ne suis pas celui, je ne suis pas celui que tu penses. » Et je répondis ainsi qu'on me l'ordonnait.

L'esprit alors tordit ses deux pieds; puis, soupirant et d'une voix remplie de larmes, il me dit : « Hélas! que me veux-tu donc? Si tu as tant à cœur de savoir qui je suis, que tu aies pour cela seul franchi cette enceinte, apprends que je fus revêtu du manteau sacré, et que je fus vraiment fils de l'*ourse*, et si cupide pour enrichir les *oursins*, qu'on m'a mis ici dans une bourse, comme là-haut j'y mettais de l'or. Tous les simoniaques qui m'ont précédé sont passés par la fente de cette pierre, et sont ici au-dessous de ma tête. Je tomberai là-bas à mon tour lorsque viendra celui pour lequel je t'ai appris quand je t'ai adressé ma brusque apostrophe. Mais voilà déjà plus de temps que mes pieds

Io stava come 'l frate che confessa
Lo perfido assassin, che, poi ch' è fitto,
Richiama lui perchè la morte cessa.  51

    Ed ei gridò : « Se' tu già costì ritto,
Se' tu già costì ritto, Bonifazio?
Di parecchi anni mi mentì lo scritto.  54

    Se' tu sì tosto di quell' aver sazio,
Per lo qual non temesti torre a inganno
La bella Donna, e di poi farne strazio? » —

    Tal mi fec' io, quai son color, che stanno,
Per non intender ciò ch' è lor risposto,
Quasi scornati, e risponder non sanno.  60

    Allor Virgilio disse : « Dilli tosto,
Non son colui, non son colui che credi. »
Ed io risposi come a me fu imposto.  63

    Perchè lo spirto tutti storse i piedi :
Poi sospirando, e con voce di pianto
Mi disse : « Dunque che a me richiedi?  66

    Se di saper ch' io sia ti cal cotanto,
Che tu abbi però la ripa scorsa,
Sappi ch' io fui vestito del gran manto.  69

    E veramente fui figliuol dell' Orsa,
Cupido sì, per avanzar gli orsatti,
Che su l' avere, e qui mi misi in borsa.  72

    Di sotto al capo mio son gli altri tratti,
Che precedetter me simoneggiando,
Per la fessura della pietra piatti.  75

    Laggiù cascherò io altresì, quando
Verrà colui ch' io credea che tu fossi,
Allor ch' io feci 'l subito dimando.  78

    Ma più è 'l tempo già che i piè mi cossi,

J'étais comme le moine écoutant la confession du perfide assassin.

L'Enfer, ch. XIX.

*Io stava come 'l frate che confessa
Lo perfido assassin....*

Inferno, c. XIX, v. 49 e 50.

brûlent, et que je suis resté ainsi renversé, qu'il ne sera lui-même planté de la sorte avec ses pieds enflammés. Car après lui viendra du couchant un pasteur sans loi et d'œuvres plus honteuses, qui nous recouvrira tous les deux. Ce sera un nouveau Jason, semblable à celui dont il est parlé dans le livre des Machabées, et le roi de France sera faible envers lui, comme l'autre roi le fut envers Jason[3]. »

Ici, je ne sais si je ne fus pas trop téméraire, mais je lui répondis sur ce ton :

« Dis-moi donc, toi, quel prix Notre-Seigneur exigea-t-il de saint Pierre pour remettre les clefs en son pouvoir? Certes, il lui dit seulement : « Suis-« moi. » Ni Pierre ni les autres ne demandèrent à Mathias de l'or ou de l'argent, lorsqu'il fut élu à la place qu'avait perdue le traître. Reste donc là, car tu es puni justement, et garde bien ton or mal acquis qui t'a rendu si hardi contre Charles. Et si je n'étais retenu par le respect que je porte aux saintes clefs qui t'ont été confiées dans la vie heureuse, je me servirais de paroles encore plus dures; car votre avarice fait le malheur du monde, en foulant les bons et en élevant les méchants.

« C'est vous, pasteurs, qu'aperçut l'Évangéliste, quand il vit celle qui est assise sur les eaux forniquer avec les rois; celle qui naquit avec sept têtes et qui

E ch' io son stato così sottosopra,
Ch' ei non starà piantato coi piè rossi :     81
 Chè dopo lui verrà, di più laid' opra,
Di ver ponente un Pastor senza legge,
Tal che convien che lui e me ricuopra.     84
 Nuovo Jason sarà, di cui si legge
Ne' Maccabei; e come a quel fu molle
Suo re, così fia a lui chi Francia regge. »     87

Io non so s' io mi fui qui troppo folle :
Ch' io pur risposi lui a questo metro :
« Deh or mi di' quanto tesoro volle     90
 Nostro Signore in prima da San Pietro,
Che ponesse le chiavi in sua balìa?
Certo non chiese, se non : Viemmi dietro.
 Nè Pier, nè gli altri chiesero a Mattia

Oro, o argento, quando fu sortito
Nel luogo che perdè l' anima ria.     96
 Però ti sta, chè tu se' ben punito,
E guarda ben la mal tolta moneta,
Ch' esser ti fece contro Carlo ardito.     99
 E se non fosse ch' ancor lo mi vieta
La reverenza delle somme chiavi
Che tu tenesti nella vita lieta,     102
 Io userei parole ancor più gravi;
Chè la vostra avarizia il mondo attrista,
Calcando i buoni, e sollevando i pravi.     105
 Di voi Pastor s' accorse il Vangelista,
Quando colei che siede sovra l' acque
Puttaneggiar co' regi a lui fu vista;     108
 Quella, che con le sette teste nacque,
E dalle diece corna ebbe argomento,

fut ornée de dix cornes, tant que la vertu fut chère à son époux. Vous vous êtes fait un Dieu d'or et d'argent; quelle différence y a-t-il donc entre vous et les idolâtres, sinon qu'ils adorent une idole, et que vous en adorez cent? Ah! Constantin, que de maux enfanta, non ta conversion, mais cette dot que reçut de toi le premier pape enrichi[1] ! »

Et tandis que je lui chantais ces notes, soit colère, soit remords, il agitait les deux pieds avec force. Je crois que mon guide m'approuva, tant il écouta d'un air content mes paroles franches et vraies. Il me prit dans ses bras, m'enleva sur sa poitrine, et remonta le chemin par lequel il était descendu; et il ne se lassa point de me serrer contre soi, jusqu'à ce qu'il m'eût porté sur le sommet du pont qui conduit de la quatrième enceinte à la cinquième. Là il posa doucement son doux fardeau sur ce rocher escarpé et sauvage, qui serait pour les chèvres un rude chemin. De là je découvris un autre vallon.

Finchè virtute al suo marito piacque.  111
   Fatto v' avete Dio d' oro e d' argento:
E che altro è da voi all' idolatre,
Se non ch' egli uno, e voi n' orate cento?  114
   Ahi, Costantin, di quanto mal fu matre,
Non la tua conversion, ma quella dote
Che da te prese il primo ricco Patre! » —  117

   E mentre io gli cantava cotai note,
O ira o coscienza che 'l mordesse,
Forte spingava con ambo le piote.  120
   Io credo ben ch' al mio Duca piacesse,
Con sì contenta labbia sempre attese
Lo suon delle parole vere espresse.  123
   Però con ambo le braccia mi prese;
E, poi che tutto su mi s' ebbe al petto,
Rimontò per la via onde discese.  126
   Nè si stancò d' avermi a se ristretto,
Sì men portò sovra 'l colmo dell' arco,
Che dal quarto al quinto argine è tragetto.
   Quivi soavemente spose il carco
Soave, per lo scoglio sconcio ed erto,
Che sarebbe alle capre duro varco.  132
   Indi un altro vallon mi fu scoverto.

# CHANT VINGTIÈME.

*Quatrième fosse du huitième cercle : marche silencieuse et rétrograde des devins, dont la face éplorée est retournée du côté de leur dos. Virgile mentionne les plus fameux, et s'étend sur l'histoire de la vierge Manto, fondatrice de Mantoue. Autres devins modernes.*

Il me faut décrire en vers une peine nouvelle et donner matière au vingtième chant de mon premier cantique des damnés.

J'étais déjà tout penché pour regarder ce fond inondé de larmes amères; et je vis des âmes qui allaient tout autour de ce vallon du même pas que les processions dans notre monde, et qui pleuraient en silence. Comme mon œil tomba plus bas sur ces pécheurs, ils me semblèrent tous étrangement tordus du menton au commencement du buste; car ils avaient le visage retourné sur les reins, et force leur était de marcher à reculons, ne pouvant pas regarder devant eux. Il se peut que quelqu'un, par l'effet d'une paralysie, se soit ainsi disloqué tout à fait; mais je ne l'ai pas vu, et je ne le crois pas.

## CANTO VENTESIMO.

Di nuova pena mi convien far versi,
E dar materia al ventesimo canto
Della prima canzon, ch' è dei sommersi. 3
   Io era già disposto tutto quanto
A risguardar nello scoverto fondo,
Che si bagnava d' angoscioso pianto : 6
   E vidi gente per lo vallon tondo
Venir, tacendo e lagrimando, al passo
Che fanno le letane in questo mondo. 9
   Come 'l viso mi scese in lor più basso,
Mirabilmente apparve esser travolto
Ciascun dal mento al principio del casso :
   Chè dalle reni era tornato il volto,
E indietro venir gli convenia,
Perchè 'l veder dinanzi era lor tolto. 15
   Forse per forza già di parlasia
Si travolse così alcun del tutto ;
Ma io nol vidi, nè credo che sia. 18

O lecteur! puisse Dieu te laisser prendre quelque fruit de cette lecture; mais juge aussi toi-même si je pouvais rester l'œil sec, quand je vis de près notre image tellement retournée, que les larmes ruisselaient des yeux sur les fesses. Je pleurais appuyé à l'angle d'un rocher, si bien que mon guide me dit :

« Es-tu aussi de ces autres insensés? Ici vit la pitié, quand elle est bien morte; nul n'est plus coupable que celui qui plaint les hommes que Dieu a jugés. Lève, lève la tête, et vois celui sous lequel s'ouvrit la terre aux yeux des Thébains, qui s'écriaient :

« Où tombes-tu, Amphiaraüs, pourquoi quittes-tu le combat? »

« Et il roula d'abîme en abîme jusqu'aux pieds de Minos, qui saisit tous les pécheurs[1]. Vois comme il a fait sa poitrine de son dos : parce qu'il a voulu voir trop en avant, il regarde en arrière et marche à rebours. Voici Tirésias, qui changea d'aspect lorsque d'homme il devint femme, tous ses membres s'étant transformés; et il lui fallut de nouveau frapper de sa verge les deux serpents enlacés, avant de recouvrer son sexe viril.

« Celui qui s'adosse à son ventre, c'est Arons; dans les monts de Luni, cultivés par le Carrarais qui habite la vallée, il se creusa une grotte dans les marbres blancs pour sa demeure, d'où il pouvait contempler sans obstacle les

---

Se Dio ti lasci, Lettor, prender frutto
Di tua lezione, or pensa per te stesso,
Com' io potea tener lo viso asciutto,       21

Quando la nostra immagine da presso
Vidi sì torta, che 'l pianto degli occhi
Le natiche bagnava per lo fesso.            24

Certo io piangea, poggiato ad un de' rocchi
Del duro scoglio, sì che la mia Scorta
Mi disse : « Ancor se' tu degli altri sciocchi?

Qui vive la pietà quand' è ben morta :
Chi è più scellerato di colui
Ch' al giudicio divin passion porta?        30

Drizza la testa, drizza, e vedi a cui
S' aperse, agli occhi de' Teban, la terra;
Perchè gridavan tutti : « Dove rui,         33

« Anfiarao? perchè lasci la guerra? » —

E non restò di ruinare a valle
Fino a Minos che ciascheduno afferra.       36

Mira ch' ha fatto petto delle spalle :
Perchè volle veder troppo davante,
Dirietro guarda, e fa ritroso calle.        39

Vedi Tiresia che mutò sembiante,
Quando di maschio femmina divenne,
Cangiandosi le membra tutte quante;         42

E prima poi ribatter le convenne
Li duo serpenti avvolti con la verga,
Che riavesse le maschili penne.             45

Aronta è quei, ch' al ventre gli s' atterga,
Che ne' monti di Luni, dove ronca
Lo Carrarese che di sotto alberga,          48

Ebbe tra' bianchi marmi la spelonca
Per sua dimora; onde a guardar le stelle

# CHANT VINGTIÈME.

étoiles et la mer. Et celle qui couvre de ses cheveux épars le sein que tu ne vois pas, et dont la peau velue est de l'autre côté, c'est Manto, qui erra de terre en terre, et s'arrêta enfin aux lieux où je naquis. C'est pourquoi je veux que tu m'écoutes un peu.

« Lorsque son père eut cessé de vivre et que la ville de Bacchus fut devenue esclave, Manto s'en alla longtemps par le monde. Là-haut, dans la belle Italie, s'étend un lac au pied des Alpes qui bordent l'Allemagne, au-dessus du Tyrol; il s'appelle Benaco. Mille sources d'eau vive, après avoir baigné la chaîne Pennine entre Garda et Val-Camonica, vont dormir au fond de ce lac. Au milieu est un point où les évêques de Trente, de Brescia et de Vérone auraient le droit de bénir, s'ils faisaient ce chemin[2]. Sur la pente où la rive est la plus basse, s'élève Peschiera, puissant et beau rempart pour faire face à ceux de Brescia et de Bergame. C'est là que se déverse l'eau qui ne peut être contenue dans le Benaco, et qu'elle devient fleuve à travers les vertes prairies. Dès que ce fleuve a pris son cours, ce n'est plus le Benaco, c'est Mincio qu'on l'appelle jusqu'à Governolo, d'où il s'élance dans le Pô; mais il n'a pas couru longtemps, qu'il rencontre une plaine dans laquelle il s'étend et forme un marais qui souvent est malsain dans l'été.

« Or, la vierge sauvage, passant là par hasard, vit au milieu du marais

E 'l mar non gli era la veduta tronca.   51
 E quella, che ricuopre le mammelle,
Che tu non vedi, con le trecce sciolte,
Ed ha di là ogni pilosa pelle,   54
 Manto fu, che cercò per terre molte,
Poscia si pose là dove nacqu' io :
Onde un poco mi piace che m' ascolte.   57
 Poscia che 'l padre suo di vita uscio,
E venne serva la città di Baco,
Questa gran tempo per lo mondo gio.   60
 Suso in Italia bella giace un laco,
Appiè dell' Alpe che serra Lamagna
Sovra Tiralli, ed ha nome Benaco.   63
 Per mille fonti, credo, e più si bagna,
Tra Garda e Val Camonica, Pennino
Dell' acqua che nel detto lago stagna.   66

Luogo è nel mezzo là, dove 'l Trentino
Pastor, e quel di Brescia, e 'l Veronese
Segnar potria, se fesse quel cammino.   69
 Siede Peschiera, bello e forte arnese,
Da fronteggiar Bresciani e Bergamaschi,
Onde la riva intorno più discese.   72
 Ivi convien che tutto quanto caschi
Ciò che 'n grembo a Benaco star non può;
E fassi fiume giù pe' verdi paschi.   75
 Tosto che l' acqua a correr mette co,
Non più Benaco, ma Mincio si chiama
Fino a Governo, dove cade in Po.   78
 Non molto ha corso che truova una lama,
Nella qual si distende, e la impaluda,
E suol di state talora esser grama.   81
 Quindi passando la vergine cruda

une terre sans culture et privée d'habitants; et, fuyant tout commerce avec les hommes, elle s'y arrêta avec ses serviteurs pour exercer son art; elle y vécut et y laissa son corps inanimé. Les hommes dispersés dans les environs se rassemblèrent depuis dans ce lieu, déjà fortifié par l'étang qui l'entourait de toutes parts; ils bâtirent la ville sur les os de la morte, et, en mémoire de celle qui la première avait choisi ce lieu, ils l'appelèrent Mantoue, sans tirer d'autre sort. Ses habitants furent jadis plus nombreux, avant que la folie de Casalodi eût été trompée par Pinamonte[3]. Aussi t'avertis-je, afin que si jamais tu entends donner une autre origine à ma patrie, aucun mensonge n'altère la vérité. »

Et moi : « Maître, tes paroles sont empreintes pour moi d'une telle certitude, et s'emparent tellement de ma foi, que tous les autres discours me seraient comme des charbons éteints; mais, dis-moi si dans cette foule qui s'avance, tu vois quelque âme digne d'être remarquée; car c'est là ce qui seul occupe mon esprit. »

Alors il me répondit : « Celui dont la barbe descend du menton sur les noires épaules, fut augure au temps où la Grèce se trouva tellement dépeuplée d'hommes, qu'il en resta à peine dans les berceaux; c'est lui qui donna le signal avec Calchas pour couper le premier câble en Aulide. Il eut nom Eurypyle; c'est ainsi que l'a chanté quelque part ma haute Tragédie, tu ne

Vide terra nel mezzo del pantano,
Senza cultura, e d' abitanti nuda.

Lì, per fuggire ogni consorzio umano,
Ristette co' suoi servi a far sue arti,
E visse, e vi lasciò suo corpo vano.

Gli uomini poi, che intorno erano sparti,
S' accolsero a quel luogo, ch' era forte
Per lo pantan ch' avea da tutte parti.

Fer la città sovra quell' ossa morte;
E per colei che 'l luogo prima elesse,
Mantova l' appellar senz' altra sorte.

Già fur le genti sue dentro più spesse,
Prima che la mattìa di Casalodi
Da Pinamonte inganno ricevesse.

Però t' assenno che, se tu mai odi
Originar la mia terra altrimenti,
La verità nulla menzogna frodi. »

Ed io : « Maestro, i tuoi ragionamenti
Mi son sì certi, e prendon sì mia fede,
Che gli altri mi sarien carboni spenti.

Ma dimmi della gente che procede,
Se tu ne vedi alcun degno di nota;
Chè solo a ciò la mia mente rifiede. »

Allor mi disse : « Quel, che dalla gota
Porge la barba in su le spalle brune,
Fu (quando Grecia fu di maschi vota
Sì ch' appena rimaser per le cune)
Augure, e diede 'l punto con Calcanta
In Aulide a tagliar la prima fune.

Euripilo ebbe nome, e così 'l canta
L' alta mia Tragedia in alcun loco;

l'ignores pas, toi qui la sais toute par cœur. Cet autre si efflanqué fut Michel Scott, qui sut vraiment le jeu des fraudes magiques. Voici Guido Bonatti, voici Asdente, qui voudrait n'avoir jamais quitté son cuir et son alêne, mais il se repent trop tard. Vois les malheureuses qui laissèrent l'aiguille, la navette et le fuseau pour être sorcières, et qui firent leurs sortiléges avec des herbes et des images.

« Mais viens maintenant, car déjà Caïn avec son fardeau d'épines[4] occupe la limite des deux hémisphères, et touche la mer sous Séville. Et déjà, hier dans la nuit, la lune était ronde : tu dois bien t'en souvenir, car elle t'a servi plus d'une fois dans la sombre forêt. »

Et tandis qu'il parlait de la sorte, nous allions toujours.

Ben lo sai tu che la sai tutta quanta. 114
Quell' altro, che ne' fianchi è così poco,
Michele Scotto fu, che veramente
Delle magiche frode seppe il giuoco. 117
Vedi Guido Bonatti, vedi Asdente,
Ch' avere inteso al cuoio ed allo spago
Ora vorrebbe, ma tardi si pente. 120
Vedi le triste, che lasciaron l' ago,
La spola e 'l fuso, e fecersi indovine;

Fecer malìe con erbe e con imago. 123

Ma vienne omai, chè già tiene 'l confine
D' amendue gli emisperi, e tocca l' onda
Sotto Sibilia, Caino e le spine. 126
E già iernotte fu la Luna tonda ;
Ben ten dee ricordar, chè non ti nocque
Alcuna volta per la selva fonda. » 129
Sì mi parlava, ed andavamo introcque.

# CHANT VINGT ET UNIÈME.

*Cinquième fosse du huitième cercle: lac de poix bouillante où les démons jettent les barattiers (les fripons et concussionnaires); armés de crocs et de râteaux, ils les empêchent de sortir à la surface. Comme ils s'opposent avec menaces au passage des Poëtes, Virgile s'avance, apaise leur chef Malacoda, et obtient une escorte pour passer au delà du pont sur le rebord de la fosse. Noms et figures étranges de cette troupe.*

Ainsi, de pont en pont, parlant d'autres choses que ma Comédie n'a souci de chanter, nous allions, et nous avions atteint le sommet de l'arche, lorsque nous nous arrêtâmes pour entendre d'autres plaintes vaines et pour voir l'autre ravin de Malébolge, qui me parut affreusement obscur.

Comme dans l'arsenal des Vénitiens bout pendant l'hiver la poix gluante pour goudronner les vaisseaux brisés qui ne peuvent plus traverser la mer, et tandis que les uns font un nouveau navire, que les autres calfeutrent les flancs de celui qui a fait plusieurs voyages; que le marteau retentit de la proue à la poupe; ceux-ci font des rames, ceux-là tournent des câbles, d'autres réparent la voile de misaine et celle d'artimon : ainsi, non par l'effet du feu, mais par un ordre divin, bouillait dans ce gouffre un bitume épais qui engluait les bords

## CANTO VENTESIMOPRIMO.

Così di ponte in ponte, altro parlando
Che la mia Commedia cantar non cura,
Venimmo, e tenevamo 'l colmo, quando 3
   Ristemmo per veder l' altra fessura
Di Malebolge, e gli altri pianti vani;
E vidila mirabilmente oscura. 6
   Quale nell' Arzanà de' Viniziani
Bolle l' inverno la tenace pece,
A rimpalmar li legni lor non sani 9

Che navicar non ponno, e 'n quella vece
Chi fa suo legno nuovo, e chi ristoppa
Le coste a quel che più viaggi fece; 12
   Chi ribatte da proda, e chi da poppa;
Altri fa remi, ed altri volge sarte;
Chi terzeruolo ed artimon rintoppa : 15
   Tal, non per fuoco, ma per divina arte,
Bollìa laggiuso una pegola spessa,
Che inviscava la ripa d' ogni parte. 18

# CHANT VINGT ET UNIÈME.

alentour. Je voyais bien cette poix, mais je ne voyais à sa surface que des bouillonnements soulevés par la chaleur, qui se gonflaient partout et retombaient affaissés. Tandis que je regardais fixement vers le fond, mon guide, en s'écriant : « Prends garde, prends garde! » m'entraîna vers lui de l'endroit où j'étais.

Alors je me tournai comme un homme à qui il tarde de voir ce qu'il doit fuir, et qui, affaibli par une peur subite, regarde tout en fuyant. Et je vis derrière nous un diable noir, qui venait en courant sur le rocher. Ah! comme il était terrible dans son aspect, et qu'il me paraissait cruel dans son attitude, avec ses ailes ouvertes et ses pieds agiles! Un pécheur chargeait son épaule élevée et pointue, la pressant des deux hanches, et lui le tenait serré par les nerfs des pieds.

Et il s'écria : « O Malebranche[1], qui gardez notre pont, voici un des anciens de Santa-Zita, mettez-le au fond, je retourne pour en chercher encore à cette ville qui en est bien remplie; tout homme y est vénal, hors Bonturo; pour de l'argent, de non on y fait oui. »

Il jeta le damné et s'en retourna par le rocher dur, et jamais chien lâché sur un voleur ne le poursuivit avec tant de vitesse. Le malheureux plongea, et reparut le dos courbé en arc; mais les démons qui étaient couverts par le pont s'écrièrent : « Il n'y a pas ici de sainte Image, ici on nage autrement que

I' vedea lei, ma non vedeva in essa
Ma che le bolle che 'l bollor levava,
E gonfiar tutta, e riseder compressa.   21

Mentr' io laggiù fisamente mirava,
Lo Duca mio, dicendo : « Guarda, guarda! »
Mi trasse a sè del luogo dov' io stava.   24

Allor mi volsi, come l' uom cui tarda
Di veder quel che gli convien fuggire,
E cui paura subita sgagliarda,   27

Che, per veder, non indugia 'l partire;
E vidi dietro a noi un diavol nero,
Correndo su per lo scoglio, venire.   30

Ahi quant' egli era nell' aspetto fiero!
E quanto mi parea nell' atto acerbo,
Con l' ale aperte, e sovra i piè leggiero!   33

L' omero suo, ch' era acuto e superbo,
Carcava un peccator con ambo l' anche,
Ed ei tenea de' piè ghermito il nerbo.   36

« Dal nostro ponte disse : o Malebranche,
Ecco un degli anzian di Santa Zita :
Mettetel sotto, ch' io torno per anche   39

A quella terra, che n' è ben fornita :
Ogni uom v' è barattier, fuor che Bonturo;
Del no per li denar vi si fa ita. »   42

Laggiù il buttò, e per lo scoglio duro
Si volse, e mai non fu mastino sciolto
Con tanta fretta a seguitar lo furo.   45

Quei s' attuffò, e tornò su convolto;
Ma i demon che del ponte avean coverchio,
Gridar : « Qui non ha luogo il santo Volto;
Qui si nuota altrimenti che nel Serchio :

dans le Serchio; donc, si tu ne veux pas sentir nos crocs, ne t'élève pas au-dessus de la poix. »

Puis ils le harponnèrent avec plus de cent fourches, et disaient : « Il faut que tu danses à couvert; escroque en cachette, si tu peux. »

Ainsi les cuisiniers commandent à leurs aides de repousser avec des crochets, au fond de la chaudière, la viande qui surnage.

Et le bon maître : « Pour qu'on ne voie pas que tu y es, va te cacher derrière un rocher qui puisse te servir d'abri, et quelque offense qui me soit faite, ne crains rien, car ceci m'est connu; je me suis déjà trouvé à pareille lutte. »

Alors il traversa le pont; mais quand il eut atteint le sixième bord, il eut besoin de montrer un front assuré. Avec la même fureur et la même tempête que s'élancent les chiens sur le pauvre mendiant, qui tout à coup s'arrête et demande : ainsi les diables sortirent de dessous le pont, et tournèrent contre lui tous leurs crocs; mais il cria : « Qu'aucun de vous ne soit félon. Avant que votre croc me touche, que l'un de vous s'avance pour m'écouter, et puis qu'il me harponne, s'il l'ose. »

Tous s'écrièrent : « Vas-y, Malacoda. » Alors les autres restèrent immobiles, et l'un d'eux, s'avançant vers mon guide, lui dit : « Que veux-tu? »

— Crois-tu, Malacoda, dit mon maître, que je sois parvenu ici, bravant

Però, se tu non vuoi de' nostri graffi,
Non far sovra la pegola soverchio. »  51
   Poi l' addentar con più di cento raffi;
Disser : « Coverto convien che qui balli,
Sì che, se puoi, nascosamente accaffi. »  54
   Non altrimenti i cuochi ai lor vassalli
Fanno attuffare in mezzo la caldaia
La carne con gli uncin, perchè non galli.  57

   Lo buon Maestro : « Acciocchè non si paia
Che tu ci sii, mi disse, giù t' acquatta
Dopo uno scheggio che alcun schermo t'haia;
   E per nulla offension, ch' a me sia fatta,
Non temer tu, ch' i' ho le cose conte,
Perchè altra volta fui a tal baratta. »  63
   Poscia passò di là dal co del ponte,

E com' ei giunse in su la ripa sesta,
Mestier gli fu d' aver sicura fronte.  66
   Con quel furore, e con quella tempesta,
Ch' escono i cani addosso al poverello
Che di subito chiede ove s' arresta,  69
   Usciron quei di sotto 'l ponticello,
E volser contra lui tutti i roncigli;
Ma ei gridò : « Nessun di voi sia fello!  72
   Innanzi che l' uncin vostro mi pigli,
Traggasi avanti l' un di voi che m' oda,
E poi di roncigliarmi si consigli. »  75
   Tutti gridavan : « Vada Malacoda! »
Perch' un si mosse, e gli altri stetter fermi,
E venne a lui, dicendo : « Che gli approda? »
   — « Credi tu, Malacoda, qui vedermi
Esser venuto, » disse 'l mio Maestro,

Puis ils l'accrochèrent avec plus de cent fourches.

L'Enfer, ch. XXI.

*Poi l'addentar con più di cento raffi.*

Inferno, c. XXI, v. 52.

Qu'aucun de vous ne soit rebelle!

L'Enfer, ch. XXI.

.... *Nessun di voi sia fello!*

Inferno, c. XXI, v. 72.

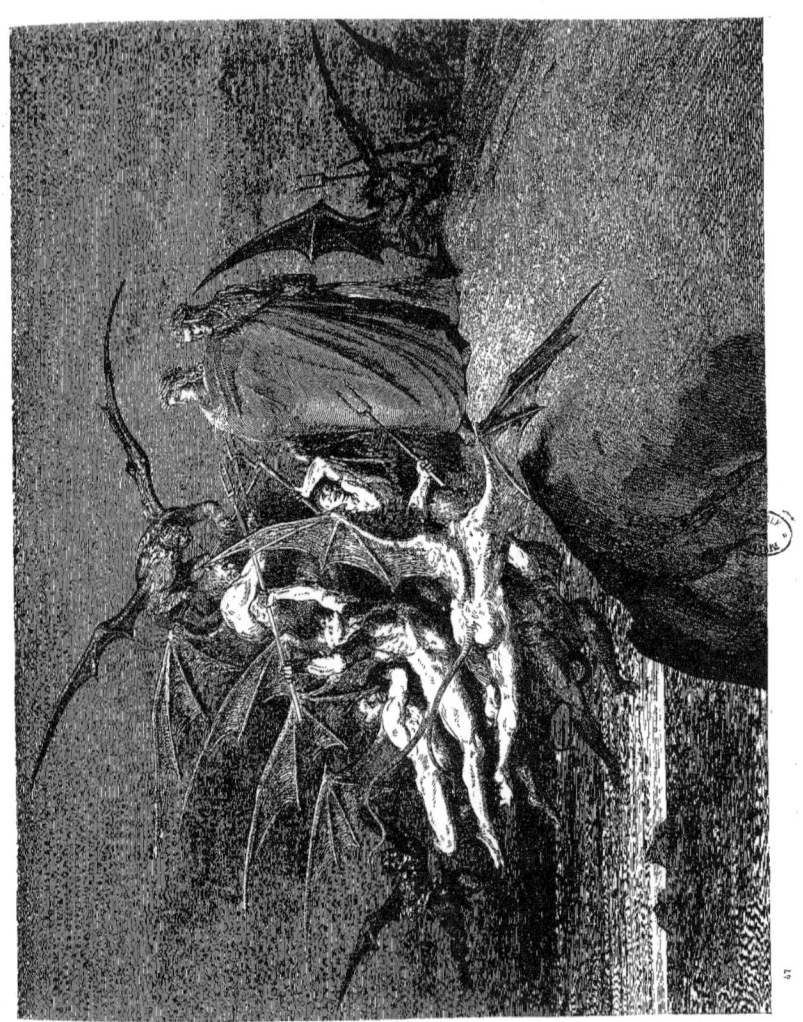

tous vos efforts, sans le vouloir divin et le destin favorable? Laisse-moi aller, car on veut dans le ciel que je montre à quelqu'un cet âpre chemin. »

Alors son orgueil fut si abattu, que, laissant tomber sa fourche à ses pieds, il dit aux autres : « Qu'on ne le frappe point! »

Et mon guide me cria de loin : « O toi qui te tiens blotti sous les rochers du pont, reviens à moi sans crainte. »

Je me levai et je vins à lui en courant; mais les diables marchèrent sur moi tous ensemble, et je craignais qu'ils ne tinssent pas leurs promesses. C'est ainsi que je vis trembler ces soldats qui, par capitulation, sortaient de Caprona, se voyant au milieu de tant d'ennemis. Je me collai de toute ma personne aux flancs de mon guide, sans détourner les yeux de leurs visages, qui n'étaient pas rassurants. Ils baissaient leurs crocs et se disaient entre eux : « Veux-tu que je le touche un peu sur l'échine? » Et ils répondaient : « Oui, accroche-le un peu. » Mais le démon qui parlait à mon guide se tourna soudain en criant : « Paix, paix, Scarmiglione. »

Puis il nous dit : « Vous ne pouvez pas aller plus avant sur ce rocher, car la sixième arche s'est tout entière écroulée dans le fond; mais s'il vous plaît d'aller plus loin, prenez par cette côte escarpée, vous trouverez près d'ici un autre pont que vous pourrez traverser. Hier, cinq heures plus tard que l'heure où nous

« Securo già da tutti i vostri schermi, 81
Senza voler divino e fato destro?
Lasciami andar, chè nel Cielo è voluto
Ch' io mostri altrui questo cammin silves-
  Allor gli fu l' orgoglio sì caduto, [tro. »
Che si lasciò cascar l' uncino ai piedi,
E disse agli altri : » Omai non sia feruto. »
  E' l Duca mio a me : « O tu, che siedi
Tra gli scheggion del ponte quatto quatto,
Sicuramente omai a me ti riedi. »   90
  Perch' io mi mossi, ed a lui venni ratto :
E i diavoli si fecer tutti avanti,
Sì ch' io temetti non tenesser patto.   93
  E così vid' io già temer li fanti,
Ch' uscivan patteggiati di Caprona,
Veggendo sè tra nemici cotanti.   96

Io m' accostai con tutta la persona
Lungo 'l mio Duca, e non torceva gli occhi
Dalla sembianza lor, ch' era non buona.   99
  Ei chinavan li raffi, e : « Vuoi ch' io 'l tocchi, »
Diceva l' un con l' altro, « in sul groppone? »
E rispondean : « Sì; fa che glicle accocchi. »
  Ma quel demonio, che tenea sermone
Col Duca mio, si volse tutto presto,
E disse : « Posa, posa, Scarmiglione. »   105
  Poi disse a noi : « Più oltre andar per questo
Scoglio non si potrà; perocchè giace
Tutto spezzato al fondo l' arco sesto :   108
  E se l' andare avanti pur vi piace,
Andatevene su per questa grotta :
Presso è un altro scoglio, che via face.   111
  Ier, più oltre cinqu' ore che quest' otta,

sommes, douze cent soixante-six ans se sont écoulés depuis que ce chemin a été rompu. J'envoie de ce côté plusieurs des miens voir si quelque damné sort de la poix ; allez avec eux, ils ne vous feront aucun mal.

« En avant, Alichino et Calcabrina, commença-t-il à dire, et toi, Cagnazzo! et Barbariccia conduira la décurie. Venez, Libicocco et Draghignazzo, Ciriatto le Dentu, et Graffiacane, et Farfarel, et Rubicante le Fou. Parcourez les contours de la poix bouillante, et que ceux-ci soient en sûreté jusqu'à l'autre pont qui reste encore debout sur le gouffre.

— O mon maître, dis-je alors, qu'est-ce que je vois? Hélas! allons-nous-en sans escorte, si tu sais marcher; pour moi, je n'en demande pas. Si tu es prudent comme à ton ordinaire, ne vois-tu pas comme ils grincent des dents et comme ils nous menacent du regard? »

Et lui à moi : « Ne crains rien, laisse-les grincer des dents à leur aise; c'est contre les malheureux qui brûlent dans la poix. »

Ils tournèrent à gauche; mais avant de se mettre en marche, chacun d'eux avait serré la langue entre ses dents pour faire signe à son chef.

Et lui de son derrière avait fait une trompette.

Mille dugento con sessantasei
Anni compier, che qui la via fu rotta.     114
 Io mando verso là di questi miei,
A riguardar s'alcun se ne sciorina :
Gite con lor, ch' e' non saranno rei.    117
 Tratti avanti, Alichino, e Calcabrina, »
Cominciò egli a dire, « e tu, Cagnazzo;
E Barbariccia guidi la decina.     120
 Libicocco vegna oltre, e Draghignazzo,
Ciriatto sannuto, e Graffiacane,
E Farfarello, e Rubicante pazzo :     123
 Cercate intorno le bollenti pane :
Costor sien salvi insino all' altro scheggio,
Che tutto intero va sopra le tane. »     126

« Omè! Maestro, che è quel ch' io veggio? »
Diss' io : « deh senza scorta andiamci soli,
Se tu sa' ir, ch' i' per me non la cheggio.     129
 Se tu se' sì accorto, come suoli,
Non vedi tu ch' ei digrignan li denti,
E con le ciglia ne minaccian duoli? »     132
 Ed egli a me : « Non vo' che tu paventi;
Lasciali digrignar pure a lor senno,
Ch' ei fanno ciò per li lessi dolenti. »     135

Per l'argine sinistro volta dienno;
Ma prima avea ciascun la lingua stretta
Co' denti verso lor duca per cenno;     138
 Ed egli avea del cul fatto trombetta.

# CHANT VINGT-DEUXIÈME.

*Scène demi-burlesque, suite du chant précédent. Le barattier Ciampolo, surpris hors de la poix, est tiré sur le quai par les démons impatients de le déchirer. Il trompe leur malice en causant avec les Poètes de plusieurs de ses compagnons, et en offrant d'en faire sortir quelques-uns, puis il se dérobe en plongeant tout à coup. Deux des diables mystifiés s'accrochent en volant au-dessus du lac, et tombent. Pendant qu'on les retire tout empoissés, les Poëtes s'éloignent.*

J'ai vu des cavaliers se mettre en marche, et commencer le combat, et défiler, et quelquefois se sauver par la fuite; j'ai vu des coureurs dans votre contrée, ô Arétins, et j'ai vu rôder des cavalcades, ouvrir des tournois et courir des joutes, au son des trompettes et des cloches, des tambours et des signaux de forteresses, des instruments étrangers et des nôtres; mais jamais je n'ai vu ni cavaliers, ni fantassins, ni vaisseau guidé par des signes de terre ou d'étoile, s'avancer au son d'une si étrange cornemuse. Nous marchions avec les dix démons, affreuse compagnie! Mais à l'église avec les saints, et à la taverne avec les gloutons.

Cependant mes regards étaient toujours attachés à la poix pour voir la

## CANTO VENTESIMOSECONDO.

I' vidi già cavalier muover campo,
E cominciare stormo, e far lor mostra,
E talvolta partir per loro scampo :  3
 Corridor vidi per la terra vostra,
O Aretini, e vidi gir gualdane,
Ferir torneamenti, e correr giostra, [pane,
 Quando con trombe, e quando con cam-
Con tamburi, e con cenni di castella,
E con cose nostrali, e con istrane :  9

Nè già con sì diversa cennamella
Cavalier vidi muover, nè pedoni,
Nè nave a segno di terra, o di stella.  12
 Noi andavam con li dieci dimoni :
Ahi fiera compagnia! ma nella chiesa
Co' santi, ed in taverna co' ghiottoni.  15

 Pure alla pegola era la mia intesa,
Per veder della bolgia ogni contegno,

nature de l'étang et les esprits qui brûlaient dans ce gouffre. Comme les dauphins, en se courbant en arc, avertissent les matelots de songer à la sûreté du navire, ainsi parfois, pour alléger leur peine, quelques-uns de ces pécheurs montraient leur dos, et disparaissaient plus prompts que l'éclair; et comme au bord des eaux d'un fossé se tiennent les grenouilles, le museau en dehors, et cachant dans la vase leur corps et leurs pieds, ainsi se tenaient de toutes parts les pécheurs; et quand Barbariccia s'approchait, vite ils s'enfonçaient sous la poix bouillante. Je vis, et mon corps en frissonne encore, un pécheur être en retard, comme il arrive qu'une grenouille reste au bord et que l'autre disparaît. Et Graffiacane, qui était plus près de lui, l'accrocha par ses cheveux englués de poix, et l'enleva comme une loutre. Je savais déjà les noms de tous ces diables, car je les avais observés lorsqu'ils furent choisis; et quand ils se nommèrent entre eux, j'y fis attention.

« O Rubicante! enfonce-lui tes crocs dans les flancs pour l'écorcher, » s'écriaient tous à la fois les maudits.

Et moi : « Mon maître, essaye d'apprendre, si tu le peux, quel est l'infortuné tombé aux mains de ses adversaires. »

Mon guide s'approcha de lui, lui demanda d'où il était, et il répondit : « Je suis né dans le royaume de Navarre[1]. Ma mère, qui m'avait engendré d'un

E della gente, ch' entro v' era incesa.
  Come i delfini, quando fanno segno
A' marinar con l' arco della schiena,
Che s' argomentin di campar lor legno : 21
  Talor così, ad alleggiar la pena,
Mostrava alcun de' peccatori 'l dosso,
E nascondeva in men che non balena. 24
  E come all' orlo dell' acqua d' un fosso
Stan li ranocchi pur col muso fuori,
Sì che celano i piedi e l' altro grosso : 27
  Sì stavan d' ogni parte i peccatori;
Ma come s' appressava Barbariccia,
Così si ritraean sotto i bollori. 30
  Io vidi, ed anche 'l cuor mi s' accapriccia,
Uno aspettar così, com' egli incontra
Ch' una rana rimane, e l' altra spiccia; 33

  E Graffiacan, che gli era più di contra,
Gli arronciglió le impegolate chiome,
E trassel su, che mi parve una lontra. 36
  Io sapea già di tutti quanti 'l nome,
Sì li notai, quando furono eletti,
E, poi che si chiamaro, attesi come. — 39
  « O Rubicante, fa che tu gli metti
Gli unghioni addosso sì che tu lo scuoi, »
Gridavan tutti insieme i maladetti. 42
  Ed io : « Maestro mio, fa, se tu puoi,
Che tu sappi chi è lo sciagurato
Venuto a man degli avversari suoi. » 45
  Lo Duca mio gli s' accostò allato :
Domandollo ond' ei fosse; e quei rispose :
« Io fui del regno di Navarra nato. 48
  Mia madre a servo d' un signor mi pose,

## CHANT VINGT-DEUXIÈME.

ribaud, destructeur de ses biens et de lui-même, me plaça au service d'un seigneur. Puis je fus familier du bon roi Thibault, et je me mis à pratiquer les escroqueries, que j'expie dans ce feu. »

Et Ciriatto, de la bouche duquel sortait de chaque côté une défense, comme à un sanglier, lui fit sentir comment l'une d'elles déchirait. Parmi de mauvais chats était tombée la souris ; mais Barbariccia l'enferma dans ses bras, et dit : « Écartez-vous tandis que je l'enfourche. »

Puis il tourna le visage vers mon maître : « Interroge-le, dit-il, si tu désires savoir de lui quelque chose avant qu'on l'extermine. »

Et le guide : « Parle-nous maintenant des autres coupables ; en connais-tu, sous la poix, quelqu'un qui soit d'une contrée latine ? »

Et lui : « Je viens d'en quitter un qui en était proche. Que ne suis-je encore à couvert avec lui ! je ne craindrais ni griffe ni crochet. »

Et Libicocco s'écria : « C'en est trop ! » Et il lui prit si bien le bras avec son croc, qu'en le déchirant il en emporta un lambeau. Draghignazzo voulut aussi l'accrocher aux jambes, mais leur décurion promena tout autour son regard effroyable. Lorsqu'ils furent un peu apaisés, mon guide demanda sans retard au pêcheur, qui regardait encore sa blessure : « Quel est celui que tu as quitté, dis-tu, malheureusement, pour venir au bord ? »

Che m' avea generato d' un ribaldo,
Distruggitor di sè e di sue cose.       51
  Poi fui famiglio del buon re Tebaldo :
Quivi mi misi a far baratteria,
Di che i' rendo ragione in questo caldo. »  54
  E Ciriatto, a cui di bocca uscia
D' ogni parte una sanna, come a porco,
Gli fe' sentir come l' una sdrucia.      57
  Tra male gatte era venuto il sorco ;
Ma Barbariccia il chiuse con le braccia,
E disse : « State in là, mentr' io lo inforco. »
  Ed al Maestro mio volse la faccia :
« Dimanda, disse, ancor, se più disii
Saper da lui, prima ch' altri 'l disfaccia. »  63
  Lo Duca : « Dunque or di' degli altri rii :
Conosci tu alcun che sia Latino

Sotto la pece ? » E quegli : « Io mi partii,   66
Poco è, da un che fu di là vicino ;
Così foss' io ancor con lui coverto,
Ch' io non temerei unghia, nè uncino ! »   69
  E Libicocco : « Troppo avem sofferto ! »
Disse, e presegli 'l braccio col runciglio,
Sì che, stracciando, ne portò un lacerto.   72
  Draghignazzo anche i volle dar di piglio
Giù dalle gambe ; onde 'l Decurio loro
Si volse intorno intorno con mal piglio.   75
  Quand' elli un poco rappaciati foro,
A lui, ch' ancor mirava sua ferita,
Dimandò 'l Duca mio, senza dimoro :   78
  « Chi fu colui, da cui mala partita
Di' che facesti, per venire a proda ? »

Il répondit : « C'est frère Gomita[2], le juge de Gallure, ce vase rempli de fraude, qui, tenant dans ses mains les ennemis de son maître, les traita si bien que chacun d'eux s'en loue. Il prit leur argent et les laissa partir à leur aise, comme il le dit en son langage[3]; et dans ses autres emplois, il ne fut pas un escroc vulgaire, mais souverain. Souvent converse avec lui don Michel Zanche de Logodoro, et leurs langues ne se lassent jamais de parler de la Sardaigne. Hélas! voyez cet autre qui grince des dents. Je parlerais encore, mais je crains qu'il ne s'apprête à me gratter la teigne. »

Et le grand chef se tournant vers Farfarello, qui roulait les yeux pour frapper, lui cria : « Ote-toi de là, oiseau maudit.

— Si vous voulez voir ou entendre, reprit le pécheur épouvanté, des Toscans ou des Lombards, j'en ferai venir; mais que les griffes maudites se tiennent à l'écart, afin que les damnés ne craignent pas leur vengeance, et moi, assis dans ce lieu même, pour un que je suis, j'en ferai venir sept, quand je sifflerai, comme c'est notre usage lorsque l'un de nous se met au dehors. »

A ces paroles, Cagnazzo leva le museau, et, secouant la tête, il dit : « Voyez la malice qu'il a trouvée pour se jeter au fond! »

Et l'autre, qui était bien riche en artifices, répondit : « Oui, vraiment, je suis trop malicieux quand j'attire sur les miens de plus grandes douleurs! »

Ed ei rispose : « Fu frate Gomita,
Quel di Gallura, vasel d' ogni froda,
Ch' ebbe i nimici di suo donno in mano,
E fe' lor sì, che ciascun se ne loda : 84
Denar si tolse, e lasciolli di piano,
Si com' ei dice : e negli altri ufici anche
Barattier fu non piccol, ma sovrano.
Usa con esso donno Michel Zanche
Di Logodoro; e a dir di Sardigna
Le lingue lor non si sentono stanche. — 90
Omè! vedete l' altro, che digrigna :
Io direi anche; ma io temo ch' ello
Non s' apparecchi a grattarmi la tigna. » 93

E 'l gran proposto volto a Farfarello,
Che stralunava gli occhi per ferire,
Disse : « Fatti 'n costà, malvagio uccello. » —
« Se voi volete vedere, o udire, »
Ricominciò lo spaurato appresso,
« Toschi, o Lombardi, io ne farò venire. 99
Ma stien le Malebranche un poco in cesso,
Si ch' ei non teman delle lor vendette;
Ed io, seggendo in questo luogo stesso, 102
Per un, ch' io son, ne farò venir sette,
Quando sufolerò, com' è nostr' uso
Di fare allor che fuori alcun si mette. » 105
Cagnazzo a cotal motto levò il muso,
Crollando 'l capo, e disse : « Odi malizia
Ch' egli ha pensato, per gittarsi giuso! » 108
Ond' ei, ch' avea lacciuoli a gran divizia,
Rispose : « Malizioso son io troppo,
Quand' io procuro a' miei maggior tristizia! »

Il s'élança et cria : « Je te tiens ! »

L'Enfer, ch. XXII.

.... *Si mosse, e gridò : « Tu se' giunto! »*

Inferno, c. XXII, v. 126.

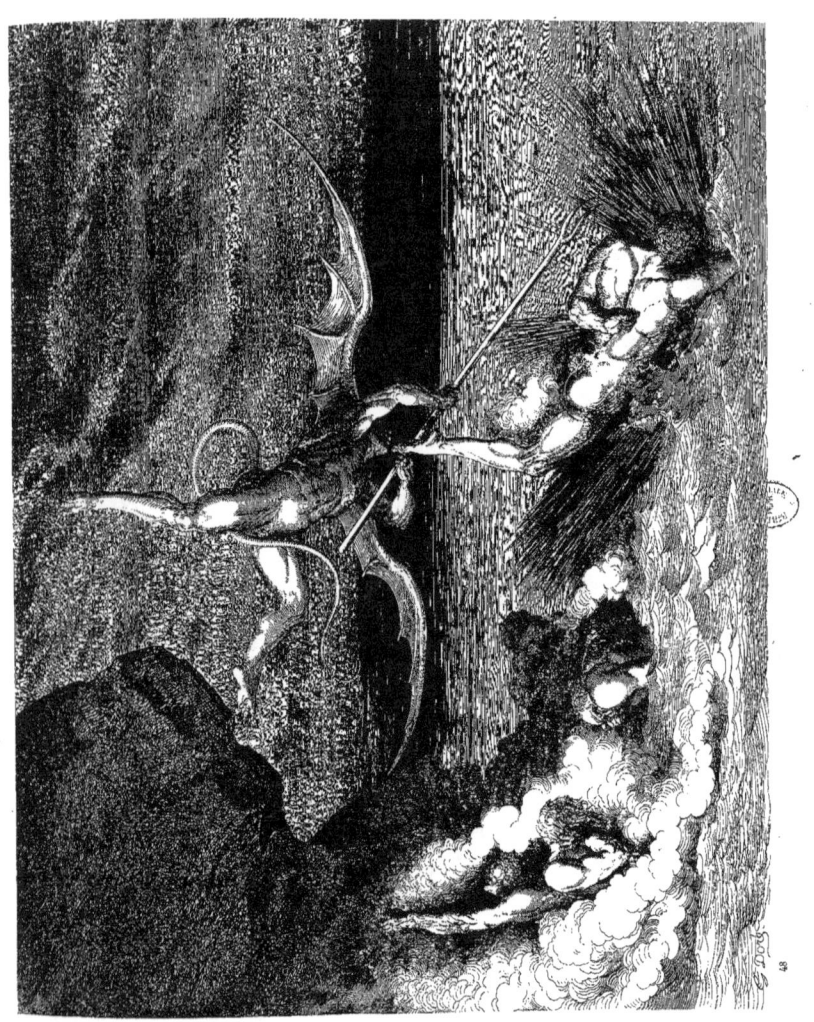

Mais l'autre le saisit avec ses serres comme un épervier.

L'Enfer, ch. XXII.

*Ma l' altro fu bene sparvier grifagno*
*Ad artigliar ben lui....*

Inferno, c. XXII, v. 139 e 140.

# CHANT VINGT-DEUXIÈME.

Alichino ne se contint pas, et, en s'opposant aux autres, il lui dit : « Si tu te sauves, je ne suivrai pas au galop, mais je m'abattrai d'un coup d'aile sur la poix. Quittons le rocher, et retirons-nous derrière la berge, pour voir si, seul, tu vaux mieux que nous tous. »

O toi qui me lis, tu vas voir un nouveau tour. Chacun tourna les yeux de l'autre côté, et celui-là le premier qui avait montré le plus de méfiance.

Le Navarrois saisit bien son moment : il affermit ses pieds sur la terre, et sauta d'un seul bond, se dérobant à leur dessein.

Chacun soudain en fut consterné, mais celui-là surtout qui avait été cause de la faute. C'est pourquoi il s'élança et cria : « Je te tiens. »

Mais ce fut en vain; car les ailes du démon ne purent devancer la peur : le damné plongea sous la poix, et l'autre redressa la poitrine en volant.

C'est ainsi que le canard plonge tout d'un coup à l'approche du faucon, qui remonte vers le ciel honteux et brisé.

Calcabrina, irrité de ce tour, vola derrière le démon, charmé de voir le pécheur à l'abri, pour s'en prendre à l'autre. Et dès que le damné eut disparu, il tourna ses griffes contre son compagnon, et s'entrelaça avec lui sur le fossé. Mais l'autre le saisit avec ses serres comme un épervier, et ils tombèrent tous les deux dans la poix bouillante. La chaleur les sépara bientôt; mais ils ne pou-

Alichin non si tenne, e di rintoppo
Agli altri, disse a lui : « Se tu ti cali,
I' non ti verrò dietro di galoppo,
   Ma batterò sovra la pece l' ali. —
Lascisi 'l collo, e sia la ripa scudo,
A veder se tu sol più di noi vali. »

   O tu che leggi, udirai nuovo ludo :
Ciascun dall' altra costa gli occhi volse,
Quel primo, ch' a ciò fare era più crudo.
   Lo Navarrese ben suo tempo colse;
Fermò le piante a terra, ed in un punto
Saltò, e dal proposto lor si sciolse;
   Di che ciascun di colpo fu compunto,
Ma quei più che cagion fu del difetto;
Però si mosse, e gridò : « Tu se' giunto ! »

   Ma poco i valse, chè l' ale al sospetto
Non potero avanzar ; quegli andò sotto,
E quei drizzò, volando, suso il petto.
   Non altrimenti l' anitra di botto,
Quando 'l falcon s' appressa, giù s' attuffa,
Ed ei ritorna su crucciato e rotto.
   Irato Calcabrina della buffa,
Volando, dietro gli tenne, invaghito
Che quei campasse, per aver la zuffa.
   E come 'l barattier fu disparito,
Così volse gli artigli al suo compagno,
E fu con lui sovra 'l fosso ghermito.
   Ma l' altro fu bene sparvier grifagno
Ad artigliar ben lui; ed amendue
Cadder nel mezzo del bollente stagno.
   Lo caldo sghermitor subito fue :

vaient se relever, tant leurs ailes étaient engluées. Barbariccia, affligé avec le reste des siens, en fit voler quatre sur l'autre bord avec leurs crocs ; et en toute hâte, d'ici, de là, ils descendirent au poste ; ils tendirent leurs fourches aux pauvres englués, qui étaient déjà cuits dans la poix.

Et nous les laissâmes ainsi empêtrés.

Ma però di levarsi era niente,
Sì avieno inviscate l' ale sue.
 Barbariccia, con gli altri suoi, dolente,
Quattro ne fe' volar dall' altra costa,
Con tutti i raffi, ed assai prestamente

 Di qua di là discesero alla posta :
Porser gli uncini verso gl' impaniati,
Ch' eran già cotti dentro dalla crosta :

 E noi lasciammo lor così 'mpacciati.

# CHANT VINGT-TROISIÈME.

*Les démons irrités poursuivent en vain les deux Poëtes. Sixième fosse. Les Hypocrites cheminent sous le fardeau de chapes de plomb brillantes à l'extérieur. Deux Bolonais, jadis frères Godenti. Les Pharisiens, persécuteurs du Christ, gisent étendus en croix sur le chemin, pour être foulés au passage par les autres damnés.*

Silencieux, seuls et sans escorte, nous marchions, lui devant, moi derrière, comme les frères mineurs s'en vont dans les chemins. Je songeais, à propos de cette lutte, à la fable d'Ésope où il a parlé de la grenouille et du rat. Car *ores* et *maintenant* ne sont pas plus pareils que ces deux risques, si l'on en rapproche attentivement le commencement et la fin. Et comme d'une pensée en jaillit une autre, celle-ci m'en fit venir une nouvelle, qui accrut ma première frayeur.

Je me disais :

« Ces diables ont été joués, à cause de nous, avec tant de dommage et de honte, qu'ils doivent en être bien irrités. Si la colère aigrit leur mauvais vouloir, ils vont fondre sur nous plus acharnés que le chien quand il saisit le lièvre avec ses dents. »

## CANTO VENTESIMOTERZO.

Taciti, soli, e senza compagnia
N'andavam l'un dinanzi e l'altro dopo,
Come i frati minor vanno per via.      3

Volto era in su la favola d'Isopo
Lo mio pensier, per la presente rissa,
Dov' ei parlò della rana e del topo :   6

Chè più non si pareggia *mo* ed *issa*,
Che l'un con l'altro fa, se ben s'accoppia
Principio e fine, con la mente fissa :  9

E come l'un pensier dall' altro scoppia,
Così nacque di quello un altro poi,
Che la prima paura mi fe' doppia.       12

Io pensava così : « Questi per noi
Sono scherniti, e con danno e con beffa
Sì fatta, ch' assai credo che lor noi.   15

Se l'ira sovra 'l mal voler s'aggueffa,
Ei ne verranno dietro più crudeli
Che cane a quella levre ch' egli acceffa. »  18

Je sentais déjà tous mes cheveux se dresser par la crainte, et, tout en regardant par derrière, je dis : « Maître, si tu tardes à nous cacher tous les deux, je crains les maudits; nous les avons déjà sur nos pas. J'en ai l'esprit si frappé, que déjà je les sens. »

Et lui : « Si j'étais un verre plombé, je ne réfléchirais pas plus vite ton image que je ne lis dans ton âme. Dans ce même instant, tes pensées venaient parmi les miennes, sous la même forme, avec les mêmes traits, et j'ai pu en tirer un seul conseil. Si cette côte est un peu inclinée vers la droite et nous laisse descendre dans l'autre fossé, nous échapperons à la chasse que tu redoutes. »

Il n'avait pas achevé d'exprimer cette pensée, que je les vis venir avec les ailes étendues, non loin de nous, pour nous saisir. Mon guide me prit tout à coup dans ses bras, comme une mère qui se réveille en sursaut, et qui, voyant la flamme grandir autour d'elle, prend son fils et fuit sans s'arrêter, et, moins occupée d'elle que de lui, oublie de vêtir une chemise.

Du haut de la colline, il se laissa glisser le long du rocher escarpé qui ferme un côté de l'autre vallon. Jamais l'eau qui descend par un canal pour faire tourner la roue du moulin, ne tombe plus rapide sur l'aube que mon maître ne glissait sur cette lisière, m'emportant sur sa poitrine comme son fils,

Già mi sentia tutto arricciar li peli
Dalla paura, e stava indietro intento,
Quando io dissi : « Maestro, se non celi    21
Te e me tostamente, i' ho pavento
Di Malebranche; noi gli avem già dietro :
Io gl' immagino sì, che già gli sento. »   24
E quei : « S' io fossi d' impiombato vetro,
L' immagine di fuor tua non trarrei
Più tosto a me, che quella dentro impetro.
Pur mo venieno i tuoi pensier tra i miei
Con simile atto, e con simile faccia,
Sì che d' entrambi un sol consiglio fei.   30
S' egli è che sì la destra costa giaccia,
Che noi possiam nell' altra bolgia scendere,
Noi fuggirem l' immaginata caccia. » — 33
Già non compio di tal consiglio rendere,
Ch' io gli vidi venir con l' ali tese,
Non molto lungi, per volerne prendere.   36
Lo Duca mio di subito mi prese,
Come la madre, ch' al romore è desta,
E vede presso a sè le fiamme accese,   39
Che prende 'l figlio, e fugge, e non s'arresta,
Avendo più di lui che di sè cura,
Tanto che solo una camicia vesta.   42
E giù dal collo della ripa dura
Supin si diede alla pendente roccia,
Che l' un dei lati all' altra bolgia tura.   45
Non corse mai sì tosto acqua per doccia
A volger ruota di mulin terragno,
Quand' ella più verso le pale approccia,   48
Come 'l Maestro mio per quel vivagno,
Portandosene me sovra 'l suo petto,

A peine eut-il tourné le pied du fossé, que les démons parurent sur la colline, au-dessus de nos têtes.

L'Enfer, ch. XXIII.

*Appena furo i piè suoi giunti al letto*
*Del fondo giù, ch' ei giunsero in sul colle*
*Sovresso noi....*

Inferno, c. XXIII, v. 52, 53 e 54.

# CHANT VINGT-TROISIÈME.

et non comme un compagnon. A peine eut-il touché du pied le fond du fossé, que les démons parurent sur la colline, au-dessus de nos têtes; mais je ne les craignais plus; car la haute Providence, qui a voulu les faire gardiens de la cinquième enceinte, leur défend d'en sortir.

Là-bas nous trouvâmes des gens tout luisants qui allaient à pas lents autour de la fosse, pleurant d'un air accablé, et vaincus par la douleur. Ils avaient des chapes avec des capuchons abaissés sur les yeux, taillées comme celles qui se font à Cologne pour les moines. Le dehors tout doré éblouit, mais dessous elles sont de plomb, et si lourdes, que celles de Frédéric étaient de paille auprès d'elles[2]. O manteau écrasant pour une éternité!

Nous tournâmes encore à gauche, et nous allions avec les ombres, les écoutant pleurer; mais ces pauvres âmes se traînaient si lentement sous leur fardeau, que nous changions de compagnons à chaque pas.

Et je dis à mon guide :

« Cherche quelque esprit qui soit connu par son nom ou par ses faits; et, tout en marchant, porte ton regard autour de toi. »

Et l'un d'eux, qui reconnut le langage toscan, cria derrière nous : « Arrêtez vos pieds, vous qui courez si vite dans cet air ténébreux; et toi, peut-être sauras-tu de moi ce que tu demandes. »

Come suo figlio, e non come compagno. 51
　Appena furo i piè suoi giunti al letto
Del fondo giù, ch' ei giunsero in sul colle
Sovresso noi : ma non gli era sospetto; 54
　Chè l' alta Provvidenzia, che lor volle
Porre ministri della fossa quinta,
Poder di partirs' indi a tutti tolle. 57

　Laggiù trovammo una gente dipinta,
Che giva intorno assai con lenti passi,
Piangendo, e nel sembiante stanca e vinta.
　Egli avean cappe con cappucci bassi
Dinanzi agli occhi, fatte della taglia,
Che per li monaci in Cologna fassi. 63
　Di fuor dorate son, sì ch' egli abbaglia;
Ma dentro tutte piombo, e gravi tanto,

Che Federigo le mettea di paglia. 66
　O in eterno faticoso manto!

　Noi ci volgemmo ancor pure a man manca
Con loro insieme, intenti al tristo pianto : 69
　Ma per lo peso quella gente stanca
Venia sì pian, che noi eravam nuovi
Di compagnia ad ogni muover d' anca. 72
　Perch' io al Duca mio : « Fa che tu trovi
Alcun ch' al fatto o al nome si conosca,
E gli occhi, sì andando, intorno muovi. » 75

　Ed un, che intese la parola tosca,
Diretro a noi gridò : « Tenete i piedi,
Voi, che correte sì per l' aura fosca : 78
　Forse ch' avrai da me quel che tu chiedi. »

Alors mon guide se tourna et me dit : « Attends-le, et puis règle ton pas sur le sien. » Je m'arrêtai, et je vis deux pécheurs qui montraient dans leur visage un grand empressement de nous joindre; mais ils étaient retardés par leurs fardeaux et par l'étroit chemin. Quand ils furent près de nous, ils fixèrent longtemps sur moi leur regard louche sans dire un mot; puis, se tournant l'un vers l'autre, ils se disaient : « Celui-ci paraît vivant, au mouvement de son gosier; et s'ils sont morts, par quel privilége marchent-ils déchargés de la lourde étole? »

Puis ils me dirent : « O Toscan! qui es parvenu au triste collége des hypocrites, ne dédaigne pas de nous dire qui tu es. »

Et moi : « Le beau fleuve d'Arno m'a vu naître et croître dans la grande ville, et je suis avec le corps que j'ai toujours eu; mais vous, dont les joues distillent toute la douleur que je vois, qui êtes-vous, et par quel châtiment portez-vous ce manteau qui reluit ainsi? »

Et l'un d'eux me répondit : « Ces chapes dorées sont de plomb, et si lourdes, que leur poids fait ainsi siffler les balances. Nous avons été frères Godenti[3], et tous deux Bolonais. Je me nommai Catalano, et celui-ci Loderingo; ta ville nous élut ensemble à la place que l'on confie à un seul homme, pour protéger sa paix; et ce que nous avons fait, on peut le voir encore près du Gardingo.

— Frères, m'écriai-je, vos maux.... » Mais je n'achevai pas, car mes yeux

Onde 'l Duca si volse, e disse : « Aspetta,
E poi secondo il suo passo procedi. »
  Ristetti, e vidi due mostrar gran fretta
Dell' animo, col viso, d' esser meco;
Ma tardavagli 'l carco, e la via stretta.
  Quando fur giunti, assai con l'occhio bieco
Mi rimiraron senza far parola;
Poi si volsero in sè, e dicean seco :
  « Costui par vivo all' atto della gola;
E, s' ei son morti, per qual privilegio
Vanno scoverti della grave stola? »
  Poi dissermi : « O Tosco, ch' al collegio
Degl' ipocriti tristi se' venuto,
Dir chi tu se' non avere in dispregio. »
  Ed io a loro : « Io fui nato e cresciuto
Sovra 'l bel fiume d' Arno alla gran villa,
E son col corpo, ch' i' ho sempre avuto.
  Ma voi chi siete, a cui tanto distilla,
Quant' io veggio, dolor giù per le guance?
E che pena è in voi, che sì sfavilla? »
  E l' un rispose a me : « Le cappe rance
Son di piombo sì grosse, che li pesi
Fan così cigolar le lor bilance.
  Frati Godenti fummo, e Bolognesi,
Io Catalano, e costui Loderingo
Nomati, e da tua terra insieme presi,
  Come suol esser tolto un uom solingo,
Per conservar sua pace; e fummo tali,
Ch' ancor si pare intorno dal Gardingo. »
  Io cominciai : « O frati, i vostri mali.... »
Ma più non dissi; ch' agli occhi mi corse

O Toscan, qui es parvenu au triste collége des hypocrites, ne dédaigne pas de nous dire qui tu es.

L'Enfer, ch. XXIII.

.......... *O Tosco, ch' al collegio*
*Degl' ipocriti tristi se' venuto,*
*Dir chi tu sei non avere in dispregio.*

Inferno, c. XXIII, v. 91, 92 e 93.

Ce crucifié que tu vois conseilla aux Pharisiens de mettre un homme aux tortures pour le salut du peuple.

L'Enfer, ch. XXIII.

.... *Quel confitto, che tu miri,*
*Consigliò i Farisei che convenia*
*Porre un uom per lo popolo a' martiri.*

Inferno, c. XXIII, v. 115, 116 e 117.

# CHANT VINGT-TROISIÈME.

tombèrent sur un damné que trois pals tenaient crucifié par terre. A ma vue, il tordit son corps et poussa des soupirs dans sa barbe, et le frère Catalano, qui s'en aperçut, me dit :

« Ce crucifié que tu vois conseilla aux Pharisiens de mettre un homme aux tortures pour le salut du peuple. Il est là nu, en travers du chemin, comme tu le vois, et il doit sentir ce que pèse chacun de ceux qui passent. Le même supplice tourmente dans la même fosse son beau-père et les autres du conseil qui fut une semence de malheurs pour les Juifs[4]. »

Je vis alors Virgile s'émerveiller sur cet homme étendu si ignominieusement en croix dans l'exil éternel. Puis il adressa au frère ces paroles :

« De grâce, dites-nous, si cela vous est permis, n'est-il pas à droite quelque issue d'où nous puissions sortir tous deux, sans forcer les anges noirs à nous tirer de ce gouffre ? »

Or, il répondit :

« Plus près que tu n'espères, s'élève un rocher qui part de la grande muraille et qui franchit tous les vallons maudits; mais il est rompu sur notre fosse et ne la couvre pas. Vous pouvez gravir cette ruine, qui s'abaisse d'un côté et remonte de l'autre. »

Le maître demeura un peu le front baissé, puis il dit : « Il nous expliquait

Un, crocifisso in terra con tre pali. 111

Quando mi vide, tutto si distorse,
Soffiando nella barba co' sospiri :
E 'l frate Catalan ch' a ciò s' accorse, 114
Mi disse : « Quel confitto, che tu miri,
Consigliò i Farisei che convenia
Porre un uom per lo popolo a' martiri. 117
Attraversato e nudo è per la via,
Come tu vedi, ed è mestier ch' e' senta
Qualunque passa, com' ei pesa pria. 120
E a tal modo il suocero si stenta
In questa fossa, e gli altri del concilio
Che fu per li Giudei mala sementa. » 123

Allor vid' io maravigliar Virgilio
Sovra colui, ch' era disteso in croce

Tanto vilmente nell' eterno esilio. 126
Poscia drizzò al Frate cotal voce :
« Non vi dispiaccia, se vi lece, dirci,
S' alla man destra giace alcuna foce, 129
Onde noi amenduo possiamo uscirci,
Senza costringer degli angeli neri,
Che vegnan d' esto fondo a dipartirci. » 132
Rispose adunque : « Più che tu non speri,
S' appressa un sasso che dalla gran cerchia
Si muove, e varca tutti i vallon feri, 135
Salvo ch' a questo è rotto, e nol coperchia :
Montar potrete su per la ruina
Che giace in costa, e nel fondo soperchia : »

Lo Duca stette un poco a testa china,
Poi disse : « Mal contava la bisogna

mal l'affaire, celui qui, là-bas, harponne les pécheurs. » Et le frère : « On m'a raconté à Bologne plusieurs vices du diable; entre autres, j'ai entendu dire qu'il est menteur et père du mensonge. »

Mon guide alors s'en alla à grands pas, le visage un peu troublé de colère, et moi je m'éloignai de ces âmes accablées suivant les traces de ses pieds chéris.

Colui che i peccator di là uncina. »  141
E 'l Frate : « Io udi' già dire a Bologna
Del diavol vizii assai, tra i quali udi',
Ch' egli è bugiardo, e padre di menzogna. »

Appresso 'l Duca a gran passi sen gì,
Turbato un poco d' ira nel sembiante :
Ond' io dagl' incarcati mi parti'  141
Dietro alle poste delle care piante.

# CHANT VINGT-QUATRIÈME.

*Les Poëtes remontent laborieusement par la ruine du rocher jusqu'à l'arcade dominant la septième fosse, et se rapprochent ensuite du fond pour discerner le supplice des Voleurs assaillis de serpents affreux. Vanni Fucci, voleur sacrilége, transpercé par une vipère, se consume et renaît tour à tour. Sinistres prédictions.*

Dans cette partie de la jeune année où le soleil trempe sa chevelure dans l'urne du Verseau, et où les nuits n'empiètent déjà plus sur les jours, quand la gelée reproduit sur la terre, mais pour peu de temps, l'image de sa blanche sœur, le villageois, à qui le fourrage manque, se lève et regarde, et voit partout blanchir la campagne ; alors il laisse tomber ses bras, et, rentré sous son toit, çà et là se lamente, comme un malheureux qui ne sait que faire ; puis il retourne et renaît à l'espérance, voyant qu'en peu de temps le monde a changé d'aspect ; il reprend sa houlette et mène les brebis à la pâture. Ainsi mon maître me fit trembler quand je vis son front se troubler ; mais bientôt aussi il mit le baume sur la plaie.

## CANTO VENTESIMOQUARTO.

In quella parte del giovinetto anno,
Che 'l Sole i crin sotto l' Aquario tempra,
E già le notti al mezzo dì sen vanno ; 3
 Quando la brina in su la terra assempra
L'imagine di sua sorella bianca,
Ma poco dura alla sua penna tempra : 6
 Lo villanello, a cui la roba manca,
Si leva, e guarda, e vede la campagna
Biancheggiar tutta, ond' ei si batte l'anca : 9

Ritorna a casa, e qua e là si lagna,
Come 'l tapin che non sa che si faccia ;
Poi riede, e la speranza ringavagna, 12
 Veggendo 'l mondo aver cangiata faccia
In poco d'ora, e prende suo vincastro,
E fuor le pecorelle a pascer caccia : 15
 Così mi fece sbigottir lo Mastro,
Quand' io gli vidi sì turbar la fronte,
E così tosto al mal giunse lo 'mpiastro : 18

Dès que nous arrivâmes au pont brisé, mon guide se tourna vers moi avec ce doux regard que je lui avais vu d'abord au pied de la colline. Il ouvrit ses bras, après avoir pris conseil en lui-même, regarda attentivement la ruine et me saisit; et, comme un homme qui agit et délibère à la fois, et qui prévoit tout d'avance, m'élevant vers le sommet d'un bloc, il en désigna un autre en disant :

« Cramponne-toi à cette pierre, mais auparavant essaye si elle peut te soutenir. »

Ce n'était pas un chemin pour les pêcheurs vêtus de chapes; car nous deux, lui léger, et moi poussé, à peine pouvions-nous gravir de saillie en saillie; et si la pente n'avait été moins longue de ce côté que de l'autre, je ne sais ce qu'il eût fait; pour moi, j'aurais succombé. Mais comme Malébolge s'abaisse en déclinant vers l'ouverture du puits profond, la structure de chaque vallée exige qu'un des bords soit plus élevé et l'autre plus bas. Nous atteignîmes enfin le sommet, où est la dernière pierre suspendue. Le souffle de mes poumons était tellement affaibli quand je fus là-haut, que je ne pouvais aller plus loin, et je m'assis en arrivant.

« Il faut désormais dompter ainsi ta paresse, dit le maître; car, assis sur la plume ou couché sur la soie, on ne parvient pas à la gloire; et celui qui dis-

Chè come noi venimmo al guasto ponte,
Lo Duca a me si volse con quel piglio
Dolce, ch' io vidi in prima appiè del monte.

Le braccia aperse, dopo alcun consiglio
Eletto seco, riguardando prima
Ben la ruina, e diedemi di piglio.   24

E come quei che adopera ed istima,
Che sempre par che innanzi si proveggia,
Così, levando me su ver la cima
D' un ronchione, avvisava un' altra scheg- [gia,
Dicendo : « Sovra quella poi t' aggrappa;
Ma tenta pria s' è tal ch' ella ti reggia. »   30

Non era via da vestito di cappa,
Chè noi appena, ei lieve, ed io sospinto,
Potevam su montar di chiappa in chiappa.

E se non fosse che da quel precinto
Più che dall' altro, era la costa corta,
Non so di lui, ma io sarei ben vinto.   36

Ma perchè Malebolge inver la porta
Del bassissimo pozzo tutta pende,
Lo sito di ciascuna valle porta,   39

Che l' una costa surge, e l' altra scende :
Noi pur venimmo infine in su la punta,
Onde l' ultima pietra si scoscende.   42

La lena m' era del polmon sì munta,
Quando fui su, ch' io non potea più oltre,
Anzi m' assisi nella prima giunta.   45

« Omai convien che tu così ti spoltre, »
Disse 'l Maestro; « chè, seggendo in piuma,
In fama non si vien, nè sotto coltre;   48

# CHANT VINGT-QUATRIÈME.

sipe sa vie sans elle, laisse derrière lui moins de trace que la fumée dans l'air et l'écume sur l'eau. Or donc, lève-toi, et que la fatigue soit vaincue par l'âme, qui sort victorieuse de tout combat, si elle ne s'affaisse point sous la lourdeur du corps. Nous devons gravir une plus longue échelle; ce n'est pas tout d'être sorti d'ici. Si tu comprends mes paroles, fais-en ton profit. »

Alors je me levai en montrant plus de forces que je ne m'en sentais, et je dis :

« Marche donc; je suis fort et hardi. »

Nous prîmes la route sur le rocher raboteux, étroit, impraticable, escarpé plus que le précédent. Je parlais en marchant, pour ne pas sembler essoufflé. Tout à coup, de l'autre fossé sortit une voix incapable d'articuler des paroles. Je ne sais ce qu'elle dit, quoique je fusse déjà au sommet du pont qui franchit la vallée; mais celui qui parlait paraissait emporté par la colère. Je m'étais penché, mais les yeux vivants ne pouvaient atteindre le fond dans ces ténèbres.

« Maître, lui dis-je, tâche de gagner l'autre bord, et descendons le mur; car d'ici j'écoute sans comprendre, et je vois sans distinguer. »

« Je ne te réponds, me dit-il, que par le fait; un juste désir doit être accompli en silence. »

Nous descendîmes le pont du côté où il va se joindre avec le huitième bord,

Senza la qual chi sua vita consuma,
Cotal vestigio in terra di sè lascia,
Qual fummo in aere, od in acqua la schiuma.
 E però leva su, vinci l'ambascia
Con l'animo che vince ogni battaglia,
Se col suo grave corpo non s'accascia.  54
 Più lunga scala convien che si saglia :
Non basta da costoro esser partito :
Se tu m'intendi, or fa sì che ti vaglia. »  57
 Levaimi allor, mostrandomi fornito
Meglio di lena, ch'io non mi sentia;
E dissi : « Va, ch'io son forte ed ardito. »  60
 Su per lo scoglio prendemmo la via,
Ch'era ronchioso, stretto, e malagevole,
Ed erto più assai che quel di pria.  63
 Parlando andava, per non parer fievole :
Onde una voce uscio dall' altro fosso,
A parole formar disconvenevole.  66
 Non so che disse, ancor che sovra 'l dosso
Fossi dell' arco già, che varca quivi ;
Ma chi parlava ad ira parea mosso.  69
 Io era volto in giù; ma gli occhi vivi
Non potean ire al fondo per l'oscuro :
Perch' io : « Maestro, fa che tu arrivi  72
 Dall' altro cinghio, e dismontiam lo muro;
Chè, com' i' odo quinci e non intendo,
Così giù veggio, e niente affiguro. »  75
 « Altra risposta, disse, non ti rendo,
Se non lo far; chè la dimanda onesta
Si dee seguir con l'opera, tacendo. »  78
 Noi discendemmo 'l ponte dalla testa,
Ove s'aggiunge con l'ottava ripa,

et je découvris la vallée. Je vis un effroyable ramas de serpents si divers de forme, que leur souvenir me glace encore le sang.

Que la Libye ne vante plus ses sables; car si elle produit des chélydres, des jets, des pharès, des cancres et des amphisbènes, jamais elle n'a étalé, avec toute l'Éthiopie et tous les bords de la mer Rouge, autant et de si redoutables fléaux. A travers cette cruelle et affreuse foison de reptiles, couraient des âmes nues, épouvantées, sans espoir d'abri ou d'héliotrope[1]. Elles avaient les mains liées derrière le dos avec des serpents qui enfonçaient dans leurs reins la tête et la queue, et qui se renouaient par devant.

Et voici qu'un serpent s'élança sur un pécheur qui se trouvait près de nous, et le perça là où le cou s'attache aux épaules. En moins de temps qu'on n'écrit un O ou un I, le damné s'enflamma, brûla, tomba réduit en cendres; puis, quand il fut détruit par terre, la cendre se rapprocha d'elle-même, et redevint tout à coup la même ombre.

Ainsi les grands sages ont affirmé que le Phénix meurt et renaît quand il approche de sa cinq centième année. Il ne se nourrit durant sa vie ni d'herbe ni de grains, mais de larmes d'encens et d'amome, et le nard et la myrrhe sont ses derniers langes.

Tel que celui qui tombe et qui ne sait comment, par la force d'un démon

E poi mi fu la bolgia manifesta.
  E vidivi entro terribile stipa
Di serpenti, e di sì diversa mena,
Che la memoria il sangue ancor mi scipa.
  Più non si vanti Libia con sua rena :
Chè se chelidri, iaculi e faree
Produce, e cencri con anfesibena,
  Nè tante pestilenzie, nè sì ree
Mostrò giammai con tutta l' Etiopia,
Nè con ciò che di sopra 'l Mar Rosso ee.
  Tra questa cruda e tristissima copia
Correvan genti nude e spaventate,
Senza sperar pertugio o elitropia.
  Con serpi le man dietro avean legate;
Quelle ficcavan per le ren la coda
E 'l capo, ed eran dinanzi aggroppate.
  Ed ecco ad un, ch' era da nostra proda,
S' avventò un serpente, che 'l trafisse
Là dove 'l collo alle spalle s' annoda.
  Nè O sì tosto mai, nè I sì scrisse,
Com' ei s' accese, ed arse, e cener tutto
Convenne che cascando divenisse.
  E poi che fu a terra sì distrutto,
La cener si raccolse, e per sè stessa
In quel medesmo ritornò di butto.
  Così per li gran savj si confessa
Che la Fenice muore, e poi rinasce,
Quando al cinquecentesimo anno appressa :
  Erba nè biada in sua vita non pasce,
Ma sol d' incenso lagrime e d' amomo;
E nardo e mirra son l' ultime fasce.
  E quale è quei che cade, e non sa como,

A travers cette cruelle et affreuse multitude de serpents, couraient des âmes nues, épouvantées, sans espoir d'abri ou d'héliotrope.

L'Enfer, ch. XXIV.

*Tra questa cruda e tristissima copia*
*Correvan genti nude e spaventate,*
*Senza sperar pertugio o elitropia.*

Inferno, c. XXIV v. 91, 92 e 93.

# CHANT VINGT-QUATRIÈME.

qui le renverse, ou par un étouffement qui engourdit l'homme, quand il se relève, regarde autour de lui tout ému de la cruelle angoisse qu'il vient d'éprouver, et soupire en regardant ; tel était le pécheur après s'être relevé.

O justice de Dieu, que tu dois être sévère pour frapper de tels coups de vengeance !

Mon guide lui demanda ensuite qui il était, et il répondit : « Je suis tombé naguère de la Toscane dans cette gorge affreuse. J'aimai une vie de brute et non pas d'homme, mulet que je fus ![2] Je suis Vanni Fucci, bête, et Pistoïe fut ma digne tanière. »

Et moi au guide : « Dis-lui de ne pas bouger, et demande-lui quel crime l'a jeté dans ce lieu ; car je l'ai connu jadis homme de sang et de querelles. »

Et le pécheur qui m'entendit ne se cacha pas ; mais il tourna vers moi son âme et son visage, et se couvrit d'une triste honte. Puis il dit : « Je souffre plus d'être surpris par toi dans la misère où tu me vois, que je n'ai souffert le jour où je quittai la vie. Je ne puis te refuser ce que tu demandes ; j'ai été précipité si bas pour avoir volé dans la sacristie les ornements sacrés, et un autre fut accusé à tort de ce crime. Mais, pour que tu ne te réjouisses pas de m'avoir vu, si tu sors jamais de ces lieux sombres, ouvre l'oreille à ma prédiction et écoute : Pistoïe d'abord se dépeuple de Noirs ; puis Florence renou-

Per forza di demon ch' a terra il tira,
O d' altra oppilazion che lega l' uomo : 114
  Quando si lieva, che intorno si mira,
Tutto smarrito dalla grande angoscia
Ch'egli ha sofferta, e guardando sospira : 117
  Tal era 'l peccator levato poscia. —
O giustizia di Dio, quanto è severa,
Che cotai colpi per vendetta croscia ! — 120

  Lo Duca il dimandò poi chi egli era ;
Perch' ei rispose : « I' piovvi di Toscana,
Poco tempo è, in questa gola fera. 123
  Vita bestial mi piacque e non umana,
Sì come a mul ch' I' fui : son Vanni Fucci
Bestia, e Pistoia mi fu degna tana. » 126
  Ed io al Duca : « Dilli che non mucci,

E dimanda qual colpa quaggiù 'l pinse ;
Ch'io 'l vidi uom già di sangue e di corrucci. »
  E 'l peccator, che intese, non s' infinse,
Ma drizzò verso me l' animo e 'l volto,
E di trista vergogna si dipinse ; 132
  Poi disse : « Più mi duol che tu m' hai colto
Nella miseria, dove tu mi vedi,
Che quand' io fui dell' altra vita tolto. 135
  Io non posso negar quel che tu chiedi :
In giù son messo tanto, perch' io fui
Ladro alla sagrestia de' belli arredi ; 138
  E falsamente già fu apposto altrui. —
Ma perchè di tal vista tu non godi,
Se mai sarai di fuor de' luoghi bui, 141
  Apri gli orecchi al mio annunzio, e odi.
Pistoia in pria di Neri si dimagra ;

32

velle ses gens et ses mœurs. Mars soulève, du Val de Magra, une vapeur entourée de sombres nuages. On combattra sur les champs de Picène, au milieu d'une tempête impétueuse et terrible. Et voilà que tout à coup il déchire le brouillard, et tous les Blancs en seront foudroyés.

« Et je l'ai dit pour que tu en éprouves du chagrin. »

Poi Firenze rinnuova genti e modi. 144
  Tragge Marte vapor di Val di Magra,
Ch' è di torbidi nuvoli involuto,
E con tempesta impetuosa ed agra 147
Sopra Campo Picen fia combattuto;
  Ond' ei repente spezzerà la nebbia,
Sì ch' ogni Bianco ne sarà feruto; 150
  E detto l' ho perchè doler ten debbia. »

# CHANT VINGT-CINQUIÈME.

*Suite du huitième cercle et de la septième fosse. Vanni Fucci, Cacus; autres damnés; formes de serpent et d'homme alternativement échangées : Cianfa, Agnel Brunelleschi.*

A ces mots, le voleur éleva ses mains en faisant les figues, et s'écria : « Prends-les, Dieu, c'est pour toi ! »

Mais alors un serpent, depuis ce temps je les aime, se roula autour de son cou, comme pour dire : « Je ne veux plus que tu parles. » Un autre s'attacha à ses bras, et, se rivant lui-même par devant, le lia de telle sorte qu'il ne pouvait donner aucune secousse.

Ah ! Pistoïe, Pistoïe, que ne te résous-tu pas à tomber en cendres et à périr pour jamais, puisque tu surpasses tous les jours tes ancêtres dans le mal ? Dans tous les sombres cercles de l'enfer, je n'ai point vu d'esprit plus téméraire envers Dieu, pas même celui qui tomba des murs de Thèbes[1].

Il s'enfuit sans plus dire une parole, et je vis un Centaure plein de rage accourir en criant : « Où est-il, où est-il, le pervers ? » Je crois que la Maremme

## CANTO VENTESIMOQUINTO.

Al fine delle sue parole il ladro
Le mani alzò con ambeduo le fiche,
Gridando : « Togli, Dio, ch' a te le squadro. »
 Da indi in qua mi fur le serpi amiche,
Perch' una gli s' avvolse allora al collo,
Come dicesse : i' non vo' che più diche; 6
 Ed un' altra alle braccia, e rilegollo,
Ribadendo sè stessa sì dinanzi,
Che non potea con esse dare un crollo. — 9
 Ah ! Pistoia, Pistoia, chè non stanzi
D' incenerarti, sì che più non duri,
Poi che 'n mal far lo seme tuo avanzi ? — 12
 Per tutti i cerchi dello 'nferno oscuri
Spirto non vidi in Dio tanto superbo,
Non quel che cadde a Tebe giù de' muri. 15
 Ei si fuggì, che non parlò più verbo :
Ed io vidi un Centauro pien di rabbia
Venir gridando : « Ov' è, ov' è l' acerbo ? » 18
 Maremma non cred' io che tante n' abbia

a moins de serpents qu'il en avait depuis la croupe jusqu'au visage. Sur son dos, au-dessous de la nuque, un dragon rampait avec les ailes étendues, et lançait du feu sur tous ceux qu'il rencontrait.

Mon maître me dit : « C'est Cacus, qui fit souvent un lac de sang sous les roches du mont Aventin. Il n'est pas dans la même fosse où sont ses frères, parce qu'il déroba frauduleusement le grand troupeau qu'il eut à sa portée. Mais ses œuvres louches cessèrent sous la massue d'Hercule, qui le frappa de cent coups, peut-être, et il n'en sentit pas dix. »

Tandis que Virgile parlait ainsi, l'autre avait disparu. Et trois esprits[2] arrivèrent sous le pont où nous étions; mais ni moi ni mon guide ne les vîmes que lorsqu'ils s'écrièrent : « Qui êtes-vous ? »

Nous cessâmes tout à coup de parler, et nous portâmes notre attention sur eux. Je ne les connaissais pas; mais il arriva, comme il arrive souvent par hasard, que l'un d'eux en nomma un autre, en disant : « Où donc est resté Cianfa ? » Et moi, pour rendre mon guide attentif, je mis mon doigt sur ma bouche.

Et maintenant, lecteur, si tu hésites à croire ce que je vais raconter, ce ne sera pas étonnant, car moi-même qui l'ai vu, je le crois à peine.

Comme je regardais les esprits, un serpent, qui marchait sur six pieds,

Quante bisce egli avea su per la groppa,
Infin dove comincia nostra labbia. 21
 Sopra le spalle, dietro dalla coppa,
Con l' ali aperte gli giaceva un draco;
E quello affuoca qualunque s' intoppa. 24
 Lo mio Maestro disse : « Quegli è Caco,
Che sotto il sasso di monte Aventino
Di sangue fece spesse volte laco. 27
 Non va co' suoi fratei per un cammino,
Per lo furar frodolente ch' ei fece
Del grande armento, ch' egli ebbe a vicino :
 Onde cessar le sue opere biece
Sotto la mazza d' Ercole, che forse
Gliene diè cento, e non sentì le diece. » 33
 Mentre che sì parlava, ed ei trascorse :
E tre spiriti venner sotto noi,

De' quai nè io, nè il Duca mio s' accorse, 36
 Se non quando gridar : « Chi siete voi ? »
Perchè nostra novella si ristette,
Ed intendemmo pure ad essi poi. 39
 I' non gli conoscea; ma ei seguette,
Come suol seguitar per alcun caso,
Che l' un nomare un altro convenette, 42
 Dicendo : « Cianfa dove fia rimaso ? »
Perch' io, acciocchè 'l Duca stesse attento,
Mi posi 'l dito su dal mento al naso. 45
 Se tu se' or, lettore, a creder lento
Ciò ch' io dirò, non sarà maraviglia :
Chè io, che 'l vidi, appena il mi consento. 48
 Come io tenea levate in lor le ciglia,
Ed un serpente con sei piè si lancia

Les deux autres le regardaient et criaient : « Hélas! Agnel, comme tu changes! »

L'Enfer, ch. XXV.

Gli altri duo riguardavano, e ciascuno
Gridava : « O me, Agnel, come ti muti! »

Inferno, c. XXV, v. 67 e 68.

s'élança sur l'un des trois et l'enlaça tout entier. Avec les pieds du milieu il lui serra le ventre, avec ceux de devant il lui prit les bras, et enfonça ses dents dans l'une et dans l'autre joue. Il allongea ses pieds de derrière sur les deux cuisses, et, glissant sa queue entre elles, la redressa le long des reins. Jamais le lierre ne se cramponna aussi fortement à l'arbre, que la bête horrible n'enlaça ses membres au corps du damné. Le serpent et lui se fondirent comme s'ils eussent été de cire chaude, et mêlèrent leurs couleurs ; et ni l'un ni l'autre ne paraissait plus ce qu'il était auparavant. C'est ainsi que devant la flamme brûlant le papier s'étend une couleur brune, qui n'est plus le blanc, et qui n'est pas encore le noir. Les deux autres regardaient et criaient : « Hélas ! Agnel, comme tu changes ! voilà que tu n'es plus ni un ni deux ! »

Déjà les deux têtes n'en formaient plus qu'une, et nous pouvions voir leurs traits confondus dans une seule figure, où deux êtres étaient perdus.

Des quatre traits des bras il n'en resta plus que deux ; les cuisses avec les jambes, le ventre et la poitrine, devinrent des membres qu'on n'a jamais vus. Tout aspect primitif y était effacé ; l'image étrange paraissait contenir deux êtres, et n'en était pas un, et telle elle s'en allait à pas lents.

Comme le lézard fouetté par le soleil, aux jours caniculaires, en changeant de buisson, traverse le chemin pareil à l'éclair, ainsi s'élançait vers les deux

Dinanzi all' uno, e tutto a lui s' appiglia. 51
Co' piè di mezzo gli avvinse la pancia,
E con gli anterior le braccia prese ;
Poi gli addentò e l' una e l' altra guancia. 54
Gli diretani alle cosce distese,
E misegli la coda tr' amendue,
E dietro per le ren su la ritese. 57
Ellera abbarbicata mai non fue
Ad alber sì, come l' orribil fiera
Per l' altrui membra avviticchiò le sue. 60
Poi s' appiccar, come di calda cera
Fossero stati, e mischiar lor colore ;
Nè l' un, nè l' altro già parea quel ch' era : 63
Come procede innanzi dall' ardore,
Per lo papiro suso un color bruno,
Che non è nero ancora, e 'l bianco muore.

Gli altri duo riguardavano, e ciascuno
Gridava : O me, Agnel, come ti muti !
Vedi che già non se' nè duo nè uno. » 69
Già eran li duo capi un divenuti,
Quando n' apparver duo figure miste
In una faccia, ov' eran duo perduti. 72
Fersi le braccia duo di quattro liste ;
Le cosce con le gambe, il ventre e 'l casso
Divenner membra che non fur mai viste. 75
Ogni primaio aspetto ivi era casso :
Due e nessun l' imagine perversa
Parea, e tal sen già con lento passo. 78
Come il ramarro, sotto la gran fersa
De' dì canicular, cangiando siepe,
Folgore par, se la via attraversa : 81
Così parea, venendo verso l' epe

autres un petit serpent embrasé, livide et noir comme un grain de poivre. Il piqua l'un des deux à l'endroit par où nous prenons le premier aliment, et tomba étendu devant lui.

Le blessé le regarda sans rien dire; mais, roidi sur ses pieds, il bâillait comme s'il eût été assailli par la fièvre ou par le sommeil. Il regardait le serpent, et le serpent le regardait; l'un fumait par la plaie et l'autre par la bouche, et la fumée se rencontrait.

Que Lucain ne nous parle plus du malheureux Sabellus et de Nasidius, et qu'il écoute ce que je vais dire.

Qu'Ovide ne nous parle plus de Cadmus et d'Aréthuse; s'il changea dans ses vers celui-là en serpent et celle-ci en fontaine, je n'en suis pas jaloux, car il n'a jamais transformé deux natures l'une en l'autre, de sorte que les deux formes fussent promptes à échanger leur matière.

L'homme et la bête se répondirent ainsi. Le serpent fendit sa queue en fourche, et le blessé serra ses pieds ensemble. Ses cuisses et ses jambes se collèrent tellement entre elles, qu'en peu de temps il ne resta plus aucun signe pour distinguer le point de la jointure. La queue fendue prenait la forme qui se perdait chez l'homme, et tandis que la peau s'amollissait d'un côté, elle se durcissait de l'autre. Je vis les bras rentrer dans les aisselles, et les deux pieds

Degli altri due, un serpentello acceso,
Livido e nero come gran di pepe.   84
  E quella parte, donde prima è preso
Nostro alimento, all' un di lor trafisse;
Poi cadde giuso innanzi lui disteso.   87
  Lo trafitto il mirò, ma nulla disse;
Anzi co' piè fermati sbadigliava,
Pur come sonno o febbre l' assalisse.   90
  Egli il serpente, e quei lui riguardava;
L' un per la piaga, e l' altro per la bocca
Fumavan forte, e 'l fummo s' incontrava.

  Taccia Lucano omai, là dove tocca
Del misero Sabello e di Nassidio,
E attenda a udir quel ch' or si scocca.   96
  Taccia di Cadmo e d' Aretusa Ovidio :

Chè se quello in serpente, e quella in fonte
Converte poetando, i' non lo invidio :   99
  Chè duo nature mai a fronte a fronte
Non trasmutò, sì ch' amendue le forme
A cambiar lor materie fosser pronte.   102

  Insieme si risposero a tai norme,
Che 'l serpente la coda in forca fesse,
E 'l feruto ristrinse insieme l' orme.   105
  Le gambe con le cosce seco stesse
S' appiccar sì, che in poco la giuntura
Non facea segno alcun che si paresse.   108
  Togliea la coda fessa la figura
Che si perdeva là, e la sua pelle
Si facea molle; e quella di là dura.   111
  I' vidi entrar le braccia per l'ascelle,

de la bête, qui étaient courts, s'allonger autant que les bras de l'autre s'étaient raccourcis.

Les pieds de derrière du serpent, tordus ensemble, formèrent le membre que l'on cache, et celui du malheureux se fendait en deux pieds. Tandis que la fumée couvre l'un et l'autre d'une couleur nouvelle et donne au serpent le poil qu'elle avait pris à l'homme, l'un se dresse et l'autre tombe à terre, sans tordre les prunelles impies sous lesquelles chacun d'eux changeait de museau. Celui qui était debout retira le sien vers les tempes, et de l'excédant de matière qui vint à cet endroit sortirent les oreilles des joues creusées. Ce qui ne courut pas en arrière et resta de trop, dessina le nez au milieu de la figure, et donna aux lèvres leur saillie naturelle. Celui qui rampait allongea son museau, et renfonça les oreilles dans sa tête, comme le limaçon rentre ses cornes. Et sa langue, naguère unie et prompte à parler, se fend, tandis que celle de l'autre, qui était fendue, se referme, et la fumée s'arrête.

L'âme, qui était devenue serpent, siffle et fuit dans la vallée, et l'autre, derrière elle, parle en crachant; puis, lui tournant ses nouvelles épaules, il dit à son autre compagnon :

« Je veux que Buoso aussi rampe comme moi par ce sentier. »

Ainsi j'ai vu dans la septième enceinte les formes se changer tour à tour,

E i duo piè della fiera, ch' eran corti,
Tanto allungar, quanto accorciavan quelle.
  Poscia li piè diretro insieme attorti,
Diventaron lo membro che l' uom cela,
E 'l misero del suo n' avea due porti.   117
  Mentre che 'l fummo l' uno e l' altro vela
Di color nuovo, e genera 'l pel suso
Per l' una parte, e dall' altra il dipela,   120
  L' un si levò, e l' altro cadde giuso,
Non torcendo però le lucerne empie,
Sotto le quai ciascun cambiava muso.   123
  Quel ch'era drittio, l trasse 'nver le tempie,
E di troppa materia che in là venne,
Uscir gli orecchi dalle gote scempie;   126
  Ciò che non corse in dietro e si ritenne,
Di quel soverchio fe' naso alla faccia,

E le labbra ingrossò quanto convene : —
  Quel che giaceva, il muso innanzi caccia,
E gli orecchi ritira per la testa,
Come face le corna la lumaccia;
  E la lingua, che aveva unita e presta
Prima a parlar, si fende, e la forcuta
Nell' altro si richiude, e 'l fummo resta.   135
  L' anima ch' era fiera divenuta,
Si fugge sufolando per la valle,
E l' altro dietro a lui parlando sputa.   138
  Poscia gli volse le novelle spalle,
E disse all' altro : « I' vo' che Buoso corra,
Com' ho fatt' io, carpon per questo calle. »

  Così vid' io la settima zavorra
Mutare, e trasmutare ; e qui mi scusi

et qu'ici la nouveauté m'excuse si ma langue s'est égarée en quelque chose. Or, quoique mes yeux fussent troublés et mon âme étonnée, les damnés ne purent s'enfuir assez secrètement que je ne reconnusse Puccio Sciancato; et c'était le seul des trois compagnons venus d'abord qui ne fût pas changé.

L'autre était celui que tu pleures, ô Gaville.

La novità, se fior la lingua abborra. 144
  Ed avvegnachè gli occhi miei confusi
Fossero alquanto, e l' animo smagato,
Non poter quei fuggirsi tanto chiusi, 147

Ch' io non scorgessi ben Puccio Scianca-
Ed era quei che sol de' tre compagni [to,
  Che venner prima, non era mutato; 150
L' altro era quel che tu, Gaville, piagni.

# CHANT VINGT-SIXIÈME.

*Huitième fosse du huitième cercle. Les Poëtes, du haut de l'arcade du rocher, voient le supplice des conseillers de fraude, qui se meuvent et parlent dans une enveloppe de flamme. Ulysse et Diomède, formant une double langue de feu, sont interrogés par Virgile : Ulysse raconte l'issue fatale de son dernier voyage au delà des Colonnes d'Hercule.*

Réjouis-toi, ô Florence! tu es si grande, que tu étends ton aile sur la terre et sur la mer, et que dans l'enfer même ton nom est répandu. Parmi les larrons, je trouvai cinq de tes citoyens dont j'ai honte, et tu n'en tires pas un grand honneur. Mais si, à l'approche du matin, les songes sont vrais, tu sauras en peu de temps ce qu'on te souhaite à Prato comme ailleurs. Et si déjà c'était, ce ne serait pas assez tôt; que n'est-ce donc, puisque cela doit être! car plus je vieillirai, plus le poids m'en sera lourd.

Nous partîmes, et mon guide remonta par les mêmes rochers qui nous avaient servi d'escalier pour descendre, et m'entraîna avec lui. Et, poursuivant la route solitaire entre les éclats et les saillies du rocher, nos pieds ne s'en tiraient pas sans l'aide de nos mains.

## CANTO VENTESIMOSESTO.

Godi, Firenze, poi che se' sì grande,
Che per mare e per terra batti l' ali,
E per lo Inferno il tuo nome si spande.   3
 Tra gli ladron trovai cinque cotali
Tuoi cittadini, onde mi vien vergogna,
E tu in grande onranza non ne sali.   6
 Ma, se presso al mattin del ver si sogna,
Tu sentirai, di qua da picciol tempo,
Di quel che Prato, non ch' altri, t' agogna.

E se già fosse, non saria per tempo :
Così foss' ei, da che pure esser dee,
Chè più mi graverà com' più m' attempo.   12
 Noi ci partimmo, e su per le scalee
Che n' avean fatte i borni a scender pria,
Rimontò 'l Duca mio, e trasse mee.   15
 E, proseguendo la solinga via
Tra le schegge e tra i rocchi dello scoglio,
Lo piè senza la man non si spedia.   18

Alors je m'attristai et je m'attriste encore, quand je reporte ma pensée à ce que j'ai vu, et, plus que jamais, je retiens mon esprit pour qu'il ne coure pas sans que la vertu le guide; et que si une bonne étoile ou une plus haute faveur m'ont donné le bien, je ne me l'envie pas à moi-même.

Comme le villageois qui se repose sur la colline dans la saison où celui qui éclaire le monde nous cache moins sa figure, à l'heure où la mouche fait place au moucheron, voit par milliers des vers luisants par la vallée dans laquelle il vendange ou il laboure, d'autant de flammes étincelait la huitième fosse, comme je pus le voir dès que je fus là d'où l'on découvrait le fond. Tel que celui qui fut vengé par les ours[1] vit le char d'Élie s'envoler, quand les chevaux cabrés s'élancèrent vers le ciel, au point qu'en les suivant des yeux il ne pouvait rien voir que la flamme montant comme un nuage : ainsi des flammes se suivaient au fond du gouffre, et chacune d'elles, sans montrer son larcin, recélait un pécheur.

Je m'étais dressé sur le bord du pont pour regarder, et si je ne m'étais tenu à une roche, je serais tombé sans être poussé. Et le maître, qui me vit si attentif, me dit : « Dans ces feux il y a des âmes, et chaque âme se revêt du feu qui la brûle. »

« Maître, répondis-je, en t'écoutant j'en suis plus sûr, mais je me doutais

Allor mi dolsi, ed ora mi ridoglio
Quando drizzo la mente a ciò ch' io vidi,
E più lo 'ngegno affreno ch' io non soglio,
   Perchè non corra, che virtù nol guidi ;
Sì che, se stella buona o miglior cosa
M' ha dato il ben, ch' io stesso nol m' invidi.
   Quante il villan, ch' al poggio si riposa
Nel tempo che colui che 'l mondo schiara,
La faccia sua a noi tien meno ascosa,    27
   Come la mosca cede alla zanzara,
Vede lucciole giù per la vallea,
Forse colà dove vendemmia ed ara ;    30
   Di tante fiamme tutta risplendea
L' ottava bolgia, sì com' io m' accorsi,
Tosto che fui là 've 'l fondo parea.    33
   E qual colui che si vengiò con gli orsi,
Vide 'l carro d' Elia al dipartire,
Quando i cavalli al cielo erti levorsi,    36
   Chè nol potea sì con gli occhi seguire,
Che vedesse altro che la fiamma sola,
Sì come nuvoletta in su salire ;    39
   Tal si movea ciascuna per la gola
Del fosso, chè nessuna mostra il furto,
Ed ogni fiamma un peccatore invola.    42
   Io stava sovra 'l ponte a veder surto
Sì, che, s' io non avessi un ronchion preso,
Caduto sarei giù senza esser urto.    45
   E 'l Duca, che mi vide tanto atteso,
Disse : « Dentro dai fuochi son gli spirti :
Ciascun si fascia di quel ch' egli è inceso. »
   « Maestro mio, risposi, per udirti
Son io più certo ; ma già m' era avviso

Le maître, qui me vit attentif, me dit : « Dans ces feux, il y a des âmes, et chaque âme se revêt du feu qui la brûle. »

L'Enfer, ch. XXVI.

*E 'l Duca, che mi vide tanto atteso,*
*Disse : « Dentro dai fuochi son gli spirti :*
*Ciascun si fascia di quel ch'egli è inceso. »*

Inferno, c. XXVI, v. 46, 47 e 48.

déjà que c'était ainsi, et j'allais te demander quelle âme est dans ce feu qui vient à nous tellement divisé vers la cime, qu'il paraît s'élever du bûcher où furent mis Étéocle et son frère? »

Il me répondit : « Dans ce feu sont tourmentés Ulysse et Diomède, et ils courent ensemble à la vengeance divine, comme ils couraient à leurs crimes. On pleure dans cette flamme la ruse du cheval qui ouvrit la porte d'où sortit la noble semence des Romains. On y pleure la fraude pour laquelle Déidamie, quoique morte, se plaint encore d'Achille, et on y subit la peine pour l'enlèvement du Palladium[2]. » — « Maître, lui dis-je, s'ils peuvent parler du milieu de cette flamme, je t'en prie, et puisse ma prière en valoir mille, ne me refuse pas d'attendre ici jusqu'à ce que la flamme aux deux cornes soit arrivée près de nous, vois comme mon désir me penche vers elle. »

Et lui à moi : « Ta prière est digne d'éloges, et pour cela je l'accepte, mais retiens ta langue. Laisse-moi parler, car j'ai déjà compris ce que tu veux ; mais comme ils furent Grecs, peut-être dédaigneraient-ils ton langage. »

Dès que la flamme fut arrivée devant nous et que mon guide jugea propices l'heure et le lieu, je l'entendis parler en ces termes :

« O vous qui êtes deux dans la même flamme, si j'ai bien mérité de vous pendant ma vie, si j'ai mérité de vous peu ou beaucoup lorsque j'ai écrit dans

Che così fusse, e già voleva dirti :
Chi è in quel foco, che vien sì diviso
Di sopra, che par surger della pira
Ov' Eteòcle col fratel fu miso? » 54

Risposemi : « Là entro si martira
Ulisse e Diomede, e così insieme
Alla vendetta corron, com' all' ira. 57

E dentro dalla lor fiamma si geme
L' aguato del caval, che fe' la porta
Ond' uscì de' Romani 'l gentil seme. 60

Piangevisi entro l' arte, perchè morta
Deidamia ancor si duol d' Achille;
E del Palladio pena vi si porta. » — 63

« S' ei posson dentro da quelle faville
Parlar, diss' io, Maestro, assai ten prego,
E riprego che 'l priego vaglia mille, 66

Che non mi facci dell' attender niego,
Finchè la fiamma cornuta qua vegna :
Vedi, che del desio ver lei mi piego. » 69

Ed egli a me : « La tua preghiera è degna
Di molta lode; ed io però l' accetto :
Ma fa che la tua lingua si sostegna. 72

Lascia parlare a me; ch' io ho concetto
Ciò che tu vuoi ; ch' e' sarebbero schivi,
Perch' ei fur Greci, forse del tuo detto. » 75

Poichè la fiamma fu venuta quivi,
Ove parve al mio Duca tempo e loco,
In questa forma lui parlare audivi : 78

« O voi, che siete duo dentro ad un fuoco,
S' io meritai di voi, mentre ch' io vissi,
S' io meritai di voi assai o poco,
Quando nel mondo gli alti versi scrissi,

le monde les vers sublimes, ne vous éloignez pas; mais que l'un de vous nous dise en quel lieu il est allé se perdre et mourir. »

La corne la plus élevée de l'antique flamme, pareille à celle que le vent fatigue, commença de s'ébranler en murmurant; puis, remuant çà et là la cime, comme une langue qui va parler, elle jeta une voix en dehors et dit :

« Quand je quittai Circé, qui me retint plus d'une année près de Gaëte, avant qu'Énée l'eût nommée ainsi, ni ma tendresse pour mon fils, ni la piété envers mon vieux père, ni le saint amour qui devait rendre heureuse ma Pénélope, ne purent vaincre en moi l'ardeur qui m'entraînait à connaître le monde, les vices et les vertus des hommes; mais je me lançai sur la haute mer ouverte, avec un seul navire et le peu de compagnons qui ne m'abandonnèrent point.

« J'ai vu l'un et l'autre rivage jusqu'à l'Espagne, et Maroc et la Sardaigne, et les autres îles que baigne cette mer.

« Moi et mes compagnons nous étions déjà vieux et lourds lorsque nous arrivâmes à cet étroit canal où Hercule posa ses bornes, pour avertir l'homme de ne pas les franchir. Je laissai Séville à ma droite, comme j'avais laissé Septa à gauche.

« O frères, dis-je, qui, à travers mille dangers, êtes parvenus à l'occident,

Non vi movete; ma l' un di voi dica
Dove per lui perduto a morir gissi. »      84
  Lo maggior corno della fiamma antica
Cominciò a crollarsi, mormorando,
Pur come quella cui vento affatica.      87
  Indi la cima qua e là menando,
Come fosse la lingua che parlasse,
Gittò voce di fuori, e disse :
                « Quando      90
Mi diparti' da Circe, che sottrasse
Me più d' un anno là presso a Gaeta,
Prima che sì Enea la nominasse;      93
  Nè dolcezza di figlio, nè la pietà
Del vecchio padre, nè 'l debito amore
Lo qual dovea Penelope far lieta,      96
  Vincer poter dentro da me l' ardore,

Ch' io ebbi a divenir del mondo esperto,
E degli vizj umani, e del valore;      99
  Ma misi me per l' alto mare aperto
Sol con un legno, e con quella compagna
Picciola dalla qual non fui deserto.      102
  L' un lito e l' altro vidi infin la Spagna,
Fin nel Marrocco, e l' isola de' Sardi,
E l' altre, che quel mare intorno bagna.      105
  Io e i compagni eravam vecchi e tardi,
Quando venimmo a quella foce stretta,
Ov' Ercole segnò li suoi riguardi,      108
  Acciocchè l' uom più oltre non si metta.
Dalla man destra mi lasciai Sibilia,
Dall' altra già m' avea lasciata Setta. —    111
  « O frati, dissi, che per centomila
« Perigli siete giunti all' occidente,

« pour le peu qui vous reste de cette veille de vos sens, n'allez pas vous priver
« de connaître ce monde sans habitants qui est par delà le soleil; songez à votre
« origine : vous n'êtes pas faits pour vivre comme des brutes, mais pour cher-
« cher la vertu et la science. »

« J'aiguillonnai tellement mes compagnons au voyage par cette courte ha-
rangue, qu'après j'aurais pu les contenir à peine. Et, tournant notre poupe vers
l'orient, de nos rames nous fîmes des ailes à notre vol insensé, gagnant toujours
vers la gauche. La nuit voyait déjà toutes les étoiles de l'autre pôle, et le nôtre
était si bas qu'il sortait à peine du niveau de la mer. Cinq fois l'éclat de la lune
s'était rallumé et éteint sur le nouvel horizon, depuis que nous avions franchi
la limite fatale, lorsqu'il nous apparut une montagne brunie par la distance, et
elle me sembla si haute, que jamais je n'en avais vu de plus élevée. Nous nous
réjouîmes; mais bientôt notre joie se changea en douleur; car un tourbillon
partit de cette terre nouvelle et frappa le front du navire; il le fit tourner trois
fois avec toutes les eaux; à la quatrième il fit aller la poupe en haut et la proue
en bas, comme il plut à autrui, jusqu'à ce que la mer fût refermée sur nous. »

« A questa tanto picciola vigilia                114
  « De' vostri sensi, ch' è del rimanente,
« Non vogliate negar l' esperienza,
« Diretro al Sol, del mondo senza gente.        117
  « Considerate la vostra semenza :
« Fatti non foste a viver come bruti,
« Ma per seguir virtute e conoscenza. »         120

  « Li miei compagni fec' io sì acuti,
Con questa orazion picciola, al cammino,
Ch' appena poscia gli avrei ritenuti.           123
  E, volta nostra poppa nel mattino,
De' remi facemmo ale al folle volo,
Sempre acquistando del lato mancino.            126
  Tutte le stelle già dell' altro polo
Vedea la notte, e 'l nostro tanto basso,
Che non surgeva fuor del marin suolo.           129
  Cinque volte racceso, e tante casso
Lo lume era di sotto dalla Luna,
Poi ch' entrati eravam nell' alto passo,        132
  Quando n' apparve una montagna, bruna
Per la distanza, e parvemi alta tanto,
Quanto veduta non n' aveva alcuna.              135
  Noi ci allegrammo, e tosto tornò in pianto:
Chè dalla nuova terra un turbo nacque,
E percosse del legno il primo canto.            138
  Tre volte il fe' girar con tutte l' acque;
Alla quarta levar la poppa in suso,
E la prora ire in giù, com' altrui piacque,
Infin che 'l mar fu sopra noi richiuso. »

# CHANT VINGT-SEPTIÈME.

*Suite. Le comte Guy de Montefeltro s'entretient avec Dante de l'état politique de la Romagne. Il lui raconte sa vie d'homme de guerre et d'intrigue, sa retraite comme cordelier, enfin le conseil de fraude qu'il donna au pape Boniface VIII sur la fausse garantie de l'absolution pontificale: dès lors son âme, vainement réclamée par saint François, est demeurée la proie du démon.*

Déjà la flamme, droite et immobile, avait cessé de parler, et déjà elle s'éloignait, congédiée par le doux poëte, quand une autre flamme, qui venait derrière elle, nous fit tourner les yeux vers sa cime, à cause d'un bruit confus qui s'en échappait. Comme le bœuf sicilien qui poussa les premiers beuglements par les cris de celui dont la lime l'avait façonné, et ce fut justice, mugissait par la voix de la victime, et, quoiqu'il fût d'airain, semblait percé par la douleur : ainsi, les tristes paroles, ne trouvant ni voie ni jour, se confondaient d'abord au bruit de la flamme ; mais dès qu'elles eurent trouvé une issue par la cime en lui imprimant cette même vibration qu'avait donnée la langue à leur passage, nous entendîmes :

« O toi vers qui je dresse ma voix, et qui tout à l'heure parlais lombard

## CANTO VENTESIMOSETTIMO.

Già era dritta in su la fiamma e queta,
Per non dir più, e già da noi sen gìa
Con la licenza del dolce Poeta :      3
  Quando un' altra, che dietro a lei venìa,
Ne fece volger gli occhi alla sua cima,
Per un confuso suon che fuor n' uscìa.   6
  Come 'l bue cicilian, che mugghiò prima
Col pianto di colui, e ciò fu dritto,
Che l' avea temperato con sua lima,     9
  Mugghiava con la voce dell' afflitto

Sì, che, con tutto ch' e' fosse di rame,
Pure el pareva dal dolor trafitto :     12
  Così, per non aver via nè forame
Dal principio del fuoco, in suo linguaggio
Si convertivan le parole grame.         15
  Ma poscia ch' ebber colto lor viaggio
Su per la punta, dandole quel guizzo,
Che dato avea la lingua in lor passaggio, 18
  Udimmo dire : « O tu, a cui io drizzo
La voce, e che parlavi mo Lombardo,

## CHANT VINGT-SEPTIÈME.

en disant : « Maintenant tu peux t'en aller, je ne te retiens plus; » quoique j'arrive un peu tard, peut-être, daigne rester un peu avec moi pour me parler. Tu vois que je reste, moi, et je brûle. Si depuis peu tu es tombé dans ce monde ténébreux de ce doux pays latin, d'où j'apporte ici tous mes crimes, dis-moi si les Romagnols ont la paix ou la guerre; car je fus des montagnes entre Urbin et la chaîne d'où s'échappe le Tibre. »

J'écoutais encore attentif et penché, lorsque mon guide, me touchant de côté, me dit : « Parle, toi, celui-là est Latin. »

Et moi qui avais déjà la réponse toute prête, je commençai à parler sans retard :

« O âme qui es cachée sous la flamme, ta Romagne n'est et ne fut jamais sans guerre dans le cœur de ses tyrans; mais je n'y ai pas laissé de guerre ouverte. Ravenne est ce qu'elle a été longtemps; l'aigle de Polenta s'étend sur elle et couvre Cervia de ses ailes[1]. La cité qui soutint la longue épreuve et fit un monceau sanglant de Français, se trouve encore sous les griffes du lion vert, et le vieux et le nouveau dogue de Verrucchio, qui traitèrent si cruellement Montagna, percent de leurs dents leur proie accoutumée. Les villes que baignent le Lamone et le Santerno sont dominées par le lionceau au nid blanc, qui change de parti de l'été à l'hiver; et celle que baigne le Savio,

Dicendo : *Issa ten va, più non t'aizzo;* 21
Perch' io sia giunto forse alquanto tardo,
Non t' incresca ristare a parlar meco :
Vedi che non incresce a me, e ardo. 24
 Se tu pur mo in questo mondo cieco
Caduto se' di quella dolce terra
Latina, onde mia colpa tutta reco; 7
 Dimmi se i Romagnuoli han pace o guer-
Ch' io fui de' monti là intra Urbino, [ra;
E 'l giogo di che Tever si disserra. » 30
 Io era ingiuso ancora attento e chino,
Quando 'l mio Duca mi tentò di costa,
Dicendo : Parla tu, questi è Latino. » 33
 Ed io, ch' avea già pronta la risposta,
Senza indugio a parlare incominciai :
« O anima, che se' laggiù nascosta, 36

Romagna tua non è, e non fu mai
Senza guerra ne' cuor de' suoi tiranni ;
Ma palese nessuna or ven lasciai. 39
 Ravenna sta come stata è molti anni;
L' aquila da Polenta la si cova
Sì, che Cervia ricuopre co' suoi vanni. 42
 La terra, che fe' già la lunga prova,
E di Franceschi sanguinoso mucchio,
Sotto le branche verdi si ritrova : [chio,
 E 'l mastin vecchio e 'l nuovo da Verruc-
Che fecer di Montagna il mal governo,
Là, dove soglion, fan de' denti succhio. 48
 La città di Lamone e di Santerno
Conduce il leoncel dal nido bianco,
Che muta parte dalla state al verno; 51
 E quella, a cui il Savio bagna il fianco,

comme elle est entre la plaine et la montagne, vit entre la tyrannie et la liberté. Or, je te prie de nous dire qui tu es; ne sois pas plus dur qu'on ne l'a été envers toi, et puisse ton nom vivre longtemps sur la terre. »

Quand la flamme eut rugi quelque temps à sa manière, elle remua çà et là sa pointe aiguë, et laissa échapper ce souffle :

« Si je croyais que ma réponse s'adressât à quelqu'un qui dût un jour retourner dans le monde, cette flamme cesserait de s'agiter; mais puisque jamais si l'on dit vrai, être vivant n'est sorti de ce gouffre, je te réponds sans crainte d'infamie.

« Je fus d'abord homme d'armes, ensuite cordelier, croyant que le cordon me suffirait pour faire amende, et certes mon espoir n'eût pas été trompé sans le grand prêtre, à qui mal en arrive! C'est lui qui me rejeta dans mes premiers péchés, et je veux savoir comment et pourquoi.

« Tant que j'ai animé cette forme de chair et d'os que me donna ma mère, mes œuvres ne furent pas de lion, mais de renard. Je connus toutes les ruses et les sombres détours, et je manœuvrai si bien, que le bruit en parvint jusqu'au bout de la terre. Quand je me vis arrivé à cet âge où chacun devrait baisser les voiles et serrer les cordages, ce qui d'abord me plaisait me fut charge, et je me rendis à Dieu, repentant et confessant mes fautes; hélas!

Così com' ella sie' tra 'l piano e 'l monte,
Tra tirannia si vive e stato franco. — 54
Ora chi sei ti priego che ne conte;
Non esser duro più ch' altri sia stato,
Se il nome tuo nel mondo tegna fronte. »

Poscia che 'l fuoco alquanto ebbe rug-
Al modo suo, l' aguta punta mosse [ghiato
Di qua, di là, e poi diè cotal fiato : 60
« S' io credessi che mia risposta fosse
A persona che mai tornasse al mondo,
Questa fiamma staria senza più scosse : 63
Ma perciocchè giammai di questo fondo
Non ritornò alcun, s' i' odo il vero,
Senza tema d' infamia ti rispondo. 66
I' fui uom d' arme, e poi fui cordigliero.

Credendomi sì cinto fare ammenda :
E certo il creder mio veniva intero,
Se non fosse il gran Prete a cui mal prenda
Che mi rimise nelle prime colpe :
E come e quare voglio che m' intenda.
Mentre ch' io forma fui d' ossa e di polpe
Che la madre mi diè, l' opere mie
Non furon leonine, ma di volpe.
Gli accorgimenti e le coperte vie
Io seppi tutte, e sì menai lor arte,
Ch' al fine della terra il suono uscìe.
Quando mi vidi giunto in quella parte
Di mia età, dove ciascun dovrebbe
Calar le vele, e raccoglier le sarte,
Ciò che pria mi piaceva, allor m' increbbe
E pentuto, e confesso mi rendei,

cela m'eût sauvé, misérable que je suis! Mais le prince des nouveaux Pharisiens, faisant la guerre près de Latran, non pas aux Sarrasins ni aux Juifs, car tous ses ennemis étaient chrétiens, et aucun n'avait aidé à prendre Saint-Jean d'Acre ou trafiqué dans les terres du Soudan², méconnut en lui son souverain office et les ordres sacrés, et en moi ce cordon par lequel maigrissaient autrefois ceux qui le portaient. Et comme Constantin pria Sylvestre, aux monts de Soracte, de guérir sa lèpre, ainsi celui-ci eut recours à mes leçons pour assouvir sa fièvre orgueilleuse; il me demanda conseil, et je me tus, parce que ses paroles me paraissaient d'un homme ivre.

« Il ajouta :

« Bannis le soupçon de ton cœur; je t'absous d'avance, mais apprends-moi « le moyen de renverser Penestrino. Je puis ouvrir et fermer le ciel, comme tu « le sais; c'est pourquoi elles sont deux, ces clefs dont mon prédécesseur n'a « pas connu le prix³. »

« Alors ces graves arguments m'entraînèrent à penser que le pire était de me taire, et je dis :

« Père, puisque tu me laves du péché où je vais tomber, promets beau-« coup et tiens peu, si tu veux triompher sur le haut siége. »

« François vint me chercher après ma mort, mais un des noirs chérubins

Ahi miser lasso! e giovato sarebbe.
Lo Principe de' nuovi Farisei,
Avendo guerra presso a Laterano
(E non con Saracin nè con Giudei;
Chè ciascun suo nimico era Cristiano,
E nessuno era stato a vincer Acri,
Nè mercatante in terra di Soldano :)
Nè sommo uficio, nè ordini sacri
Guardò in sè, nè in me quel capestro
Che solea far li suoi cinti più macri.
Ma, come Costantin chiese Silvestro
Dentro Siratti a guarir della lebbre,
Così mi chiese questi per maestro
A guarir della sua superba febbre :
Domandommi consiglio, ed io tacetti,
Perchè le sue parole parver ebbre.

E poi mi disse : « Tuo cuor non sospetti;
« Finor t' assolvo, e tu m' insegni fare
« Si come Penestrino in terra getti.
« Lo ciel poss' io serrare, e disserrare,
« Come tu sai; però son duo le chiavi,
« Che 'l mio antecessor non ebbe care. » —

« Allor mi pinser gli argomenti gravi
Là 've 'l tacer mi fu avviso il peggio,
E dissi : « Padre, da che tu mi lavi
« Di quel peccato, ove mo cader deggio :
« Lunga promessa con l' attender corto
« Ti farà trionfar nell' alto seggio. » —

« Francesco venne poi, com' io fui morto,
Per me ; ma un de' neri Cherubini

lui dit : « Ne l'emporte pas, ne me fais pas tort. Il doit venir là-bas avec mes
« damnés parce qu'il a donné le conseil perfide, depuis quoi je le tiens aux
« cheveux. Car on ne peut absoudre celui qui ne se repent pas, et on ne peut
« pas en même temps se repentir et vouloir, puisque la contradiction s'y
« oppose. »

« Hélas! comme je tressaillis quand il me saisit en disant : « Tu ne pensais
« donc pas que j'étais logicien! » Il me traîna devant Minos; et celui-ci replia
huit fois sa queue autour de ses reins, et, quand il l'eut mordue avec rage, il
cria : « Ce damné est de ceux que le feu dérobe. »

« Voilà pourquoi je suis perdu où tu me vois, et pourquoi, ainsi vêtu, je
vais gémissant⁴. »

Quand il eut achevé de parler, la flamme douloureuse s'en alla en tordant et en agitant sa flèche aiguë. Moi et mon guide, nous passâmes outre en suivant le rocher, jusqu'à l'autre arche jetée sur le fossé où sont punis ceux qui pèchent en semant la discorde.

Gli disse : « Nol portar; non mi far torto :
« Venir se ne dee giù tra' miei meschini,
« Perchè diede il consiglio frodolente,
« Dal quale in qua stato gli sono a' crini : 117
« Ch'assolver non si può chi non si pente,
« Nè pentere e volere insieme puossi,
« Per la contraddizion che nol consente. » —
« O me dolente! come mi riscossi
Quando mi prese, dicendomi : « Forse
« Tu non pensavi ch' io loico fossi! » — 123
« A Minos mi portò, e quegli attorse
Otto volte la coda al dosso duro;

E, poichè per gran rabbia la si morse, 126
Disse : « Questi è de' rei del fuoco furo. »
« Perch' io là, dove vedi, son perduto,
E sì vestito andando mi rancuro. » 129
Quand' egli ebbe 'l suo dir così compiuto,
La fiamma dolorando si partìo,
Torcendo e dibattendo il corno aguto. 132
Noi passammo oltre, ed io e 'l Duca mio,
Su per lo scoglio infino in su l' altr' arco
Che cuopre 'l fosso in che si paga il fio 135
A quei che, scommettendo, acquistan
[carco.

# CHANT VINGT-HUITIÈME.

*Dans la neuvième fosse du huitième cercle apparaissent les provocateurs de discordes, soit schismatiques, soit civiles, soit domestiques. Ils passent mutilés et déchirés d'affreuses blessures qu'un démon renouvelle à chaque tour par de grands coups d'une arme tranchante. Ce sont, entre autres, Mahomet, Pier da Medicina, Curion, et Bertrand de Born, qui s'avance tenant à la main sa propre tête.*

Qui pourrait, même en paroles libres de tout mètre, même en s'y prenant à plusieurs fois, décrire pleinement le sang et les plaies que je vis ? Certes, aucune langue n'y suffirait, à cause de notre langage et de notre esprit, qui sont trop étroits pour comprendre ces choses. Si on rassemblait tous ceux qui jadis virent couler leur sang dans les plaines fatales de la Pouille par le bras des Romains et par cette longue guerre où il se fit un si large butin d'anneaux, comme l'écrit Tite Live en son récit véridique; et tous ceux qui sentirent la douleur des blessures pour avoir résisté à Robert Guischard, et ceux dont les ossements sont encore entassés à Ceperano, où tout Apulien fut menteur, et ceux de Tagliacozzo, où le vieux Allard vainquit sans armes; quand tous ces

## CANTO VENTESIMOTTAVO.

Chi poria mai, pur con parole sciolte,
Dicer del sangue e delle piaghe appieno
Ch' i' ora vidi, per narrar più volte?  3
 Ogni lingua per certo verria meno,
Per lo nostro sermone e per la mente,
Ch' hanno a tanto comprender poco seno.
 Se s' adunasse ancor tutta la gente
Che già, in su la fortunata terra
Di Puglia, fu del suo sangue dolente  9

Per li Romani, e per la lunga guerra
Che dell' anella fe' sì alte spoglie,
Come Livio scrive, che non erra,  12
 Con quella, che sentìo di colpi doglie,
Per contrastar a Ruberto Guiscardo;
E l' altra, il cui ossame ancor s' accoglie  15
 A Ceperan, là dove fu bugiardo
Ciascun Pugliese; e là da Tagliacozzo,
Ove senz' arme vinse il vecchio Alardo;  18

morts étaleraient à la fois leurs membres percés ou mutilés, rien n'égalerait le spectacle hideux de la neuvième enceinte. Jamais tonneau qui perd le fond ou une douve n'est troué comme un pécheur que je vis fendu du menton jusqu'à l'anus. Ses entrailles pendaient entre ses jambes, les viscères étaient à nu, ainsi que le triste sac qui change en excréments ce qu'on avale.

Tandis que j'attachais sur lui fixement ma vue, il me regarda et ouvrit sa poitrine avec sa main, en disant : « Vois comme je me déchire, vois comme Mahomet est estropié. Devant moi s'en va pleurant Ali, le visage fendu du menton au crâne. Et tous les autres que tu vois ici ont semé sur la terre le scandale et le schisme, c'est pourquoi ils sont fendus ainsi. Là derrière est un diable qui nous frappe si cruellement, en nous faisant passer de nouveau au tranchant de son épée, quand nous avons fait le tour du triste chemin ; car nos plaies se referment avant que nous revenions devant lui. Mais qui es-tu, toi qui t'arrêtes sur ce pont, pour retarder peut-être d'aller au supplice qu'on t'a infligé d'après tes aveux ? »

— « La mort ne l'a pas encore atteint, et le péché ne l'amène pas aux tourments, répondit mon maître ; mais pour lui donner de tout une pleine expérience, moi, qui suis mort, je dois le guider dans l'enfer de cercle en cercle, et cela est aussi vrai que je te parle. »

E qual forato suo membro, e qual mozzo
Mostrasse, d'agguagliar sarebbe nulla
Il modo della nona bolgia sozzo. 21
 Già veggia, per mezzul perdere o lulla,
Com' io vidi un, così non si pertugia,
Rotto dal mento insin dove si trulla. 24
 Tra le gambe pendevan le minugia ;
La corata pareva, e 'l tristo sacco
Che merda fa di quel che si trangugia. 27
 Mentre che tutto in lui veder m'attaco,
Guardommi, e con le man s'aperse il petto,
Dicendo : « Or vedi com' io mi dilacco ; 30
 Vedi come storpiato è Maometto :
Dinanzi a me sen va piangendo Alì,
Fesso nel volto dal mento al ciuffetto. 33
 E tutti gli altri che tu vedi qui,
Seminator di scandalo e di scisma
Fur vivi, e però son fessi così. 36
 Un diavolo è qua dietro, che n'accisma
Sì crudelmente, al taglio della spada
Rimettendo ciascun di questa risma, 39
 Quando avem volta la dolente strada ;
Perocchè le ferite son richiuse
Prima ch' altri dinanzi gli rivada. 42
 Ma tu chi se', che 'n su lo scoglio muse,
Forse per indugiar d'ire alla pena,
Ch' è giudicata in su le tue accuse? » [mena,
— « Nè morte 'l giunse ancor, nè colpa 'l
Rispose 'l mio Maestro, « a tormentarlo :
Ma, per dar lui esperienza piena, 48
 A me, che morto son, convien menarlo
Per lo Inferno quaggiù di giro in giro :

Vois comme s'échappent mes entrailles, vois comme Mahomet est déchiré.

L'Enfer, ch. XXVIII.

. . . . . . . *Vedi com' io mi dilacco;*
*Vedi come storpiato è Maometto.*

Inferno, c. XXVIII, v. 30 e 31.

Souviens-toi de Pierre de Medicina, si tu revois jamais la douce plaine qui s'abaisse de Vercellio à Marcabò.

L'Enfer, ch. XXVIII.

*Rimembriti di Pier da Medicina,*
*Se mai torni a veder lo dolce piano*
*Che da Vercellio a Marcabò dichina.*

Inferno, c. XXVIII, v. 73, 74 e 75.

Plus de cent esprits, en entendant ces mots, s'arrêtèrent dans le fossé pour me voir, et l'étonnement leur fit oublier leur supplice.

« Or donc, dis à frère Dolcino, toi qui dans peu verras peut-être le soleil, dis-lui, s'il ne veut pas me rejoindre ici bientôt, qu'il se pourvoie de vivres, afin que la neige épaisse n'apporte pas la victoire au Navarrois, car autrement il ne serait pas facile à celui-ci de le vaincre[1]. »

Après avoir levé le pied pour s'en aller, Mahomet me dit ces paroles, puis il l'étendit pour partir.

Un autre, dont la gorge était percée et le nez coupé jusqu'aux sourcils, et qui n'avait plus qu'une oreille, après s'être arrêté à me regarder avec surprise comme ses compagnons, ouvrit le premier son gosier, qui était tout ensanglanté au dehors, et dit :

« Toi, qui n'es pas puni pour tes crimes, et que j'ai déjà vu là-haut au pays des Latins, si une trop grande ressemblance ne me trompe pas, souviens-toi de Pierre de Médicina, si tu revois jamais la douce plaine qui s'abaisse de Vercello à Marcabo[2]; et fais savoir aux deux meilleurs citoyens de Fano, à messire Guido et à messire Angiolello, que si les prévisions d'ici-bas ne sont pas vaines, ils seront précipités de leur vaisseau, et noyés, une pierre au cou, près de la Cattolica, par la trahison d'un tyran parjure. Entre les îles de Chypre

E quest' è ver così, com' io ti parlo. » 51
Più fur di cento, che, quando l' udiro,
S' arrestaron nel fosso a riguardarmi,
Per maraviglia obbliando 'l martiro. — 54
« Or di' a Fra Dolcin dunque, che s' armi,
Tu, che forse vedrai il Sole in breve,
S' egli non vuol qui tosto seguitarmi, 57
Sì di vivanda, che stretta di neve
Non rechi la vittoria al Novarese,
Ch' altrimenti acquistar non saria leve. » 60
Poichè l' un piè per girsene sospese,
Maometto mi disse esta parola,
Indi a partirsi in terra lo distese. 63
Un altro, che forata avea la gola,
E tronco 'l naso infin sotto le ciglia,
E non avea ma' che un' orecchia sola, 66

Restato a riguardar per maraviglia
Con gli altri, innanzi agli altri aprì la canna,
Ch' era di fuor d' ogni parte vermiglia, 69
E disse : « O tu, cui colpa non condanna,
E cui già vidi su in terra Latina,
Se troppa simiglianza non m' inganna, 72
Rimembriti di Pier da Medicina,
Se mai torni a veder lo dolce piano
Che da Vercello a Marcabò dichina. 75
E fa sapere a' duo miglior di Fano,
A messer Guido, ed anche ad Angiolello,
Che, se l' antiveder qui non è vano, 78
Gittati saran fuor di lor vasello,
E mazzerati presso alla Cattolica,
Per tradimento d' un tiranno fello. 81
Tra l' isola di Cipri e di Maiolica

et de Majorque, Neptune n'a jamais vu commettre un si grand crime, ni par les pirates, ni par la race des Grecs. Ce traître, qui ne voit que d'un œil, et qui gouverne le pays qu'un de mes compagnons aurait voulu ne pas connaître, les fera venir pour traiter avec lui, puis il fera en sorte qu'ils n'aient besoin ni de vœux ni de prières contre le vent de Focara[3]. »

Et moi à lui : « Si tu veux que je porte là-haut de tes nouvelles, dis-moi quel est donc ce damné à qui la vue de cette contrée a été amère, et montre-le-moi. »

Alors il porta la main à la mâchoire d'un de ses compagnons, et lui ouvrit la bouche en s'écriant : « C'est celui-ci, et il ne peut parler. Exilé, il dissipa les doutes de César, en disant que celui qui est prêt perd toujours à attendre. »

Oh ! qu'il me paraissait consterné avec sa langue coupée dans le gosier, ce Curion[4] qui avait été si hardi à parler !

Et un autre, qui avait les deux mains tronquées, en levant ses moignons dans l'air sombre, tellement que le sang lui souillait la figure, s'écria : « Tu te souviendras aussi de Mosca. Hélas ! c'est moi qui dis ce mot : chose faite a toujours une fin, ce qui, pour les Toscans, fut germe de malheurs. »

— « Et mort de ta race ! » ajoutai-je. Et lui, accumulant douleur sur douleur, s'en alla comme un homme fou de désespoir[5].

Et moi, je restai à regarder la foule, et je vis une chose que je n'oserais

Non vide mai sì gran fallo Nettuno,
Non da pirati, non da gente Argolica.  84
　Quel traditor, che vede pur con l' uno,
E tien la terra, che tal è qui meco
Vorrebbe di vedere esser digiuno,  87
　Farà venirgli a parlamento seco;
Poi farà sì, ch' al vento di Focara
Non sarà lor mestier voto nè preco. »  90
　Ed io a lui : « Dimostrami e dichiara,
Se vuoi ch' io porti su di te novella,
Chi è colui dalla veduta amara. »  93
　Allor pose la mano alla mascella
D' un suo compagno, e la bocca gli aperse
Gridando : « Questi è desso e non favella :
　Questi, scacciato, il dubitar sommerse
In Cesare, affermando che 'l fornito
Sempre con danno l'attender sofferse. »  99
　O quanto mi pareva sbigottito
Con la lingua tagliata nella strozza,
Curio, ch' a dicer fu così ardito!  102
　Ed un, ch' avea l'una e l'altra man mozza,
Levando i moncherin per l' aura fosca,
Sì che 'l sangue facea la faccia sozza,  105
　Gridò : « Ricorderatti anche del Mosca,
Che dissi, lasso! Capo ha cosa fatta,
Che fu 'l mal seme della gente Tosca. »  108
　Ed io v'aggiunsi: « E morte di tua schiatta!»
Perch' egli, accumulando duol con duolo,
Sen gìo, come persona trista e matta.  111
　Ma io rimasi a riguardar lo stuolo,
E vidi cosa, ch' io avrei paura,

Et cette tête nous regardait et criait : « Hélas ! »

L'Enfer, ch. XXVIII.

*E quei mirava noi, e dicea O : « me! »*

Inferno, c. XXVIII, v. 123.

# CHANT VINGT-HUITIÈME.

jamais raconter tout seul, sans autre preuve, si ma conscience ne me rassurait, cette fidèle compagne qui couvre comme d'une cuirasse l'homme qui se sent pur.

Je vis certes, et il me semble que je le vois encore, un buste sans tête, marcher comme marchaient les autres de ce triste troupeau. Il tenait sa tête coupée, suspendue à sa main par les cheveux, comme une lanterne, et cette tête nous regardait et criait : « Hélas ! »

Il se servait ainsi de flambeau à lui-même; c'étaient deux en un, un en deux : comment cela peut-il être, Celui-là seul le sait qui punit ainsi!

Quand il fut droit au pied du pont, il leva haut son bras avec la tête, pour approcher de nous ses paroles, qui furent :

« Vois donc ma peine atroce, toi qui, vivant, viens visiter les morts; vois s'il en est une plus grande que la mienne. Et pour que tu me connaisses, apprends que je suis Bertrand de Born[6]; c'est moi qui donnai le mauvais conseil au roi Jean. J'armai l'un contre l'autre le père et le fils; Achitophel n'excita point, par de plus perfides aiguillons, Absalon contre David. Et comme j'ai séparé des personnes si proches, je porte, hélas! mon cerveau séparé de son principe, qui est dans ce tronc.

« Ainsi m'est appliquée la peine du talion. »

Senza più pruova, di contarla solo;
  Se non che conscienzia m' assicura,
La buona compagnia, che l' uom francheggia
  Sotto l' usbergo del sentirsi pura.            117
Io vidi certo, ed ancor par ch' io 'l veggia,
Un busto senza capo andar, sì come
  Andavan gli altri della trista greggia.       120
  E 'l capo tronco tenea per le chiome
Pesol con mano, a guisa di lanterna;
E quei mirava noi, e dicea O me!             123
  Di sè faceva a sè stesso lucerna,
Ed eran due in uno, e uno in due :
  Com' esser può, Quei sa, che sì governa.     126

  Quando diritto appiè del ponte fue,

Levò il braccio alto con tutta la testa,
Per appressarne le parole sue,                129
  Che furo : « Or vedi la pena molesta,
Tu che, spirando, vai veggendo i morti :
  Vedi s' alcuna è grande come questa.         132
  E perchè tu di me novella porti :
Sappi ch' i' son Bertram dal Bornio, quelli
  Che diedi al re Giovanni i ma' conforti.     135
  Io feci 'l padre e 'l figlio in sè ribelli :
Achitofel non fe' più d' Absalone
  E di David co' malvagi pungelli.             138
  Perch' io partii così giunte persone,
Partito porto il mio cerebro, lasso!
  Dal suo principio, ch' è in questo troncone.
Così s'osserva in me lo contrappasso. »

114

# CHANT VINGT-NEUVIÈME.

*En terminant la revue de la neuvième fosse, Dante aperçoit un de ses parents, Geri del Bello. Dixième et dernière fosse du huitième cercle, où sont gisants, dévorés par d'horribles maladies, ceux qui, au moyen de l'alchimie, ont falsifié les métaux et les monnaies. Griffolin d'Arezzo et le Siennois Capocchio.*

La foule immense et les plaies diverses avaient tellement enivré mes yeux, qu'ils avaient envie de se mettre à pleurer.

Mais Virgile me dit :

« Que regardes-tu ? Pourquoi ta vue s'attache-t-elle encore à ces ombres tristes et mutilées ? Tu n'as pas fait ainsi dans les autres fosses ; songe, si tu crois compter ces âmes, que la vallée a vingt-deux milles de tour. Et déjà la lune est sous nos pieds, le temps qu'on nous accorde désormais est bien court, et nous avons bien autre chose à voir que ce que tu vois. »

— « Si tu avais observé, lui répondis-je, pourquoi je regardais ainsi, peut-être m'aurais-tu permis de rester encore. »

Mon guide s'en allait déjà, et je le suivais, quand je commençai cette

## CANTO VENTESIMONONO.

La molta gente e le diverse piaghe
Avean le luci mie sì inebriate,
Che dello stare a piangere eran vaghe.    3
   Ma Virgilio mi disse : « Che pur guate ?
Perchè la vista tua pur si soffolge
Laggiù tra l'ombre triste smozzicate ?    6
   Tu non hai fatto sì all' altre bolge :
Pensa, se tu annoverar le credi,
Che miglia ventiduo la valle volge ;    9

E già la Luna è sotto i nostri piedi :
Lo tempo è poco omai che n' è concesso ;
Ed altro è da veder, che tu non vedi. »    12

   « Se tu avessi, » rispos' io appresso,
« Atteso alla cagion, perch' io guardava,
Forse m' avresti ancor lo star dimesso. » —

   Parte sen gìa, ed io retro gli andava,
Lo Duca, già facendo la risposta,

Mais Virgile me dit : « Que regardes-tu ? Pourquoi ta vue s'attache-t-elle encore à ces ombres tristes et mutilées ? »

L'Enfer, ch. XXIX.

*Ma Virgilio mi disse : « Che pur guate?*
*Perchè la vista tua pur si soffolge*
*Laggiù tra l' ombre triste smozzicate? »*

Inferno, ch. XXIX, v. 4, 5 e 6.

# CHANT VINGT-NEUVIÈME.

réponse, puis je continuai : « Dans cette fosse où mon regard plongeait avec tant d'avidité, je crois qu'un esprit de ma famille pleure la faute qu'on expie là-bas si durement. »

Alors mon maître reprit : « Que ta pensée désormais ne se reporte plus sur lui; songe à autre chose, et qu'il reste où il est; car je l'ai vu au pied du pont, te montrer du doigt et te menacer fortement, et je l'ai entendu nommer Geri del Bello[1]. Tu étais alors si complétement occupé de celui qui fut le seigneur de Hautefort, que tu n'as regardé du côté de l'autre que quand il a disparu. » — « Oh mon guide! lui dis-je, sa mort violente, que n'ont pas encore vengée ceux qui en partagent la honte, l'a peut-être indigné : voilà pourquoi, je pense, il s'en est allé sans me parler; aussi la pitié que j'ai pour lui n'en est-elle que plus grande. »

Nous parlâmes ainsi jusqu'à l'endroit du rocher d'où l'on découvrirait, s'il y avait plus de jour, l'autre vallée jusqu'au fond. Lorsque nous fûmes au-dessus du dernier cloître de Malébolge, et que ses reclus furent exposés à nos regards, des gémissements me percèrent l'âme avec leurs traits de fer, et je couvris mes oreilles avec mes deux mains.

Il y aurait autant de douleurs, si les maux que renferment les hôpitaux de Valdichiana, entre juillet et septembre, et ceux de la Sardaigne et de la Maremme,

E soggiungendo : « Dentro a quella cava, 18
Dov' io teneva gli occhi sì a posta,
Credo ch' un spirto del mio sangue pianga
La colpa che laggiù cotanto costa. » 21
Allor disse 'l Maestro : « Non si franga
Lo tuo pensier da qui innanzi sovr' ello :
Attendi ad altro; ed ei là si rimanga; 24
Ch' io vidi lui a piè del ponticello
Mostrarti, e minacciar forte col dito,
Ed udi' nominar Geri del Bello. 27
Tu eri allor sì del tutto impedito
Sovra colui che già tenne Altaforte,
Che non guardasti in là; sì fu partito. » 30
« O Duca mio, la violenta morte,
Che non gli è vendicata ancor, » diss' io,
« Per alcun che dell' onta sia consorte, 33

Fece lui disdegnoso, onde sen gio
Senza parlarmi, sì com' io stimo;
Ed in ciò m' ha el fatto a se più pio. » 36
Così parlammo insino al luogo primo,
Che dallo scoglio l' altra valle mostra,
Se più lume vi fosse, tutto ad imo. 39
Quando noi fummo in su l' ultima chiostra
Di Malebolge, sì che i suoi conversi,
Potean parere alla veduta nostra : 42
Lamenti saettaron me diversi,
Che di pietà ferrati avean gli strali;
Ond' io gli orecchi con le man copersi. 45
Qual dolor fora, se degli spedali
Di Valdichiana, tra 'l luglio e 'l settembre,
E di Maremma e di Sardigna i mali 48

étaient entassés tous ensemble dans la même fosse; et il en sortait cette odeur infecte qu'exhalent les membres gangrenés. Nous descendîmes jusqu'au dernier bord de ce long rocher, à main gauche, et ma vue alors pénétra plus vive jusqu'au fond, où l'infaillible justice, ministre du Seigneur, punit les faussaires qu'elle relègue ici.

Je ne crois pas que le peuple d'Égine, malade tout entier[2], lorsque l'air fut si plein de contagion, que les animaux, jusqu'au plus petit ver, périrent tous, et que les antiques nations, comme l'assurent les poëtes, se renouvelèrent par la semence des fourmis, fut plus triste à voir que ne l'étaient les esprits qui languissaient par monceaux dans cette sombre vallée. L'un gisait sur le ventre, l'autre sur le dos de son voisin; un troisième se traînait en rampant sur la route désolée.

Nous marchions pas à pas, sans parler, regardant et écoutant les malades qui ne pouvaient soulever leur corps.

J'en vis deux assis, appuyés l'un sur l'autre, comme on appuie, pour les chauffer, tourtière sur tourtière; et les deux pécheurs étaient couverts de croûtes des pieds à la tête. Jamais valet que son maître attend, jamais homme qui veille contre son gré n'a fait courir l'étrille aussi vite que ces damnés se déchirant de leurs ongles, pour soulager la rage de leur démangeaison, qui n'a pas

Fossero in una fossa tutti insembre,
Tal era quivi, e tal puzzo n' usciva,
Qual suole uscir dalle marcite membre.
Noi discendemmo in su l' ultima riva
Del lungo scoglio, pur da man sinistra,
Ed allor fu la mia vista più viva
Giù ver lo fondo, dove la ministra
Dell' alto Sire, infallibil giustizia,
Punisce i falsator che qui registra.
Non credo ch' a veder maggior tristizia
Fosse in Egina il popol tutto infermo,
Quando fu l' aer sì pien di malizia,
Che gli animali, infino al picciol vermo,
Cascaron tutti; e poi le genti antiche,
Secondo che i poeti hanno per fermo,
Si ristorar di seme di formiche:
Ch' era a veder per quella oscura valle
Languir gli spirti per diverse biche.
Qual sovra 'l ventre e qual sovra le spalle
L' un dell' altro giacea, e qual carpone
Si trasmutava per lo tristo calle.
Passo passo andavam senza sermone,
Guardando ed ascoltando gli ammalati,
Che non potean levar le lor persone.
I' vidi duo sedere a sè appoggiati,
Come a scaldar s' appoggia tegghia a tegghia,
Dal capo ai piè di schianze maculati.
E non vidi giammai menare stregghia
A ragazzo aspettato dal signorso,
Nè da colui che mal volentier vegghia;
Come ciascun menava spesso il morso
Dell' unghie sovra sè per la gran rabbia

Ma vue alors pénétra plus vive jusqu'au fond, où l'infaillible Justice, ministre du Seigneur, punit les faussaires qu'elle relègue ici.

L'Enfer, ch. XXIX.

*. . . . Allor fu la mia vista più viva*
*Giù ver lo fondo, dove la ministra*
*Dell' alto Sire, infallibil Giustizia,*
*Punisce i falsator che qui registra.*

Inferno, c. XXIX, v. 54, 55, 56 e 57.

Et leurs ongles arrachaient la gale, comme un couteau écaillerait un scare.

L'Enfer, ch. XXIX.

*E si traevan giù l' unghie la scabbia,*
*Come coltel di scardova le scaglie.*

Inferno, c. XXIX, v. 82 e 83.

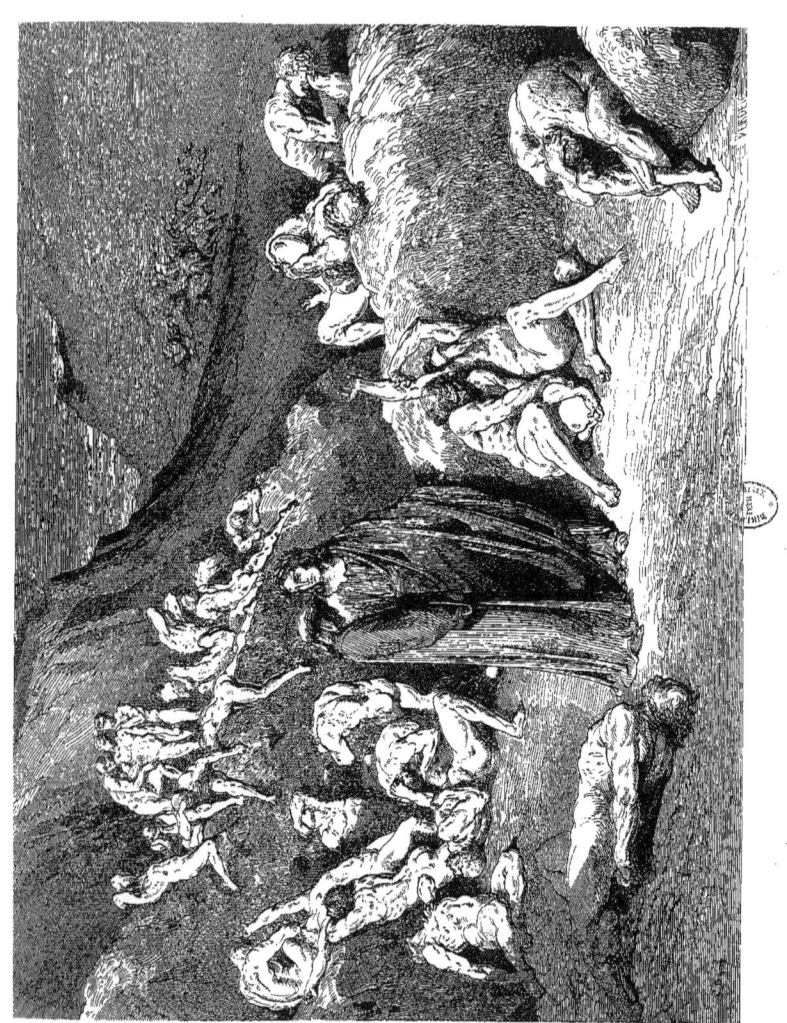

d'autre secours. Et leurs ongles arrachaient la gale, comme le couteau les écailles du scare ou d'un autre poisson qui en ait de plus larges.

« O toi qui t'écorches avec tes doigts, dit mon guide à l'un de ces pécheurs, et qui changes à chaque instant tes mains en tenailles, dis-moi si quelque Latin se trouve parmi vous, et puisse ton ongle suffire éternellement à ce travail ! »

— « Nous deux, que tu vois si défigurés, nous sommes Latins, répondit l'un d'eux en pleurant; mais qui es-tu toi-même, qui t'informes de nous? »

Et mon guide répondit : « Je descends de rocher en rocher avec ce vivant, et je dois lui montrer l'enfer. »

Alors ils cessèrent de s'appuyer l'un sur l'autre, et chacun d'eux, tremblant, se retourna vers moi avec d'autres esprits qui avaient par contre-coup entendu ces paroles. Mon maître s'approcha tout près de moi en disant : « Demande-leur ce que tu veux. » Et je parlai ainsi, puisqu'il le permettait :

« Puisse votre nom, dans le premier monde, ne pas s'effacer du souvenir des hommes, et vivre pendant bien des soleils! Mais dites-moi qui vous êtes et quel est votre pays; que votre supplice honteux et dégoûtant ne vous empêche pas de vous faire connaître. »

— « Je fus d'Arezzo, répondit l'un d'eux, et Albero de Sienne me fit jeter au feu; mais ce qui causa ma mort ne m'a pas conduit ici. Il est vrai que je

Del pizzicor che non ha più soccorso.  81
E si traevan giù l' unghie la scabbia,
Come coltel di scardova le scaglie,
O d' altro pesce che più larghe l' abbia.  84

« O tu, che con le dita ti dismaglie, »
Cominciò 'l Duca mio a un di loro,
« E che fai d' esse talvolta tanaglie;  87
Dimmi s' alcun Latino è tra costoro
Che son quinc' entro : se l' unghia ti basti
Eternalmente a cotesto lavoro. » —  90

« Latin sem noi, che tu vedi sì guasti
Qui ambodue, » rispose l' un piangendo :
« Ma tu chi se', che di noi dimandasti? »  93
E 'l Duca disse : « I' son un che discendo
Con questo vivo giù di balzo in balzo,

E di mostrar l'Inferno a lui intendo. »  96
Allor si ruppe lo comun rincalzo,
E tremando ciascuno a me si volse
Con altri che l' udiron di rimbalzo.  99
Lo buon Maestro a me tutto s' accolse,
Dicendo : « Di' a lor ciò che tu vuoli. »
Ed io incominciai, poscia ch' ei volse :  102
« Se la vostra memoria non s'imboli
Nel primo mondo dall' umane menti,
Ma s' ella viva sotto molti Soli,  105
Ditemi chi voi siete, e di che genti :
La vostra sconcia e fastidiosa pena
Di palesarvi a me non vi spaventi. » —  108
« I' fui d' Arezzo, ed Albero da Siena, »
Rispose l' un, « mi fe' mettere al fuoco :
Ma quel perch' io mori' qui non mi mena.

lui avais dit un jour en plaisantant : « Je saurai voler dans les airs ; et lui, qui avait beaucoup de curiosité et peu d'esprit, exigea que je lui apprisse cet art ; et seulement parce que je n'en fis pas un Dédale, il me fit brûler par un homme qui le regardait comme son fils. Mais l'infaillible Minos m'a condamné dans la dernière des dix fosses, à cause de l'alchimie que j'ai pratiquée dans le monde[3]. »

Et je dis au poëte : « Fut-il jamais une nation plus vaine que la siennoise? Non certes, à beaucoup près, pas même la française! »

Et l'autre lépreux, qui entendit mes paroles, répondit :

« Hors le Stricca, qui sut si bien modérer ses dépenses, et Nicolas, qui fit le premier la riche découverte du girofle dans le jardin où prend cette semence[4]; et hors cette bande joyeuse avec laquelle Caccia d'Asciano dissipa ses bois et ses vignes, et où l'Abbagliato montra si bien ce qu'il avait de sens.

« Et si tu veux connaître celui qui te seconde ainsi contre les Siennois, fixe ton œil sur moi pour bien envisager ma figure, et tu verras que je suis l'ombre de Capocchio[5]. Je falsifiai les métaux par l'alchimie, et tu dois te souvenir, si tes traits ne me trompent pas, que je fus un singe bien adroit de la nature. »

Ver è ch' io dissi a lui, parlando a giuoco :
I' mi saprei levar per l' aere a volo :
E quei, ch' avea vaghezza e senno poco, 114
Volle ch' io gli mostrassi l' arte; e solo
Perch' io nol feci Dedalo, mi fece
Ardere a tal che l' avea per figliuolo. 117
Ma nell' ultima bolgia delle diece
Me per l' alchimia, che nel mondo usai,
Dannò Minos, a cui fallir non lece. » 120
Ed io dissi al Poeta : «Or fu giammai
Gente sì vana come la Sanese?
Certo non la Francesca sì d' assai. » 123
Onde l' altro lebbroso, che m' intese,
Rispose al detto mio : « Tranne lo Stricca,
Che seppe far le temperate spese; 126
E Niccolò, che la costuma ricca
Del garofano prima discoperse
Nell' orto, dove tal seme s' appicca ; 129
E tranne la brigata, in che disperse
Caccia d' Ascian la vigna e la gran fronda,
E l' Abbagliato il suo senno profferse. — 132
Ma perchè sappi chi sì ti seconda
Contra i Sanesi, aguzza ver me l' occhio,
Sì che la faccia mia ben ti risponda : 135
Sì vedrai ch' io son l'ombra di Capocchio,
Che falsai li metalli con alchimia;
E ten dee ricordar, se ben t' adocchio, 138
Com' i' fui di natura buona scimia. »

# CHANT TRENTIEME.

*Suite de la dernière fosse du huitième cercle : autres faussaires, par déguisement de leur propre personne, livrés à une démence furieuse : Myrrha, Gianni Schicchi. Un falsificateur de florins, Adam de Brescia, en état d'hydropisie, se prend de querelle avec le Grec Sinon, dévoré par la fièvre : dialogue que les Poëtes regrettent d'avoir écouté trop longtemps.*

Dans le temps où Junon était courroucée, comme elle le montra plusieurs fois, contre la race des Thébains, à cause de Sémélé, Athamas devint si insensé, qu'en voyant sa femme qui venait vers lui portant de chaque main un enfant, il s'écria : « Tendons les filets, pour que je prenne la lionne et les lionceaux au passage. »

Ensuite il étendit ses serres cruelles, et saisissant l'un de ses fils, qui avait nom Léarque, lui fit décrire un cercle autour de sa tête, et le brisa contre un rocher, et la pauvre mère se noya avec l'autre enfant. Et lorsque la fortune eut renversé la grandeur des Troyens qui osait tout, et que roi et royaume furent anéantis d'un seul coup, Hécube, malheureuse, désolée, captive, après avoir vu périr Polyxène, après avoir trouvé son Polydore aux bords

## CANTO TRENTESIMO.

Nel tempo che Giunone era crucciata,
Per Semelè, contra 'l sangue Tebano,
Come mostrò già una ed altra fiata,
   Atamante divenne tanto insano,
Che, veggendo la moglie con due figli
Andar carcata da ciascuna mano, 6
   Gridò : « Tendiam le reti, sì ch' io pigli
La lionessa e i lioncini al varco. »
E poi distese i dispietati artigli, 9

Prendendo l' un, ch' avea nome Learco,
E rotollo, e percosselo ad un sasso ;
E quella s' annegò con l' altro incarco. 12
   E quando la fortuna volse in basso
L' altezza de' Troian che tutto ardiva,
Sì che 'nsieme col regno il re fu casso, 15
   Ecuba trista, misera e cattiva,
Poscia che vide Polissena morta,
E del suo Polidoro in su la riva 18

de la mer, forcenée, se mit à aboyer comme un chien, tant la douleur avait bouleversé son esprit!

Mais ni à Thèbes, ni à Troie on ne vit jamais furies si cruelles à déchirer, non des membres humains, mais pas même des bêtes, comme je vis deux ombres pâles et nues qui couraient en mordant, comme un porc échappé de sa bauge.

L'une d'elles atteignit Capocchio, le saisit de ses dents par le nœud du cou, et, l'entraînant avec elle, lui fit labourer le sol avec le ventre. Et l'Arétin, qui resta tout tremblant, me dit :

« Ce furieux est Gianni Schicchi, et il s'en va ainsi déchirant les autres[1].

— Puisse l'autre esprit ne pas te percer de ses dents, lui dis-je; mais apprends-moi, de grâce, qui il est, avant qu'il disparaisse. »

Et lui à moi : « C'est l'âme antique de Myrrha l'impie, qui aima son père d'un amour sacrilége. Elle parvint ainsi à pécher avec lui, se déguisant sous la forme d'une autre, par la même fraude que l'ombre qui court plus loin, pour gagner la plus belle cavale du haras, osa falsifier en soi Buoso Donati, en testant et en donnant au testament sa forme légale. »

Lorsque les deux enragés sur lesquels j'avais arrêté mon regard furent passés, je me retournai pour voir les autres misérables. J'en vis un qui aurait

Del mar si fu la dolorosa accorta,
Forsennata latrò sì come cane;
Tanto il dolor le fe' la mente torta.    21
 Ma nè di Tebe furie, nè troiane
Si vider mai in alcun tanto crude,
Non punger bestie, non che membra umane,
 Quant' io vidi due ombre smorte e nude,
Che, mordendo, correvan di quel modo
Che 'l porco, quando del porcil si schiude.
 L' una giunse a Capocchio, ed in sul nodo
Del collo l' assannò sì, che, tirando,
Grattar gli fece 'l ventre al fondo sodo.    30
 E l' Aretin, che rimase tremando,
Mi disse : « Quel folletto è Gianni Schicchi,
E va rabbioso altrui così conciando. »    33
 « Oh, diss' io lui, se l' altro non ti ficchi

Li denti addosso, non ti sia fatica
A dir chi è, pria che di qui si spicchi. »    36
 Ed egli a me : « Quell' è l' anima antica
Di Mirra scellerata, che divenne
Al padre, fuor del dritto amore, amica.    39
 Questa a peccar con esso così venne,
Falsificando sè in altrui forma,
Come l' altro, che 'n là sen va, sostenne,    42
 Per guadagnar la donna della torma,
Falsificare in sè Buoso Donati,
Testando, e dando al testamento norma. »

 E poi che i due rabbiosi fur passati,
Sovra i quali io avea l' occhio tenuto,
Rivolsilo a guardar gli altri malnati.    48
 I' vidi un, fatto a guisa di liuto,

Ce furieux est Gianni Schicchi, et il s'en va ainsi déchirant les autres.

L'Enfer, ch. XXX.

> . . . . *Quel folletto è Gianni Schicchi,*
> *E va rabbioso altrui così conciando.*

Inferno, c. XXX, v. 32 e 33.

C'est l'âme antique de Myrrha, l'impie, qui aima son père d'un amour sacrilége.

L'Enfer, ch. XXX.

> ........... Quell' è l' anima antica
> Di Mirra scellerata, che divenne
> Al padre, fuor del dritto amore, amica.

Inferno, c. XXX, v. 37, 38 e 39.

## CHANT TRENTIÈME.

eu la forme d'un luth, s'il avait eu l'aine coupée au-dessus de la fourche des jambes. La grave hydropisie qui, en détournant le cours des humeurs, rend les membres si disproportionnés, que le visage ne répond plus au ventre, lui faisait tenir la bouche entr'ouverte, comme l'étique dévoré par la soif relève une lèvre, et renverse l'autre sur le menton.

« O vous qui êtes exempts de tout supplice, et je ne sais pourquoi, dans ce monde misérable, nous dit-il, regardez et voyez le malheur de maître Adam. J'ai eu de mon vivant tout ce que j'ai voulu, et maintenant, hélas! je désire une goutte d'eau. Les petits ruisseaux qui, du haut des vertes collines du Casentino, s'écoulent dans l'Arno en creusant leurs canaux sur une terre froide et humide, me sont toujours présents, et ce n'est pas en vain, car leur image me dessèche encore plus que le mal qui décharne mon visage. La sévère justice qui me punit se sert du lieu où j'ai péché pour donner plus de force à mes soupirs. Là est Romena, où j'ai falsifié la monnaie frappée au coin de saint Jean-Baptiste, ce qui me fit laisser mon corps brûlé sur la terre. Mais si je pouvais voir ici les tristes âmes de Guido, d'Alexandre ou de leur frère, je ne donnerais pas cette vue pour les eaux de Fonte-Branda². L'une d'elles est déjà dans l'enfer, si les ombres enragées qui parcourent l'abîme n'ont pas menti ; mais à quoi cela peut-il me servir, puisque mes membres sont liés ?

Pur ch' egli avesse avuta l' anguinaia
Tronca dal lato che l' uomo ha forcuto. 51
   La grave idropisia, che sì dispaia
Le membra con l' umor che mal converte,
Che 'l viso non risponde alla ventraia, 54
   Faceva lui tener le labbra aperte,
Come l' etico fa, che per la sete
L' un verso 'l mento, e l' altro in su riverte. —
   « O voi, che senza alcuna pena siete
(E non so io perchè), nel mondo gramo,
Diss' egli a noi, « guardate ed attendete 60
Alla miseria del maestro Adamo.
Io ebbi vivo assai di quel ch' i' volli,
Ed ora, lasso! un gocciol d' acqua bramo.
   Li ruscelletti, che de' verdi colli
Del Casentin discendon giuso in Arno,
Facendo i lor canali e freddi e molli, 66
Sempre mi stanno innanzi, e non indarno;
Chè l' immagine lor via più m' asciuga
Che 'l male ond' io nel volto mi discarno. 69
   La rigida giustizia che mi fruga,
Tragge cagion del luogo ov' io peccai,
A metter più gli miei sospiri in fuga. 72
   Ivi è Romena, là dov' io falsai
La lega suggellata del Batista,
Perch' io 'l corpo suso arso lasciai. 75
   Ma s' io vedessi qui l' anima trista
Di Guido, o d' Alessandro, o di lor frate,
Per fonte Branda non darei la vista. 78
   Dentro c'è l' una già, se l' arrabbiate
Ombre, che vanno intorno, dicon vero :
Ma che mi val, ch' ho le membra legate? 81

Si j'étais encore assez léger pour pouvoir avancer d'une ligne en cent ans, je me serais déjà mis en route pour la chercher dans cette foule immonde, quoique la vallée ait onze milles de tour et un demi-mille de largeur. C'est à cause de ces pervers que je suis de cette foule; ce sont eux qui m'ont fait battre des florins qui avaient trois carats d'alliage. »

Et je lui dis : « Quels sont les deux malheureux qui fument comme une main mouillée en hiver, et qui gisent serrés l'un contre l'autre à ton côté droit? »

— « Je les ai trouvés ici, et ils n'ont pas fait un mouvement, me répondit-il, depuis le jour que je tombai dans ce gouffre; et je crois qu'ils resteront ainsi immobiles pendant l'éternité. L'une est la femme fourbe qui accusa Joseph, l'autre est le fourbe Sinon, le Grec de Troie; une fièvre aiguë leur fait exhaler ces vapeurs fétides. » Et l'un d'eux, qui peut-être s'indigna d'être nommé si honteusement, frappa de son poing la panse enflée de l'hydropique, et celle-ci sonna comme un tambour; alors maître Adam le frappa au visage d'une main qui ne parut pas moins dure, en lui disant :

« Quoique je ne puisse pas me remuer à cause de mes membres alourdis, mon bras est assez libre pour cet office. »

Et Sinon répondit : « Quand tu marchais aux flammes, ton bras n'était pas si agile; mais il l'était autant, et bien plus, quand tu battais monnaie. »

S' io fossi pur di tanto ancor leggiero,
Ch' i' potessi in cent' anni andare un' oncia,
Io sarei messo già per lo sentiero,   84
Cercando lui tra questa gente sconcia,
Con tutto ch' ella volge undici miglia,
E men d' un mezzo di traverso non ci ha.  87
Io son per lor tra sì fatta famiglia :
Ei m' indussero a battere i fiorini,
Ch' avevan tre carati di mondiglia. »  90

Ed io a lui : « Chi son li duo tapini
Che fuman come man bagnata il verno,
Giacendo stretti a' tuoi destri confini? » —
« Qui gli trovai, e poi volta non dierno, »
Rispose, « quand' i' piovvi in questo greppo,
E non credo che diano in sempiterno.  96

L' una è la falsa che accusò Giuseppo,
L' altro è 'l falso Sinon Greco da Troia :
Per febbre acuta gittan tanto leppo. »  99

E l' un di lor, che si recò a noia
Forse d' esser nomato sì oscuro,
Col pugno gli percosse l' epa croia.  102
Quella sonò come fosse un tamburo :
E mastro Adamo gli percosse 'l volto
Col braccio suo che non parve men duro,
Dicendo a lui : « Ancor che mi sia tolto
Lo muover, per le membra che son gravi,
Ho io 'l braccio a tal mestier disciolto. »  108
Ond' ei rispose : « Quando tu andavi
Al fuoco, non l' avei tu così presto;
Ma sì e più l' avei quando coniavi. »  111

# CHANT TRENTIÈME.

Et l'hydropique : « Tu dis vrai en cela; mais tu n'as pas si bien témoigné de la vérité lorsqu'on te la demanda à Troie. »

— « Si mes paroles étaient fausses, toi, tu as falsifié la monnaie, reprit Sinon. Je suis ici pour une seule faute, et toi pour plus de crimes qu'aucun démon. » — « Souviens-toi, parjure, du cheval, répondit celui qui avait le ventre enflé, et sois puni par cela même que tout le monde le sait. » — « Et toi, sois puni par la soif qui crevasse ta langue, et par l'eau pourrie qui fait de ton ventre comme une haie devant tes yeux. » Et le faux-monnayeur : « Ta bouche s'ouvre comme toujours pour mal parler; car si j'ai soif, et si je suis enflé par l'humeur, tu es dévoré par la fièvre, et ta tête est brûlante; il ne faudrait pas te prier longtemps pour te faire lécher le miroir de Narcisse. »

J'étais entièrement occupé à les écouter, quand mon maître me dit : « Prends garde, peu s'en faut que je ne me fâche avec toi. »

Lorsque j'entendis mon guide me parler avec colère, je me tournai vers lui si honteux, qu'en y pensant j'en rougis encore. Et comme un homme qui rêve son malheur, et qui tout en rêvant espère rêver, si bien qu'il souhaite une chose qui est, comme si elle n'était pas, ainsi je demeurai sans pouvoir parler, car j'aurais voulu m'excuser, et je m'excusais en effet sans le savoir.

« Des fautes plus graves que la tienne sont expiées par moins de honte,

---

E l' idropico : « Tu di' ver di questo ;
Ma tu non fosti sì ver testimonio,
Là 've del ver fosti a Troia richiesto. » — 114

« S' io dissi falso, e tu falsasti 'l conio, »
Disse Sinone, « e son qui per un fallo,
E tu per più ch' alcun altro dimonio. » — 117

« Ricorditi, spergiuro, del cavallo, »
Rispose quei ch' aveva enfiata l' epa,
« E sieti reo, che tutto 'l mondo sallo. » — 120

« A te sia rea la sete, onde ti crepa, »
Disse 'l Greco, « la lingua, e l' acqua marcia
Che 'l ventre innanzi gli occhi sì t' assiepa. »

Allora il monetier : « Così si squarcia
La bocca tua per dir mal, come suole ;
Chè s' i' ho sete, ed umor mi rinfarcia, 126
Tu hai l' arsura, e il capo che ti duole ;

E per leccar lo specchio di Narcisso,
Non vorresti a invitar molte parole. » 129

Ad ascoltarli er' io del tutto fisso,
Quando 'l Maestro mi disse : « Or pur mira,
Chè per poco è che teco non mi risso. » 132

Quand' io 'l sentii a me parlar con ira,
Volsimi verso lui con tal vergogna,
Ch' ancor per la memoria mi si gira. 135

E quale è quei che suo dannaggio sogna,
Che sognando desidera sognare,
Sì che quel ch' è, come non fosse, agogna ;

Tal mi fec' io non potendo parlare ;
Chè disiava scusarmi, e scusava
Me tuttavia, e nol mi credea fare. — 141

« Maggior difetto men vergogna lava, »

dit le maître; aussi, console-toi, et imagine-toi que je suis toujours à ton côté, s'il advient de nouveau que le hasard te conduise parmi des gens qui soient en pareille altercation, car vouloir entendre ces choses est une basse envie. »

Disse 'l Maestro, « che 'l tuo non è stato;
Però d' ogni tristizia ti disgrava.
  E fa' ragion ch' io ti sia sempre allato,
Se più avvien che fortuna t' accoglia,
Dove sien genti in simigliante piato :
  Chè voler ciò udire è bassa voglia. »

# CHANT TRENTE ET UNIÈME.

*Un nouveau puits d'Enfer, le seul passage qui s'ouvre au-dessus du neuvième cercle, se présente garni de géants, qui en sortent à mi-corps, comme des bastions de forteresse. Ce sont Nembrod, Éphialte et d'autres. Le géant Antée, sur la prière de Virgile, consent à prendre les deux Poëtes dans ses larges mains, et à les déposer au fond du dernier abîme.*

La même langue qui m'avait blessé d'abord et qui avait couvert mes joues de rougeur, m'offrit ensuite la guérison. Ainsi j'ai ouï dire que la lance d'Achille et de son père était cause d'abord de tristesse, et puis de bonheur.

Nous laissâmes derrière nous la misérable vallée, traversant en silence le bord qui l'environne.

Là, c'était moins que nuit et moins que jour, et ma vue s'étendait peu devant moi; mais j'entendis retentir un cor si éclatant, qu'il aurait étouffé le bruit du tonnerre; et le son de ce cor, m'attirant dans sa direction, concentra mes regards sur le point d'où il venait. Après la malheureuse déroute, lorsque Charlemagne perdit la sainte entreprise, Roland ne fit pas entendre des sons plus terribles[1].

## CANTO TRENTESIMOPRIMO.

Una medesma lingua pria mi morse,
che mi tinse l' una e l' altra guancia,
poi la medicina mi riporse :       3
Così od' io che soleva la lancia
d'Achille e del suo padre esser cagione
prima di trista, e poi di buona mancia.   6
Noi demmo 'l dosso al misero vallone,
su per la ripa che 'l cinge d' intorno,
attraversando senza alcun sermone.   9

Quivi era men che notte e men che giorno,
Sì che 'l viso m' andava innanzi poco :
Ma io senti' sonare un alto corno   12
Tanto ch' avrebbe ogni tuon fatto fioco,
Che, contra sè la sua via seguitando,
Dirizzò gli occhi miei tutti ad un loco.   15
Dopo la dolorosa rotta, quando
Carlo Magno perdè la santa gesta,
Non sonò sì terribilmente Orlando.   18

Je fis quelques pas, ayant la tête levée vers ce côté, lorsqu'il me sembla voir plusieurs hautes tours, et je dis :

« Maître, quelle est cette ville ? »

Et lui à moi : « C'est parce que tu veux voir de trop loin dans ces ténèbres que ton imagination s'égare. Quand tu seras arrivé là, tu verras combien la distance peut tromper les sens. Ainsi, hâte-toi un peu plus. »

Puis il me prit doucement par la main et me dit :

« Avant d'aller plus loin, pour que la chose te paraisse moins étrange, sache que ce ne sont pas des tours, mais des géants, et enfoncés jusqu'au nombril dans le puits, ils en bordent l'ouverture. »

Ainsi, quand le brouillard se dissipe, l'œil distingue peu à peu les objets cachés par la vapeur qui encombrait l'air; ainsi, perçant le nuage épais et obscur, à mesure que je me rapprochais du rivage, l'erreur fuyait et la peur me gagnait; car, de même que Montereggione[2] couronne de tours le circuit de ses murailles, de même, sur le bord qui environne le puits, s'élevaient à mi-corps comme des tours les horribles géants, que Jupiter menace encore quand il tonne.

Et je voyais déjà la face de l'un d'eux, les épaules, la poitrine, une grande partie du ventre, et les deux bras tombant le long de ses flancs.

Poco portai in là alta la testa,
Che mi parve veder molte alte torri;
Ond'io : « Maestro, di', che terra è questa? »

Ed egli a me : « Però che tu trascorri
Per le tenebre troppo dalla lungi,
Avvien che poi nel maginare aborri.  24
Tu vedrai ben, se tu là ti congiungi,
Quanto 'l senso s'inganna di lontano :
Però alquanto più te stesso pungi. »  27
Poi caramente mi prese per mano,
E disse : « Pria che noi siam più avanti,
Acciocchè 'l fatto men ti paia strano,  30
Sappi che non son torri, ma giganti,
E son nel pozzo, intorno dalla ripa,
Dall' umbilico in giuso tutti quanti. »  33

Come, quando la nebbia si dissipa,
Lo sguardo a poco a poco raffigura
Ciò che cela 'l vapor, che l' aere stipa :  36
Così, forando l' aura grossa e scura,
Più, e più appressando inver la sponda,
Fuggémi errore, e giugnémi paura.  39
Perocchè come in su la cerchia tonda
Montereggion di torri si corona,
Così la proda che 'l pozzo circonda,  42
Torreggiavan di mezza la persona
Gli orribili giganti, cui minaccia
Giove dal cielo ancora, quando tuona.  45

Ed io scorgeva già d' alcun la faccia,
Le spalle e 'l petto, e del ventre gran parte,
E per le coste giù ambo le braccia.  48

Ame insensée, prends ton cor, et soulage-toi.

L'Enfer, ch. XXXI.

. . . . . . . . . . . . . . . *Anima sciocca;*
*Tienti col corno, e con quel ti disfoga.* . . . .

Inferno, c. XXXI, v. 70 e 71.

# CHANT TRENTE ET UNIÈME.

Certes, la nature a bien fait quand elle a cessé de créer de semblables nimaux, pour enlever à Mars ces terribles exécuteurs, et si elle ne se repent as des éléphants et des baleines, ceux qui réfléchissent doivent reconnaître ombien elle est juste et sage, car lorsque le raisonnement de l'esprit vient se oindre à la méchanceté et à la force, l'homme ne peut y opposer aucune ésistance.

La face du géant me paraissait longue et grosse comme la pomme de pin e Saint-Pierre à Rome, et ses autres os étaient dans ces proportions, si bien ue le bord qui en couvrait la moitié inférieure, en laissait paraître tant au ehors, que trois Frisons n'auraient pu atteindre ses cheveux, car je voyais rente grandes palmes du point où l'homme agrafe son manteau jusqu'au bord u puits.

« *Raphel maì amech zabì almi,* » s'écria la bouche affreuse qui ne pouvait as chanter de psaumes plus doux.

Et mon maître, se tournant vers lui : « Ame insensée, prends ton cor et oulage-toi, quand la colère ou quelque autre passion te tourmente. Cherche utour de ton cou, et tu trouveras la courroie qui l'y tient attaché ; âme confuse, ois-le en travers de ta large poitrine. »

Ensuite il me dit : « Il se dénonce lui-même ; c'est Nembrod, et c'est à

Natura certo, quando lasciò l'arte
i sì fatti animali, assai fe' bene,
er tor cotali esecutori a Marte.
E s'ella d' elefanti e di balene
on si pente, chi guarda sottilmente,
iù giusta e più discreta la ne tiene :
Chè dove l' argomento della mente
' aggiunge al mal volere ed alla possa,
essun riparo vi può far la gente.

La faccia sua mi parea lunga e grossa
ome la pina di San Pietro a Roma,
a sua proporzione eran l' altr' ossa :
Sì che la ripa, ch' era perizoma
al mezzo in giù, ne mostrava ben tanto
i sopra, che di giunger alla chioma

Tre Frison s' averian dato mal vanto ;
Perocch' io ne vedea trenta gran palmi
Dal luogo in giù dov' uom s' affibbia 'l manto.

« *Raphel maì amech zabì almi,* »
Cominciò a gridar la fiera bocca,
Cui non si convenien più dolci salmi.
E 'l Duca mio ver lui : « Anima sciocca,
Tienti col corno, e con quel ti disfoga,
Quand' ira o altra passion ti tocca.
Cercati al collo, e troverai la soga
Che 'l tien legato, o anima confusa,
E vedi lui che 'l gran petto ti doga. »

Poi disse a me : « Egli stesso s' accusa;
Questi è Nembrotto, per lo cui mal coto

cause de sa folle entreprise qu'on ne parle pas dans le monde la même langue. Laissons-le et ne perdons pas nos paroles, car toutes les langues sont pour lui comme la sienne, que nul ne comprend³. »

Nous fîmes donc un plus long détour à gauche, et, à la portée d'une arbalète, nous trouvâmes un autre géant plus terrible et plus grand. Quel fut le maître qui l'avait ainsi garrotté, je ne saurais le dire; mais son bras gauche était attaché sur sa poitrine et son bras droit sur son dos, par une chaîne qui l'enlaçait depuis le cou jusqu'en bas, et se roulait cinq fois autour de la partie de son corps qu'on voyait hors du puits.

« Ce téméraire a voulu mesurer sa puissance contre le souverain Jupiter, dit mon guide, et voilà la récompense qu'il a gagnée. Il se nomme Éphialte, et il fit ses grands exploits lorsque les géants firent peur aux dieux; ces bras qu'il agita jadis, il ne peut plus les remuer⁴. »

Et moi à lui : « Je voudrais, si cela m'est permis, voir de mes propres yeux l'immense Briarée. »

Alors il répondit : « Tu verras près d'ici Antée, qui est libre et qui parle; il nous déposera au dernier fond de l'abîme. Celui que tu veux voir est bien plus loin, il est lié et ressemble à celui-ci, seulement son aspect est plus féroce. »

Jamais tremblement de terre le plus terrible n'agita une tour avec autant

Pure un linguaggio nel mondo non s'usa.
Lasciamlo stare, e non parliamo a voto :
Chè così è a lui ciascun linguaggio
Come 'l suo ad altrui, ch' a nullo è noto. » 81

Facemmo adunque più lungo viaggio,
Volti a sinistra, e, al trar d' un balestro,
Trovammo l' altro assai più fiero e maggio.
A cinger lui, qual che fosse il maestro
Non so io dir; ma ei tenea succinto
Dinanzi l' altro e dietro 'l braccio destro 87
D' una catena, che 'l teneva avvinto
Dal collo in giù, sì che 'n su lo scoperto
Si ravvolgeva infino al giro quinto. 90
« Questo superbo voll' essere sperto
Di sua potenza contra 'l sommo Giove, »

Disse 'l mio Duca, « ond' egli ha cotal merto.
Fialte ha nome; e fece le gran prove,
Quando i giganti fer paura ai Dei :
Le braccia ch' ei menò giammai non muove. »
Ed io a lui : « S' esser puote, io vorrei
Che dello smisurato Briareo
Esperïenza avesser gli occhi miei. » 99
Ond' ei rispose : « Tu vedrai Anteo
Presso di qui, che parla ed è disciolto,
Che ne porrà nel fondo d' ogni reo. 102
Quel, che tu vuoi veder, più là è molto,
Ed è legato, e fatto come questo,
Salvo che più feroce par nel volto. » 105

Non fu tremuoto già tanto rubesto,
Che scotesse una torre così forte,

Ce téméraire a voulu mesurer sa puissance contre le souverain Jupiter, dit mon guide.

L'Enfer, ch. XXXI.

*Questo superbo voll' essere sperto*
*Di sua potenza contra'l sommo Giove,*
*Disse'l mio Duca....*

Inferno, c. XXXI, v. 91, 92 e 93.

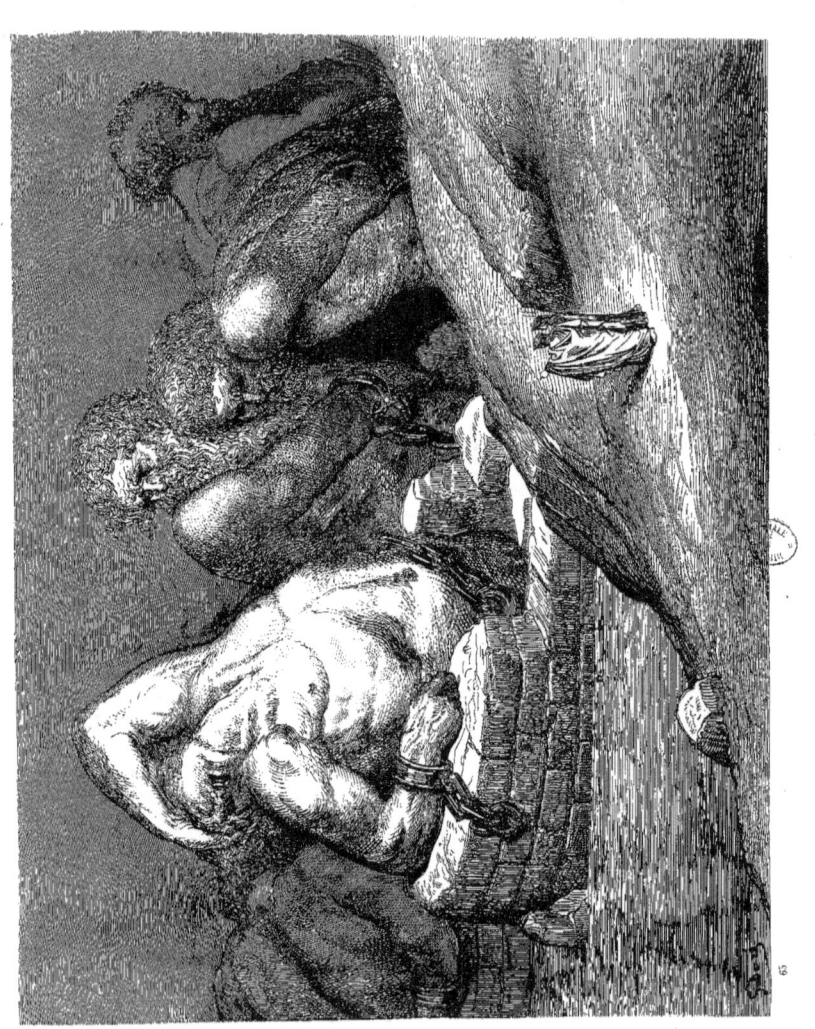

# CHANT TRENTE ET UNIÈME.

de violence que n'en mit Éphialte à s'ébranler tout à coup. Alors je redoutai la mort plus que jamais, et il n'eût fallu que la peur pour me tuer, si je n'avais aperçu les liens.

Nous avançâmes encore, et nous arrivâmes près d'Antée, qui dépassait le puits de cinq aunes, sans la tête.

« O toi, qui dans l'heureuse vallée où Scipion hérita d'une gloire éternelle, lorsque Annibal et les siens prirent la fuite, as apporté mille lions pour butin, toi qui fais croire encore aujourd'hui que les fils de la terre auraient été vainqueurs, si tu avais combattu avec tes frères, ne refuse pas de nous déposer au fond de l'abîme où le Cocyte est durci par la glace; ne nous envoie ni à Titye ni à Typhée; celui-ci peut donner ce qu'ici l'on désire; baisse-toi donc, et ne détourne point ta face. Il peut rendre encore honneur à ton nom dans le monde; car il vit, et il attend encore une longue existence, si la grâce ne le rappelle pas avant son temps. »

Ainsi dit le maître, et le géant étendit à la hâte ses deux mains, dont Hercule avait senti l'étreinte terrible, et prit mon guide.

Lorsque Virgile se sentit saisir, il me dit : « Approche-toi, afin que je te prenne. » Et il fit de nous deux un seul faisceau. Telle qu'apparaît la Garisenda à qui la regarde du côté où elle penche, lorsqu'un nuage passe au-dessus

Come Fialte a scuotersi fu presto.
 Allor temetti più che mai la morte,
E non v'era mestier più che la dotta,
S'io non avessi viste le ritorte. 111

 Noi procedemmo più avanti allotta,
E venimmo ad Anteo, che ben cinq' alle,
Senza la testa, uscia fuor della grotta. — 114
 « O tu, che nella fortunata valle,
Che fece Scipion di gloria ereda
Quand' Annibal co' suoi diede le spalle, 117
 Recasti già mille lion per preda;
E che, se fossi stato all' altra guerra
De' tuoi fratelli, ancor par ch' e' si creda 120
 Ch' avrebber vinto i figli della Terra :
Mettine giuso (e non ten venga schifo),
Dove Cocito la freddura serra. 123
 Non ci far ire a Tizio, nè a Tifo :
Questi può dar di quel che qui si brama :
Però ti china, e non torcer lo grifo. 126
 Ancor ti può nel mondo render fama;
Ch' ei vive, e lunga vita ancora aspetta,
Se innanzi tempo grazia a sè nol chiama. »

 Così disse 'l Maestro : e quegli in fretta
Le man distese, e prese il Duca mio,
Ond' Ercole sentì già grande stretta. 132
 Virgilio, quando prender si sentio,
Disse a me : « Fatti 'n qua sì, ch'io ti prenda. »
Poi fece sì, ch' un fascio er' egli ed io. 135
 Qual pare a riguardar la Carisenda
Sotto 'l chinato, quand' un nuvol vada

d'elle, de sorte qu'elle semble s'incliner vers lui, tel me parut Antée comme j'attendais de le voir se baisser, et il y eut tel moment où j'eusse préféré descendre par un autre chemin. Mais il nous posa doucement au fond de l'abîme où Lucifer et Judas sont tourmentés, et, sans s'arrêter ainsi courbé, il se releva comme le mât d'un navire.

Sovr' essa, sì ch' ella in contrario penda, 138
  Tal parve Anteo a me, che stava a bada
Di vederlo chinare : e fu tal ora
  Ch' i' avrei voluto ir per altra strada. 141

Ma lievemente al fondo, che divora
  Lucifero con Giuda, ci posò;
Nè si chinato lì fece dimora, 144
  E come albero in nave si levò.

Il nous posa doucement au fond de l'abîme où Lucifer et Judas sont tourmentés.

L'Enfer, ch. XXXI.

. . . . *Lievemente al fondo, che divora*
*Lucifero con Giuda, ci posò.*

Inferno, c. XXXI, v. 142 e 143.

## CHANT TRENTE-DEUXIÈME.

*Le Cocyte, cercle neuvième et dernier : lac gelé où les Traîtres sont plongés, ici à la surface, plus loin tout entiers, et comme en quatre zones, que les Poëtes découvrent en avançant sur cette glace vers le centre. D'abord ceux de la Caïna, trahison de famille, Camicion de' Pazzi et autres; secondement, ceux de l'Antenora, traîtres envers la patrie, Bocca, Buoso ; et deux damnés dont les têtes, sortant de la glace, sont disposées de telle sorte que l'une dévore le crâne de l'autre.*

Si j'avais des rimes âpres et rauques, comme il conviendrait au gouffre maudit sur lequel reposent tous les autres rochers, j'exprimerais plus pleinement le suc de ma pensée ; mais n'ayant pas cet art, je me hasarde à parler avec crainte. Car ce n'est pas une entreprise à prendre en plaisanterie que de décrire le fond de tout l'univers, et ce n'est pas le fait d'un enfant qui balbutie *mère* ou *père*. Mais puissent ces mêmes vierges qui aidèrent Amphion à élever les murs de Thèbes, aider aussi mes chants, afin que mes paroles ne restent pas au-dessous des choses que je vis !

O race maudite sur toutes les autres, qui gémis dans ce lieu dont il est dur de parler, mieux aurait valu pour toi être des chèvres ou des brebis sur la terre !

Aussitôt que nous parvînmes au fond du puits obscur sous les pieds du géant,

## CANTO TRENTESIMOSECONDO.

S' io avessi le rime ed aspre e chiocce,
Come si converrebbe al tristo buco,
Sovra 'l qual pontan tutte l' altre rocce,   3
  Io premerei di mio concetto il suco
Più pienamente ; ma perch' io non l' abbo,
Non senza tema a dicer mi conduco.   6
  Chè non è impresa da pigliare a gabbo,
Descriver fondo a tutto l' universo,
Nè da lingua che chiami mamma e babbo.   9

Ma quelle Donne aiutino 'l mio verso,
Ch' aiutaro Anfione a chiuder Tebe,
Sì che dal fatto il dir non sia diverso. —   12

  Oh sovra tutte mal creata plebe,
Che stai nel loco, onde parlare è duro,
Me' foste state qui pecore o zebe ! —   15
  Come noi fummo giù nel pozzo scuro,
Sotto i piè del gigante, assai più bassi,

et que nous fûmes descendus beaucoup plus bas, tandis que je contemplais encore les parois élevées, j'entendis qu'on me disait : « Prends garde où tu marches; n'écrase pas, avec la plante de tes pieds, les têtes de tes pauvres misérables frères! »

A ces mots je me tournai, et je vis devant moi et sous mes pieds un grand lac, qui, étant gelé, ressemblait plutôt à du verre qu'à de l'eau. Jamais un voile plus épais ne couvrit en hiver le cours du Danube en Autriche, ou du Tanaïs sous le ciel glacé, que ne l'était celui qu'on voyait dans ce lieu, et sur lequel les monts Tabernick et Pietrapana seraient tombés sans le faire craquer à sa surface. Et comme la grenouille se met à coasser le museau hors de l'étang, à l'heure où la villageoise rêve souvent de glaner, ainsi ces ombres désolées, livides, jusque-là où se peint la honte, étaient enfoncées dans la glace, et leurs dents claquaient comme des becs de cigognes. Leur face était tournée en bas; leur bouche, du froid, et leurs yeux témoignaient de la tristesse de leur âme. Lorsque j'eus regardé quelque temps autour de moi, je regardai à mes pieds, et je vis deux pécheurs si étroitement serrés l'un contre l'autre que leurs cheveux se mêlaient.

« Dites-moi, qui êtes-vous, m'écriai-je, vous qui collez ainsi vos poitrines? »

Et ils ployèrent leurs cous, et quand ils eurent tourné vers moi leurs regards, les pleurs qui mouillaient leurs yeux débordèrent par leurs paupières,

Ed io mirava ancora all' alto muro,
  Dicere udimmi : « Guarda come passi :
  Fa sì che tu non calchi con le piante
Le teste de' fratei miseri lassi. » 21
  Perch' io mi volsi, e vidimi davante
E sotto i piedi un lago, che per gielo
Avea di vetro, e non d' acqua sembiante. 24
  Non fece al corso suo sì grosso velo
Di verno la Danoia in Osterricch,
Nè 'l Tanai là sotto 'l freddo cielo, 27
  Com' era quivi : chè se Tabernicch
Vi fosse su caduto, o Pietrapana,
Non avria pur dall' orlo fatto cricch. 30
  E come a gracidar si sta la rana
Col muso fuor dell' acqua, quando sogna
Di spigolar sovente la villana : 33

Livide insin là dove appar vergogna,
Eran l' ombre dolenti nella ghiaccia,
Mettendo i denti in nota di cicogna. 36
  Ognuna in giù tenea volta la faccia :
Da bocca il freddo, e dagli occhi 'l cor tristo,
Tra lor testimonianza si procaccia. 39
  Quand' io ebbi d' intorno alquanto visto,
Volsimi a' piedi, e vidi due sì stretti,
Che 'l pel del capo aveano insieme misto. 42
  « Ditemi voi, che sì stringete i petti,
Diss' io, chi siete. » E quei piegar li colli;
E poi ch' ebber li visi a me eretti, 45
  Gliocchi lor, ch' eran pria pur dentro molli,
Gocciar su per le labbra, e 'l gielo strinse

J'entendis qu'on me disait : « Prends garde où tu marches. »

L'Enfer, ch. XXXII.

*Dicere udimmi : « Guarda come passi. »*

Inferno, c. XXXII, v. 19.

and le froid, condensant leurs larmes entre elles, les referma. Jamais crampon n'a serré deux planches avec plus de force; c'est pourquoi les deux pécheurs, vaincus par la rage, s'entre-choquèrent comme deux boucs.

Et un autre, qui avait perdu par le froid ses deux oreilles, et qui tenait aussi sa face baissée, me dit : « Pourquoi te mires-tu en nous? Si tu veux savoir les noms de ces deux damnés, apprends que la vallée où coule le Bisenzio obéissait à eux et à leur père Albert[1]. Ils sont sortis du même sein, et tu peux parcourir tout le cercle de Caïn, tu ne trouveras pas une âme qui ait plus mérité d'être enfoncée dans la glace, non pas celle à qui Artus perça d'un seul coup la poitrine à jour, ni Focaccia, ni celle qui intercepte ma vue avec sa tête, et qui fut nommée Sassol Mascheroni; si tu es Toscan, tu dois la connaître. Et pour que tu ne m'obliges pas à parler davantage, sache que je suis Camicion de Pazzi, et j'attends Carlino, dont les crimes seront mon excuse. »

Je vis ensuite mille visages rendus violets par le froid; c'est pourquoi le souvenir de ce lac glacé me donne et me donnera toujours un frisson. Et tandis que nous nous dirigions vers le centre où gravitent tous les poids, et que je tremblais dans le froid éternel, je ne sais si ce fut ma volonté, ou le hasard, ou la destinée, mais en marchant au travers de ces têtes, je heurtai rudement du pied la face de l'une d'elles.

Le lagrime tra essi, e riserrolli :  48
  Con legno legno spranga mai non cinse
Forte così : ond' ei, come duo becchi,
Cozzaro insieme, tant' ira gli vinse.  51
  Ed un, ch' avea perduti ambo gli orecchi
Per la freddura, pur col viso in giue
Disse : « Perchè cotanto in noi ti specchi?—
Se vuoi saper chi son cotesti due,
La valle, onde Bisenzio si dichina,
Del padre loro Alberto e di lor fue.  57
  D' un corpo usciro : e tutta la Caina
Potrai cercare, e non troverai ombra
Degna più d' esser fitta in gelatina;  60
  Non quegli a cui fu rotto il petto e l' ombra
Con esso un colpo per la man d' Artù :
Non Focaccia; non questi che m' ingombra
Col capo sì, ch' io non veggio oltre più,
E fu nomato Sassol Mascheroni :
Se Tosco se', ben sai omai chi fu.  66
  E perchè non mi metti in più sermoni,
Sappi ch' io fui il Camicion de' Pazzi,
Ed aspetto Carlin che mi scagioni. » —  69
  Poscia vid' io mille visi cagnazzi
Fatti per freddo; onde mi vien ribrezzo,
E verrà sempre, de' gelati guazzi.  72
  E mentre ch' andavamo in ver lo mezzo,
Al quale ogni gravezza si rauna,
Ed io tremava nell' eterno rezzo;  75
  Se voler fu, o destino, o fortuna,
Non so; ma, passeggiando tra le teste,
Forte percossi 'l piè nel viso ad una.  78

Le pécheur s'écria en pleurant : « Pourquoi m'écrases-tu ? Si tu ne viens pas augmenter la vengeance de Mont-Aperti, pourquoi me tourmentes-tu ? »

Et moi : « O mon maître ! attends-moi ici, que je sorte d'un doute à l'égard de cette ombre, puis tu me presseras autant que tu voudras. »

Mon guide s'arrêta, et je dis à celui qui blasphémait encore horriblement : « Qui es-tu, toi qui gourmandes ainsi les autres ? » — « Or, quel es-tu toi-même, répondit-il, qui t'en vas dans l'Anténora[2], en nous heurtant les joues si rudement, que, fusses-tu vivant, ce serait encore trop dur ? » — « Je suis vivant, repris-je, et si tu es avide de renommée, il peut t'être doux que je mette ton nom dans mes vers. » Et lui à moi : « C'est le contraire que je désire. Ote-toi de là, et ne me tourmente pas davantage ; tu sais mal flatter dans cette fosse. »

Alors je le saisis par le chignon, et je dis : « Il faudra bien que tu te nommes, ou pas un cheveu ne te restera ici. » Et lui à moi : « Tu peux m'arracher tous mes cheveux, je ne te dirai ni te montrerai qui je suis, quand tu me tomberais mille fois sur la tête. » J'avais déjà roulé ses cheveux dans ma main, et je lui en avais arraché plus d'une mèche, tandis qu'il aboyait avec le visage baissé, lorsqu'un autre s'écria : « Qu'as-tu, Bocca[3] ? Il ne te suffit donc pas de claquer des mâchoires, sans aboyer ? Quel démon te tourmente ? »

— « Maintenant, repris-je, je ne veux plus que tu parles, traître maudit, à

Piangendo mi sgridò : « Perchè mi peste ?
Se tu non vieni a crescer la vendetta
Di Mont' Aperti, perchè mi moleste ? » 81

Ed io : « Maestro mio, or qui m' aspetta,
Sì ch' io esca d' un dubbio per costui ;
Poi mi farai, quantunque vorrai, fretta. » 84

Lo Duca stette ; ed io dissi a colui,
Che bestemmiava duramente ancora :
« Qual se' tu, che così rampogni altrui ? » —

« Or tu chi se', che vai per l' Antenora
Percotendo, rispose, altrui le gote,
Sì che, se vivo fossi, troppo fora ? » 90

« Vivo son io, e caro esser ti puote, »
Fu mia risposta, « se domandi fama,
Ch' io metta 'l nome tuo tra l' altre note. » 93

Ed egli a me : « Del contrario ho io brama :

Levati quinci, e non mi dar più lagna ;
Chè mal sai lusingar per questa lama. » 96

Allor lo presi per la cuticagna,
E dissi : « E' converrà che tu ti nomi,
O che capel qui su non ti rimagna. » 99

Ond' egli a me : « Perchè tu mi dischiomi,
Nè ti dirò ch' io sia, nè mostrerolti,
Se mille fiate in sul capo mi tomi. » 102

Io avea già i capelli in mano avvolti,
E tratti glien avea più d' una ciocca,
Latrando lui con gli occhi in giù raccolti ;
Quando un altro gridò : « Che hai tu, Bocca ?
Non ti basta sonar con le mascelle,
Se tu non latri ? qual diavol ti tocca ? » — 108

« Omai, diss' io, non vo' che tu favelle,
Malvagio traditor ; ch' alla tua onta

Il faudra bien que tu te nommes, ou pas un cheveu ne te restera ici.

L'Enfer, ch. XXXII.

.... E' converrà che tu ti nomi,
O che capel qui su non ti rimagna.

Inferno, c. XXXII, v. 98 e 99.

De même que Tydée rongea, dans sa rage, les tempes de Ménalippe, de même il lui dévorait le crâne et lui rongeait la cervelle.

L'Enfer, ch. XXXII.

*Non altrimenti Tideo si rose*
*Le tempie a Menalippo per disdegno,*
*Che quei faceva'l teschio e l' altre cose.*

Inferno, c. XXXII, v. 130, 131 e 132.

ta honte je porterai là-haut de vraies nouvelles de toi. » — « Va-t'en, répondit-il, et dis ce que tu voudras; mais n'oublie pas, si tu sors de ce lieu, de parler de celui dont la langue a été si prompte. Il pleure ici l'argent des Français. Tu pourras dire : « J'ai vu Buoso de Duèra⁴, là où les pécheurs ont froid. » Si on te demandait qui était encore en ce lieu, tu as à ton côté Beccheria, à qui Florence a coupé la gorge. Jean de Soldanieri est, je crois, un peu plus loin, avec Ganellone et Tribaldello, qui ouvrit pendant la nuit les portes de Faënza. »

Nous avions déjà quitté cette ombre, quand je vis deux pécheurs glacés dans un trou, placés tellement que la tête de l'un servait de chapeau à l'autre. Et comme un affamé mord dans le pain, ainsi le damné qui tenait l'autre sous lui, enfonça sa dent à l'endroit où le cerveau se joint à la nuque. De même que Tydée rongea dans sa rage les tempes de Ménalippe⁵, de même il lui rongeait le crâne et tout ce qui est dedans.

« O toi qui montres, par un acharnement de bête fauve, tant de haine à celui que tu manges, dis-moi ce qu'il t'a fait, lui dis-je; à cette condition, que si tu te plains de lui avec justice, en sachant qui vous êtes, et quel a été son crime, je te le rendrai dans le monde, si cette langue avec laquelle je parle ne se sèche pas. »

Io porterò di te vere novelle. »
« Va via, rispose, e ciò che tu vuoi conta;
Ma non tacer, se tu di qua entr' eschi,
Di quei ch' ebbe or così la lingua pronta; 114
Ei piange qui l' argento de' Franceschi.
I' vidi, potrai dir, quel da Duera
Là dove i peccatori stanno freschi. 117
Se fossi dimandato altri chi v' era,
Tu hai dallato quel di Beccheria,
Di cui segò Fiorenza la gorgiera. 120
Gianni del Soldanier credo che sia
Più là con Ganellone e Tribaldello
Ch' aprì Faenza quando si dormia. » 123

Noi eravam partiti già da ello,

Ch' i' vidi duo ghiacciati in una buca,
Sì, che l' un capo all' altro era cappello : 126
E come 'l pan per fame si manduca,
Così 'l sovran li denti all' altro pose
Là 've 'l cervel s' aggiunge con la nuca. 129
Non altrimenti Tideo si rose
Le tempie a Menalippo per disdegno,
Che quei faceva 'l teschio e l' altre cose. — 132
« O tu, che mostri per sì bestial segno
Odio sovra colui che tu ti mangi,
Dimmi 'l perchè, » diss' io, « per tal convegno
Che, se tu a ragion di lui ti piangi,
Sappiendo chi voi siete, e la sua pecca,
Nel mondo suso ancor io te ne cangi, 138
Se quella con ch' io parlo non si secca. »

# CHANT TRENTE-TROISIÈME.

*Continuation : Ugolin raconte sa captivité dans une tour de Pise ; son rêve funeste, puis la longue agonie dans laquelle ses enfants, ses neveux et lui-même furent réduits à mourir de faim. Imprécation. Un autre ordre de trahisons politiques occupe une troisième zone de cette surface glacée (la Ptolomæa). Là, les têtes des damnés sont renversées de sorte que leurs larmes, gelées dans la coupe de l'œil, ne trouvent plus d'issue. Singulière anticipation de cette peine pour les criminels encore vivants sur terre. Alberigo, Branca d'Oria.*

Le pécheur souleva sa bouche de l'horrible pâture, en l'essuyant aux cheveux de la tête qu'il avait rongée par derrière, puis il dit :

« Tu veux que je renouvelle une douleur désespérée dont le seul souvenir m'oppresse le cœur avant que j'en parle. Mais si mes paroles doivent être une semence qui porte un fruit d'infamie au traître que je ronge, tu me verras parler et pleurer tout à la fois. Je ne sais qui tu es, ni comment tu es descendu ici-bas, mais tu me parais Florentin, si j'en crois ton accent. Tu dois savoir que je fus le comte Ugolin, et celui-ci l'archevêque Roger[1]. Or, je te dirai pourquoi je lui suis un pareil voisin. Comment, par l'effet de ses mauvaises pensées, en me fiant à lui, je fus pris et ensuite mis à mort, il est inutile de le

## CANTO TRENTESIMOTERZO.

La bocca sollevò dal fiero pasto
Quel peccator, forbendola a' capelli
Del capo ch' egli avea diretro guasto.    3

   Poi cominciò : « Tu vuoi ch' io rinnovelli
Disperato dolor che 'l cor mi preme,
Già pur pensando, pria ch' i' ne favelli.    6

   Ma se le mie parole esser den seme,
Che frutti infamia al traditor ch' io rodo,
Parlare e lagrimar vedrai insieme.    9

Io non so chi tu sie, nè per che modo
Venuto se' quaggiù, ma Fiorentino
Mi sembri veramente, quand' io t' odo.    12

   Tu dei saper ch' io fui 'l conte Ugolino,
E questi l' Arcivescovo Ruggieri :
Or ti dirò perch' i' son tal vicino.    15

   Che, per l' effetto de' suoi ma' pensieri,
Fidandomi di lui, io fossi preso
E poscia morto, dir non è mestieri.    18

CHANT TRENTE-TROISIÈME.

dire; mais ce que tu ne peux pas avoir appris, c'est combien ma mort fut cruelle. Écoute, et tu sauras s'il m'a offensé.

« Un étroit soupirail de cette prison qui a pris, depuis moi, le nom de tour de la Faim, et dans laquelle bien d'autres encore seront enfermés, m'avait laissé voir plusieurs fois, par son ouverture, la lune accomplir sa carrière, quand je fis le rêve horrible qui déchira devant moi le voile de l'avenir.

« Celui-ci me paraissait, comme un maître et seigneur, chasser le loup et les louveteaux vers la montagne qui cache Lucques aux regards des Pisans. Avec des chiennes maigres, dressées, dévorantes, les Gualandi, les Sismondi, les Lanfranchi, couraient devant lui à leur poursuite. En peu de temps le père et ses petits me paraissaient épuisés, et je voyais les dents aiguës des chiens déchirer leurs flancs.

« Quand je fus réveillé avant l'aurore, j'entendis mes enfants, qui étaient avec moi, pleurer en dormant et demander du pain. Tu es bien cruel si tu ne me plains déjà, en songeant à ce que mon cœur présageait; et si tu ne pleures pas, de quoi donc pleures-tu?

« Déjà ils étaient réveillés, et l'heure approchait où l'on nous apportait notre nourriture, et chacun de nous tremblait de son rêve, quand j'entendis clouer sous moi la porte de l'horrible tour; alors je regardai fixement mes enfants sans

Però quel che non puoi avere inteso,
Cioè come la morte mia fu cruda,
Udirai, e saprai se m' ha offeso.    21

Breve pertugio dentro dalla muda,
La qual per me ha 'l titol della fame,
E in che conviene ancor ch' altri si chiuda,

M' avea mostrato per lo suo forame
Più lune già, quand' io feci 'l mal sonno,
Che del futuro mi squarciò il velame.    27

Questi pareva a me maestro e donno,
Cacciando il lupo e i lupicini al monte,
Per che i Pisan veder Lucca non ponno.    30

Con cagne magre, studiose e conte,
Gualandi, con Sismondi e con Lanfranchi,
S' avea messi dinanzi dalla fronte.    33

In picciol corso mi pareano stanchi
Lo padre e i figli, e con l' agute scane
Mi parea lor veder fender li fianchi.    36

Quando fui desto innanzi la dimane,
Pianger senti' fra 'l sonno i miei figliuoli,
Ch' eran con meco, e dimandar del pane.    39

Ben se' crudel, se tu già non ti duoli,
Pensando ciò ch' al mio cor s' annunziava:
E se non piangi, di che pianger suoli?    42

Già eram desti, e l' ora s' appressava
Che 'l cibo ne soleva essere addotto,
E per suo sogno ciascun dubitava;    45

Ed io senti' chiavar l' uscio di sotto
All' orribile torre : ond' io guardai
Nel viso a' miei figliuoli senza far motto.    48

prononcer un mot. Je ne pleurais pas; mon cœur était devenu de pierre. Ils pleuraient, eux, et mon Anselmuccio me dit : « Comme tu regardes, père! Qu'as-« tu? » Cependant je ne versai pas une larme, je ne répondis pas, tout ce jour ni a nuit suivante, jusqu'à ce que le soleil se leva de nouveau sur le monde. Comme un faible rayon se fut glissé dans la prison douloureuse, et que j'eus reconnu mon propre aspect sur leurs quatre visages, je me mordis les deux mains de douleur, et mes enfants, croyant que c'était de faim, se levèrent tout à coup en disant : « O père! il nous sera moins douloureux si tu manges de nous; tu nous « as vêtus de ces misérables chairs, tu peux nous en dépouiller. » Alors je m'apaisai pour ne pas les contrister davantage; tout ce jour et l'autre qui suivit nous restâmes tous muets. Ah! terre, dure terre, pourquoi ne t'ouvris-tu pas?

« Lorsque nous atteignîmes le quatrième jour, Gaddo se jeta étendu à mes pieds en disant : « Tu ne m'aides pas, mon père! » Là il mourut, et comme tu me vois, je les vis tomber tous les trois, un à un, entre le cinquième et le sixième jour, et je me mis, déjà aveugle, à les chercher à tâtons l'un après l'autre, et je les appelai pendant trois jours alors qu'ils étaient déjà morts.... Puis la faim l'emporta sur la douleur. »

Quand il eut achevé, avec les yeux torves, il reprit le pauvre crâne dans ses dents, qui broyaient l'os avec la rage d'un chien.

Io non piangeva, sì dentro impietrai :
Piangevan elli; ed Anselmuccio mio
Disse : « Tu guardi sì, padre, che hai? »   51
   Però non lagrimai, nè rispos' io
Tutto quel giorno, nè la notte appresso,
Infin che l' altro Sol nel mondo uscìo.   54
   Come un poco di raggio si fu messo
Nel doloroso carcere, e io scorsi
Per quattro visi il mio aspetto stesso;   57
   Ambo le mani per dolor mi morsi;
E quei, pensando ch' io 'l fessi per voglia
Di manicar, di subito levorsi,   60
   E disser : « Padre, assai ci fia men doglia
« Se tu mangi di noi : tu ne vestisti
« Queste misere carni, e tu le spoglia. »   63
   Quetámi allor, per non fargli più tristi :

Quel dì e l' altro stemmo tutti muti. —
Ahi dura terra, perchè non t' apristi?   66
   Posciachè fummo al quarto dì venuti,
Gaddo mi si gittò disteso a' piedi,
Dicendo : « Padre mio, chè non m' aiuti? »
   Quivi morì; e, come tu mi vedi,
Vid' io cascar li tre ad uno ad uno
Tra 'l quinto dì e 'l sesto; ond' io mi diedi   72
   Già cieco a brancolar sovra ciascuno,
E tre dì gli chiamai poich' e' fur morti :
Poscia, più che 'l dolor, potè 'l digiuno. »   75
   Quand' ebbe detto ciò, con gli occhi torti
Riprese 'l teschio misero co' denti,
Che furo all' osso, come d' un can, forti.   78

Alors je m'apaisai pour ne pas les contrister davantage.

L'Enfer, ch. XXXIII.

*Quetàmi allor, per non farli più tristi.*

Inferno, c. XXXIII, v. 64.

Tu ne m'aides pas, mon père? — Là il mourut....

L'Enfer, ch. XXXIII.

.... *Padre mio, che non m' aiuti?*
*Quivi morì....*

Inferno, c. XXXIII, v. 69 e 70.

Et je les appelai pendant trois jours, alors qu'ils étaient morts.

L'Enfer, ch. XXXIII.

*E tredì li chiamai poi che fur morti.*

Inferno, c. XXXIII, v. 74.

# CHANT TRENTE-TROISIÈME.

O Pise! opprobre de ces belles contrées où résonne le *si,* puisque tes voisins sont lents à te punir, que les îles de la Capraja et de la Gorgona s'ébranlent et fassent une digue à l'embouchure de l'Arno, afin que tous tes habitants soient noyés dans tes murs! car si le comte Ugolin était accusé d'avoir livré tes forteresses, tu ne devais pas mettre ses enfants à une telle croix! Leur jeune âge, ô Thèbes nouvelle! rendait innocents Uguccione et Brigata, et les deux autres que mon chant nomme plus haut.

En avançant encore, nous arrivâmes là où la glace serre de sa rude enveloppe d'autres damnés, qui, au lieu d'avoir leurs têtes penchées en bas, sont renversés sur le dos. Là les pleurs mêmes empêchent de pleurer, et la douleur, qui trouve un tel obstacle sur les yeux, retombe sur le cœur et redouble l'angoisse, car les premières larmes se condensent, et, semblables à des visières de cristal, remplissent tout le creux des paupières. Et quoique le froid qui gerçait ma peau eût engourdi toute sensibilité sur mon visage, je croyais déjà sentir du vent, et je dis : « Maître, qui est-ce qui souffle ainsi? je croyais toute vapeur éteinte ici-bas. »

Et lui : « Bientôt tu parviendras dans un endroit où ton œil même répondra à ta demande, en voyant la cause qui produit ce vent. »

Et un des misérables enfoncés dans la glace s'écria vers nous : « O âmes

Ahi Pisa, vituperio delle genti
Del bel paese là dove il *sì* suona :
Poichè i vicini a te punir son lenti,
  Muovasi la Capraia e la Gorgona,
E faccian siepe ad Arno in su la foce,
Sì ch' egli annieghi in te ogni persona.
  Chè se 'l conte Ugolino aveva voce
D' aver tradita te delle castella,
Non dovei tu i figliuoi porre a tal croce.
  Innocenti facea l' età novella,
Novella Tebe, Uguccione e 'l Brigata,
E gli altri duo che 'l canto suso appella.

  Noi passamm' oltre, là 've la gelata
Ruvidamente un' altra gente fascia,
Non volta in giù, ma tutta riversata.

Lo pianto stesso lì pianger non lascia,
E 'l duol, che truova 'n sugli occhi rintoppo,
Si volve in entro a far crescer l' ambascia;
  Chè le lagrime prime fanno groppo,
E, sì come visiere di cristallo,
Riempion sotto 'l ciglio tutto 'l coppo.
  Ed avvegna che, sì come d' un callo,
Per la freddura ciascun sentimento
Cessato avesse del mio viso stallo,
  Già mi parea sentire alquanto vento;
Perch'io : « Maestro mio, questo chi muove?
Non è quaggiuso ogni vapore spento? »
  Ond' egli a me : « Avaccio sarai dove
Di ciò ti farà l' occhio la risposta,
Veggendo la cagion che 'l fiato piove. »
  Ed un de' tristi della fredda crosta

qui avez été si cruelles qu'on vous a condamnées au dernier cercle, ôtez-moi des yeux ces voiles pénibles, afin que je soulage un peu mon cœur si gros de douleurs, avant que mes larmes soient glacées de nouveau. »

Et moi à lui : « Si tu veux que je te soulage, dis-moi d'abord qui tu es, et si je ne te dégage point, que j'aille au fond de la glace. »

Or, il répondit : « Je suis frère Albéric, je suis l'homme aux fruits du funeste jardin, et je reçois dans ce lieu des dattes pour des figues[2]. »

— « Eh quoi! lui dis-je, tu es donc mort déjà? »

Et lui à moi : « Ce qu'il en est de mon corps sur la terre, je n'en sais rien; cette Ptolémée[3] a ce privilége, que souvent l'âme y tombe avant qu'Atropos l'y ait poussée. Afin que tu débarrasses mes yeux avec plus d'empressement de ces larmes cristallisées, sache qu'aussitôt que l'âme trahit, comme je l'ai fait, moi, son corps lui est arraché par un démon qui le fait mouvoir jusqu'à ce que son temps soit accompli. Cependant elle roule dans cette froide citerne. Ainsi peut-être semble vivre sur la terre le corps de cette ombre qui grelotte derrière moi; tu dois le savoir si tu viens de là-haut; c'est messire Branca d'Oria[4], et plusieurs années se sont passées depuis qu'il est dans ce gouffre. »

— « Je crois, lui dis-je alors, que tu me trompes, car Branca d'Oria n'est pas mort, mais il mange, il boit, il dort et porte des vêtements. »

Gridò a noi : « O anime crudeli
Tanto, che data v' è l' ultima posta,    111
Levatemi dal viso i duri veli,
Sì ch' io sfoghi 'l dolor che 'l cor m'impregna
Un poco, pria che 'l pianto si raggieli. »    114
Perch' io a lui : « Se vuoi ch' io ti sovvegna,
Dimmi chi se' ; e, s' io non ti disbrigo,
Al fondo della ghiaccia ir mi convegna. »    117
Rispose adunque : « I' son frate Alberigo:
Io son quel delle frutte del mal orto,
Che qui riprendo dattero per figo. »    120
« Oh! dissi lui, or se' tu ancor morto? »
Ed egli a me : « Come il mio corpo stea
Nel mondo su, nulla scienzia porto.    123
Cotal vantaggio ha questa Tolomea,
Che spesse volte l' anima ci cade,
Innanzi ch' Atropós mossa le dea.    126
E, perchè tu più volentier mi rade
Le invetriate lagrime dal volto,
Sappi che tosto che l' anima trade,    129
Come fec' io, il corpo suo l' è tolto
Da un dimonio, che poscia il governa
Mentre che 'l tempo suo tutto sia volto.    132
Ella ruina in sì fatta cisterna :
E forse pare ancor lo corpo suso
Dell' ombra, che di qua dietro mi verna;    135
Tu 'l dei saper, se tu vien pur mo giuso:
Egli è ser Branca d' Oria, e son più anni
Poscia passati ch' ei fu sì racchiuso. »    138
« I' credo, diss' io lui, che tu m' inganni;
Chè Branca d' Oria non morì unquanche,
E mangia e bee e dorme e veste panni. »    141

# CHANT TRENTE-TROISIÈME.

— « Le fossé de Malebranche qui est au-dessus de nous, dit-il, là où bouillonne la poix gluante, n'avait pas encore englouti Michel Zanche, que déjà celui-ci avait laissé un diable à sa place dans son corps, aussi bien que d'un de ses parents qui avait commis la trahison avec lui; mais étends désormais la main vers moi, ouvre mes yeux. »

Et je ne les lui ouvris pas, et ce fut courtoisie que d'être discourtois envers lui.

Ah! Génois, hommes de mœurs étranges et pleins de tous les vices, que n'êtes-vous bannis de l'univers! Avec l'esprit le plus pervers de la Romagne, j'ai trouvé un de vous, et par ses crimes, son âme se baigne déjà dans le Cocyte, et son corps paraît vivant sur la terre.

« Nel fosso su, diss' ei, di Malebranche,
Là dove bolle la tenace pece,
Non era giunto ancora Michel Zanche, 144
Che questi lasciò un diavolo in sua vece
Nel corpo suo, e d' un suo prossimano
Che 'l tradimento insieme con lui fece. 147
Ma distendi oramai in qua la mano,
Aprimi gli occhi. » Ed io non glieli apersi,

E cortesia fu lui esser villano. — 150
Ahi Genovesi, uomini diversi
D' ogni costume, e pien d' ogni magagna,
Perchè non siete voi del mondo spersi? 153
Chè col peggiore spirto di Romagna
Trovai un tal di voi, che, per sua opra,
In anima in Cocito già si bagna, 156
Ed in corpo par vivo ancor di sopra.

# CHANT TRENTE-QUATRIÈME.

*Quatrième zone du lac (la* Giudecca), *traîtres envers leurs maîtres et leurs bienfaiteurs, tout entiers enfermés dans la glace transparente. Le roi d'Enfer, colosse suspendu, depuis sa chute, au centre même de la terre, agitant six ailes dont le vent glace tout ce séjour, et mordant un traître dans chacune des bouches de sa triple face. A partir du point central, les Poëtes, renversant la direction de leur zénith, montent vers l'hémisphère des antipodes, d'abord en s'attachant aux flancs velus du monstre, puis en suivant un long sentier obscur qui les ramène enfin à la lumière des étoiles.*

« *Vexilla regis prodeunt inferni*[1]; là, en face de nous. Regarde donc devant toi, me dit mon maître, si tu peux le distinguer. »

Comme lorsqu'un épais brouillard assombrit le ciel, ou que la nuit descend sur notre hémisphère, on aperçoit à quelque distance un moulin que le vent fait tourner, ainsi je vis s'agiter au loin une espèce de machine; et, pour me soustraire au vent, je me fis un rempart de mon guide, car il n'y avait pas d'autre abri. J'étais déjà arrivé, et je le mets en vers avec crainte, là où les ombres étaient entièrement couvertes par la glace, et elles y étaient transparentes comme des fétus dans le verre. Les unes sont couchées, les autres se tiennent droites; celles-ci sur la tête, celles-là sur les pieds, d'autres rapprochent les pieds de la tête, courbées comme un arc. Lorsque nous fûmes assez avancés

## CANTO TRENTESIMOQUARTO.

« *Vexilla regis prodeunt inferni*
Verso di noi; però dinanzi mira, »
Disse 'l Maestro mio, « se tu 'l discerni. » 3
   Come, quando una grossa nebbia spira,
O quando l' emisperio nostro annotta,
Par da lungi un mulin che 'l vento gira; 6
   Veder mi parve un tal dificio allotta :
Poi, per lo vento, mi ristrinsi retro

Al Duca mio, chè non v' era altra grotta. 9
   Già era (e con paura il metto in metro),
Là dove l' ombre tutte eran coverte,
E traspareen come festuca in vetro : 12
   Altre stanno a giacere, altre stanno erte,
Quella col capo, e quella con le piante,
Altra, com' arco, il volto a' piedi inverte. 15
   Quando noi fummo fatti tanto avante,

Voilà Dité, voilà le lieu où il faut t'armer de courage.

L'Enfer, ch. XXXIV.

*Ecco Dite, . . . . . . . . . ecco il loco*
*Ove convien che di fortezza t'armi.*

Inferno, c. XXXIV, v. 20 e 21.

pour qu'il plût à mon maître de me montrer la créature qui fut jadis si belle, il se retira de devant moi, et me fit arrêter en disant :

« Voilà Dité, voilà le lieu où il faut t'armer de courage. » Comment je restai alors transi, éperdu, ne le demande pas, ô lecteur! je ne l'écris point, car tout langage serait impuissant. Je ne mourus pas, je ne restai pas vivant; or, juge par toi-même, si tu as un peu d'intelligence, ce que je devins sans la mort, sans la vie!

L'empereur du royaume des douleurs sortait de la glace jusqu'au milieu de la poitrine, et je pourrais plutôt égaler la taille d'un géant, que les géants n'égaleraient un de ses bras : vois maintenant quel doit être le tout qui correspond à une telle partie. S'il fut aussi beau qu'il est hideux maintenant, et s'il osa lever le front contre son Créateur, c'est bien de lui que doit procéder toute douleur.

O quelle grande merveille ce fut pour moi, de voir trois faces à sa tête : l'une devant, et celle-là était rouge; les deux autres venaient s'ajouter à la première, du milieu de chaque épaule, et se joignaient au-dessus du front. La face droite me paraissait d'une couleur entre le jaune et le blanc, et la gauche était telle qu'il en vient des bords du Nil. Au-dessous de chacun de ces trois visages sortaient deux grandes ailes proportionnées à un tel oiseau; je n'ai jamais vu de

Ch' al mio Maestro piacque di mostrarmi
La creatura ch' ebbe il bel sembiante, 18
Dinanzi mi si tolse, e fe' restarmi;
« Ecco Dite, dicendo, ed ecco il loco,
Ove convien che di fortezza t' armi. » 21
Com' io divenni allor gelato e fioco,
Nol dimandar, Lettor, ch' i' non lo scrivo,
Però ch' ogni parlar sarebbe poco. 24
Io non mori', e non rimasi vivo :
Pensa oramai per te, s' hai fior d'ingegno,
Qual io divenni, d' uno e d' altro privo. 27
Lo 'mperador del doloroso regno
Da mezzo 'l petto uscia fuor della ghiaccia;
E più con un gigante io mi convegno, 30
Che i giganti non fan con le sue braccia :
Vedi oggimai quant' esser dee quel tutto

Ch' a così fatta parte si confaccia. 33
S' ei fu sì bel com' egli è ora brutto,
E contra 'l suo Fattore alzò le ciglia,
Ben dee da lui procedere ogni lutto. 36
Oh quanto parve a me gran meraviglia,
Quando vidi tre facce alla sua testa!
L' una dinanzi, e quella era vermiglia; 39
Dell' altre due, che s' aggiungèno a questa
Sovresso 'l mezzo di ciascuna spalla,
E si giungèno al luogo della cresta; 42
La destra mi parea tra bianca e gialla;
La sinistra a vedere era tal, quali
Vengon di là ove 'l Nilo s' avvalla. 45
Sotto ciascuna uscivan duo grand' ali,
Quanto si conveniva a tant' uccello :
Vele di mar non vid' io mai cotali. 48

voiles si immenses sur la mer. Ces ailes étaient sans plumes, comme celles de la chauve-souris, et, en les agitant, il faisait naître trois vents qui glaçaient tout le Cocyte. Il pleurait par six yeux, et les larmes, mêlées d'une bave sanglante, ruisselaient sur trois mentons. Chaque bouche broyait entre ses dents un pécheur comme un brisoir; c'est ainsi qu'il en tourmentait trois. Pour celui de devant, les morsures n'étaient rien auprès des coups de griffes, et parfois son échine restait entièrement dépouillée de sa peau.

« Cette âme là-haut, qui souffre plus que les deux autres, dit le maître, est Judas Iscariote; il a la tête dans la bouche de Dité, et démène ses jambes en dehors. De ces deux qui ont la tête en bas, celui qui est suspendu au visage noir est Brutus[2] : vois comme il se tord sans dire un mot; l'autre, qui paraît si membru, c'est Cassius. Mais la nuit se lève, et il est temps de partir, car nous avons tout vu. »

Je me cramponnai à son cou, ainsi qu'il l'ordonna; il choisit le temps et le lieu propices, et lorsque les ailes furent assez déployées, il s'attacha aux flancs velus, ensuite il descendit de flocons en flocons, entre le poil épais et les parois de la glace. Dès que nous fûmes arrivés à l'endroit où la cuisse tourne à la hauteur de la hanche, mon guide, avec effort et avec angoisse, mit la tête où il avait les pieds, et s'accrocha aux poils comme un homme qui monte, si bien

Non avean penne, ma di vipistrello
Era lor modo; e quelle svolazzava
Sì, che tre venti si movièn da ello.     51
  Quindi Cocito tutto s'aggelava :
Con sei occhi piangeva, e per tre menti
Gocciava 'l pianto e sanguinosa bava.   54
  Da ogni bocca dirompea co' denti
Un peccatore, a guisa di maciulla,
Sì che tre ne facea così dolenti.        57
  A quel dinanzi il mordere era nulla
Verso 'l graffiar, chè talvolta la schiena
Rimanea della pelle tutta brulla.        60
  « Quell'anima lassù ch'ha maggior pena, »
Disse 'l Maestro, « è Giuda Scariotto,
Che 'l capo ha dentro, e fuor le gambe mena.
  Degli altri duo ch'hanno 'l capo di sotto,

Quei che pende dal nero ceffo, è Bruto :
Vedi come si storce, e non fa motto,      66
  E l'altro è Cassio, che par sì membruto. —
Ma la notte risurge, ed oramai
È da partir, chè tutto avem veduto. »    69

  Com'a lui piacque, il collo gli avvinghiai,
Ed ei prese di tempo e loco poste :
E quando l'ale furo aperte assai,         72
  Appigliò sè alle vellute coste :
Di vello in vello giù discese poscia
Tra 'l folto pelo e le gelate croste.     75
  Quando noi fummo là, dove la coscia
Si volge appunto in sul grosso dell' anche,
Lo Duca, con fatica e con angoscia,       78
  Volse la testa ov' egli avea le zanche,

que je croyais retourner encore dans l'Enfer. « Tiens-toi bien, dit le maître, haletant comme un homme épuisé, car c'est par de tels échelons qu'il faut nous éloigner de tant de maux. »

Alors il sortit par la fente d'un rocher, et me fit asseoir sur le bord, puis il posa près de moi son pied prudent. Je levai les yeux, et je crus voir Lucifer tel que je l'avais laissé, et je vis ses pieds en haut. Comment je fus tourmenté alors par mes doutes, je le laisse juger au vulgaire qui ne comprend pas quel point je venais de passer. « Lève-toi sur tes pieds, dit le maître, la route est longue et le chemin est rude, et déjà le soleil revient à mi-tierce. »

Ce n'était pas une allée de palais que le lieu où nous étions, mais un ravin naturel au sol âpre et privé de lumière.

« Avant de me dégager de l'abîme, ô mon maître, dis-je quand je fus debout, parle-moi un peu pour me tirer d'erreur. Où est la glace, et comment Lucifer est-il enfoncé la tête en bas, et comment le soleil aurait-il pu en si peu d'heures passer du soir au matin ? »

Et lui à moi : « Tu te crois encore de l'autre côté du centre, là où je m'accrochai au poil du ver maudit qui traverse le monde. Tu as été là tant que j'ai descendu; mais lorsque je me suis retourné, tu as passé le point vers lequel les poids gravitent de toutes parts. Et tu es maintenant arrivé sous l'hémisphère

Ed aggrappossi al pel, com' uom che sale,
Sì che 'n Inferno I' credea tornar anche. 81

« Attienti ben, chè per cotali scale, »
Disse 'l Maestro ansando com' uom lasso,
« Conviensi dipartir da tanto male. » 84

Poi uscì fuor per lo foro d' un sasso,
E pose me in su l' orlo a sedere :
Appresso porse a me l' accorto passo. 87

I' levai gli occhi, e credetti vedere
Lucifero com' io l' avea lasciato,
E vidigli le gambe in su tenere. 90

E s' io divenni allora travagliato,
La gente grossa il pensi, che non vede
Qual era 'l punto ch' io avea passato. 93

« Levati su, » disse 'l Maestro, « in piede :
La via è lunga, e 'l cammino è malvagio.

E già il Sole a mezza terza riede. » 96

Non era camminata di palagio
Là 'v' eravam, ma natural burella,
Ch' avea mal suolo, e di lume disagio. 99

« Prima ch' io dell' Abisso mi divella,
Maestro mio, » diss' io quando fui dritto,
« A trarmi d' erro un poco mi favella. 102

Ov' è la ghiaccia ? e questi com' è fitto
Sì sottosopra ? e come in sì poc' ora
Da sera a mane ha fatto il Sol tragitto ? » 105

Ed egli a me : « Tu immagini ancora
D' esser di là dal centro, ov' io mi appresi
Al pel del vermo reo che 'l mondo fora. 108

Di là fosti cotanto, quant' io scesi :
Quando mi volsi, tu passasti il punto,
Al qual si traggon d' ogni parte i pesi ; 111

opposé à celui par lequel la terre est couverte et sous lequel fut mis à mort l'Homme qui naquit et vécut sans péché; tes pieds sont sur un petit cercle opposé à celui de la Giudecca. Ici c'est le matin, lorsque là c'est le soir; et celui-ci, dont le poil nous a servi d'échelle, est encore enfoncé comme il l'était.

« C'est de ce côté qu'il tomba du ciel, et la terre qui s'élevait d'abord en ce lieu, frappée d'épouvante, se fit un voile de la mer, et se retira vers notre hémisphère; et celle que tu verras, pour fuir peut-être le maudit, laissa ici un espace vide et s'éleva en montagne. »

Il est là-bas un lieu éloigné[3] de Belzébub de toute la longueur de sa tombe; l'œil ne le voit pas, mais il se révèle au bruit d'un petit ruisseau qui descend par la fente d'un rocher que l'eau creuse en serpentant, et il est légèrement incliné. Mon guide et moi nous entrâmes dans ce sentier caché pour retourner au monde lumineux; et sans songer à prendre aucun repos, nous montâmes, lui le premier, moi le second, jusqu'à ce que je vis, à travers une ouverture ronde, ces belles choses que nous montre le ciel, et de là nous sortîmes pour revoir les étoiles.

E se' or sotto l' emisperio giunto,
Ch' è contrapposto a quel che la gran secca
Coverchia, e sotto 'l cui colmo consunto 114
Fu l' Uom che nacque e visse senza pecca.
Tu hai li piedi in su picciola spera,
Che l' altra faccia fa della Giudecca. 117
Qui è da man, quando di là è sera :
E questi, che ne fe' scala col pelo,
Fitto è ancora sì come prima era. 120
Da questa parte cadde giù dal cielo :
E la terra, che pria di quasi sporse,
Per paura di lui fe' del mar velo, 123
E venne all' emisperio nostro; e forse,
Per fuggir lui, lasciò qui il luogo voto

Quella ch' appar di qua, e su ricorse. » — 126
Luogo è laggiù da Belzebù rimoto
Tanto, quanto la tomba si distende,
Che non per vista, ma per suono è noto 129
D' un ruscelletto, che quivi discende
Per la buca d' un sasso ch' egli ha roso
Col corso ch' egli avvolge, e poco pende. 132
Lo Duca ed io per quel cammino ascoso
Entrammo a ritornar nel chiaro mondo;
E, senza cura aver d' alcun riposo, 135
Salimmo su, ei primo ed io secondo,
Tanto ch' io vidi delle cose belle,
Che porta 'l Ciel, per un pertugio tondo : 138
E quindi uscimmo a riveder le stelle.

FIN DE L'ENFER.

Mon guide et moi nous entrâmes dans ce sentier caché pour retourner au monde lumineux.

L'Enfer, ch. XXXIV.

*Lo Duca ed io per quel cammino ascoso
Entrammo per tornar nel chiaro mondo.*

Inferno, c. XXXIV, v. 133 e 134.

Et de là nous sortîmes pour revoir les étoiles.

L'Enfer, ch. XXXIV.

*E quindi uscimmo a riveder le stelle.*

Inferno, c. XXXIV, v. 139.

# NOTES SUR L'ENFER.

### CHANT PREMIER.

1. La date supposée de cette vision est l'an 1300, année du jubilé, la trente-cinquième du poëte, né en 1265.

2. Cette forêt obscure, la colline désirée et le soleil qui l'éclaire ; plus loin, ces trois animaux dangereux, sont autant d'allégories où l'on peut voir le dédale de la vie, les hauteurs et les clartés de la doctrine religieuse, enfin les vices privés ou publics qui interceptent le chemin du vrai bien. Mais il faut se rappeler, en présence de ces interprétations où se perdent les commentateurs, que la théorie symbolique de l'époque, admise et pratiquée par Dante, comportait, de la part du poëte, la faculté indéfinie de créer des images destinées à recevoir après coup, et *ad libitum*, non pas une explication déterminée, mais quatre ou cinq, plus ou moins, selon le sens mystique, anagogique, scientifique, politique, historique, etc., qu'on y veut envisager. Nous croyons bien que Dante se proposait, s'il eût vécu, de donner son propre commentaire, comme il l'a fait dans le *Convito* pour quelques-unes de ses *canzoni*; mais, malgré la précision caractéristique de son génie, nous ne croyons pas qu'il eût donné à ses symboles un seul sens bien arrêté, ni le sens directement conforme à l'inspiration première de sa poésie.

3. Cette Panthère paraît représenter, au sens moral, les séductions des sens, la luxure.

4. C'est la constellation du Bélier, signe zodiacal d'avril et du printemps, époque de l'année où l'on a dit que le monde sortit des mains du Créateur.

5. Le Lion paraît être ici l'emblème de l'ambition, qui, à la suite des erreurs sensuelles, vient troubler la vie de ses fureurs.

6. La Louve toujours maigre, c'est la cupidité ou l'avarice, passion détestée plus qu'aucune autre par le poëte, prétexte calomnieux de sa condamnation, et principal mobile de discordes dans ces temps de révolutions et de misère.

7. Les interprètes se partagent entre Can Grande della Scala et Uguccione della Faggiuola. Il faut étudier l'histoire de Dante pour concevoir quelque conjecture sur l'intention de cette espèce de compliment dédicatoire, qui paraît avoir été ajouté assez tard à cette première partie du poëme. On sait que les vingt dernières années

de Dante se consumèrent dans la composition de son épopée, et la recherche ardente et plusieurs fois trompée d'un vengeur assez puissant pour rétablir dans Florence sa faction proscrite. La partie de l'Italie dont on prédit ici la délivrance est la même qu'on appelle aujourd'hui *Bassa Italia*.

..... *humilemque videmus*
*Italiam.*        (VIRG., *Æneid.*, lib. II.)

## CHANT DEUXIÈME.

1. Toutes les choses contenues par le ciel de la lune, qui a la circonférence la plus étroite ; c'est-à-dire : tout ce qui existe sur la terre. Il s'agit de la béatitude céleste que possède Béatrice, sans donner encore à ce personnage la signification symbolique de la science théologique, comme Dante la lui donnera plus tard, sauf à retrouver souvent, par une heureuse inconséquence, la femme même qu'il avait aimée sous sa forme mortelle. Les autres personnes célestes qui vont être désignées dans le récit de Béatrice demeurent indécises. La *noble Dame* qui donne mission à Lucie nous paraît être la Sainte Vierge, à la place et dans le rôle qui lui sont attribués vers la fin du *Paradis*. D'autres veulent l'appeler la *Clémence divine*. Lucie était, à ce qu'on peut croire, la patronne du poëte. Grâce à son nom, elle guérissait les ophthalmies : c'est peut-être, dans les souvenirs de Dante, une cause particulière de gratitude. En vertu du même nom, la sainte devait avoir une grande part aux *lumières* de la science sacrée, et être invoquée à ce titre.

## CHANT TROISIÈME.

1. Célestin V abdiqua le pontificat neuf mois après son élection. Le poëte ne saurait lui pardonner ce sacrifice, qui avait amené l'exaltation de Boniface VIII.

## CHANT QUATRIÈME.

1. Dioscoride, né en Sicile, a écrit un traité sur les propriétés des végétaux. Averroès, de Cordoue, était appelé le commentateur par excellence du grand Aristote, maître des savants.

## CHANT CINQUIÈME.

1. Dans le cercle de Caïn sont punis ceux qui ont tué leurs parents. Dante y marque une place d'avance à Lanciotto, seigneur de Rimini. Ce prince, boiteux et difforme, épousa la fille de Guido de Polenta, seigneur de Ravenne. Malheureusement Francesca aimait déjà Paul, le plus jeune frère de Lanciotto, un des plus beaux et vaillants cavaliers de l'Italie. Mariée par force à Lanciotto, elle ne sut résister à sa première passion, et les deux amants, surpris par le mari, furent tués du même coup.

Ils s'étaient perdus en lisant le roman de Lancelot du Lac, chevalier de la Table ronde. Voici le passage auquel on fait allusion à la fin du chant : « Galléhaut ajouta que toutes les prouesses qu'avait faites depuis Lancelot n'avaient eu pour but que de plaire à la reine, et qu'il en était passionnément amoureux, et sur-le-champ exigea qu'en récompense de si nobles services la reine donnât un baiser à son chevalier.

« De quoy me ferois-je prier, fait-elle, plus le veuil-je que vous. »

« Lors tous trois se retirent plus à part et font semblant de conseiller. La reine voit que le chevalier n'en ose plus faire, si le prend par le menton, et le baisa devant Galléhaut assez longuement. »

## CHANT SIXIÈME.

1. On ignore le véritable nom du personnage désigné ici sous le sobriquet de *Ciacco*, cochon. Ni ce vice de gourmandise, ni la vulgarité du surnom, ni la mention légère de Boccace (giorn. 9, nov. 8), ne doivent faire

supposer que Ciacco, avec lequel Dante s'entretient sur un ton si sérieux, fût un personnage bouffon et trivial. Landino et un autre annotateur ancien le qualifient d'homme éloquent et spirituel.

2. Charles de Valois, après avoir flatté les Florentins par des promesses ambiguës, aida la Faction des Noirs à se venger de celle des Blancs, appelée aussi faction sauvage, à cause de son chef Vieri des Cerchi, qui était sorti des bois de Val de Nievole. Les deux justes, dont la ville aveuglée refuse d'entendre les conseils, sont peut-être Dante et son ami Guido Cavalcanti.

## CHANT HUITIÈME.

1. Philippe Argenti, riche et puissant Florentin, se livrait aux plus violents transports de la colère.

2. Les tours de la cité infernale apparaissent au poëte comme des mosquées s'élevant sur une ville d'infidèles.

## CHANT DIXIÈME.

1. Farinata des Uberti gagna la bataille de Monte Aperti à la tête des gibelins. Il est enseveli dans la tombe des épicuriens avec Cavalcante Cavalcanti, père de Guido, poëte illustre et ami de Dante; avec Frédéric II, empereur, petit-fils de Frédéric Barberousse, et d'autres.

2. Guido Cavalcanti, malgré son mérite comme poëte, pouvait n'avoir pas donné assez d'application à l'étude de l'antique maitre de Dante, et ce n'est pas ici le seul exemple où l'orgueil de ce dernier laisse échapper le sentiment de sa supériorité sur ses émules contemporains, même sur son ami Guido.

3. Le cardinal Ottavio des Ubaldini, qui avait, de son vivant, prononcé ce blasphème : « Si j'ai une âme, je l'ai perdue pour les gibelins. »

## CHANT ONZIÈME.

1. Le pape Anastase II est accusé, par la chronique de frère Martin de Pologne, d'avoir approuvé l'hérésie de Photin, diacre de Thessalonique. Le chroniqueur, et Dante après lui, a confondu le pape avec l'empereur du même nom.

2. Cahors, ville du Quercy, remplie, à ce temps, d'usuriers.

3. Ce qu'Aristote appelle *thériotès*, *feritas*, et Dante *folle bestialité*, n'est autre chose que le degré inférieur du vice, dégradant la nature humaine plus que l'incontinence, *acrasia*, et même que la perversité, *kakia*. De là, dans la théorie morale de Dante, les trois degrés des Incontinents, des Violents, et des Trompeurs et Traîtres. Du reste, le poëte se fonde bien moins sur la théorie d'Aristote que sur celle des théologiens, qui ne cessaient de l'invoquer tout en la dénaturant.

4. Le soleil est dans le signe du Bélier. Les Poissons le précèdent sur l'horizon, et le char d'Orion brille au nord-ouest, d'où s'échappe le vent Corus.

## CHANT DOUZIÈME.

1. Thésée, conduit par le fil d'Ariadme, tua le Minotaure.

2. Dans le système d'Empédocles, le monde existe par la discorde des éléments ; leur rapprochement et leur harmonie entraîneraient le chaos.

3. Chiron, fils de Saturne et de Philyre, éleva Achille. Pholus prit part à l'enlèvement d'Hippodamie, femme de Pirithoüs. Nessus, tué par la flèche empoisonnée d'Hercule, laissa à Déjanire une robe trempée de son sang ; Hercule, s'en étant revêtu, mourut dans les plus atroces douleurs.

4. Les damnés enfoncés dans le sang sont Alexandre de Phères, Denys de Syracuse, Azzolino, tyran de Padoue, Obizzo d'Este, marquis de Ferrare, étouffé par son fils entre deux oreillers, et d'autres qui suivront.

5. C'est-à-dire : Écoutez-le maintenant plutôt que moi.

6. Gui de Monfort, qui poignarda Henri, neveu de Henri III, roi d'Angleterre, dans une église de Viterbe, au moment de l'élévation.

## CHANT TREIZIÈME.

1.. Pierre dalle Vigne, jurisconsulte capouan, écrivain, poëte et chancelier de Frédéric II, ayant perdu la grâce de l'empereur, qui lui fit crever les yeux, se brisa la tête contre les murs de sa prison.

2. Lano de Sienne, attaqué par les ennemis près de la Piève al Toppo, dans les environs d'Arezzo, préféra la mort à la fuite. Jacques de Saint-Andrea, gentilhomme padouan, après avoir dissipé ses biens, se donna la mort. Dans le noble citoyen qui explique au poëte la cause des éternelles dissensions de Florence, les uns croient reconnaître Rocco des Mozzi ; les autres, Lotto des Agli, Florentins tous les deux ; ils se pendirent à la même époque, celui-ci par remords, celui-là par désespoir.

3. Les débris de la statue de Mars, ancien patron de Florence, restèrent sur le ponte Vecchio jusqu'en 1337.

## CHANT QUATORZIÈME.

1. Après la mort de Pompée, Caton traversa la Libye pour rejoindre l'armée de Juba.

2. Les biographes d'Alexandre ne font pas mention de ce phénomène.

3. Les sept rois qui assiégèrent Thèbes sont : Adraste, Polynice, Tydée, Hippomédon, Amphiaraüs, Parthénopée et Capanée.

4. Sources d'eaux minérales près de Viterbe, d'où s'écoule un ruisseau qui traverse le quartier des prostituées.

5. Phlégéthon, de φλέγω, φλεγέθω, brûler, être embrasé.

## CHANT QUINZIÈME.

1. Cadsant, île de la Flandre hollandaise ; Bruges, ville de la Flandre autrichienne. La Brenta, rivière qui prend sa source dans les Alpes et passe à Padoue ; Chiarentana est l'endroit des Alpes où naît cette rivière.

2. Brunetto Latini, guelfe, poëte, philosophe, historien, maître de Dante. Il a écrit en italien un livre intitulé *Tesoretto*, et, en français, un autre livre qu'il appela *le Trésor*. Voici comment il explique pourquoi ce second livre est écrit en français :

« Et si d'aucuns demande porquoy chis livres est écrit en romans, selon le patois de France, puisque nous somes Italiens, je diroé que c'est pour deux raisons : l'une est porceque nous somes en France, l'autre si est porceque françois est plus délitaubles langages et plus commus que moult d'autres. »

Il paraît qu'à cette époque il y avait déjà des aristarques qui faisaient un reproche aux auteurs italiens de savoir écrire plus d'une langue.

3. Priscien, grammairien de Césarée, au sixième siècle. François Accurse, jurisconsulte florentin. — André des Mozzi fut renvoyé, à cause de ses débauches, de l'évêché de Florence à celui de Vicence.

## CHANT SEIZIÈME.

1. Guidoguerra, petit-fils du comte Guido et de Gualdrada, contribua puissamment à la victoire remportée par Charles d'Anjou sur Manfred. Tegghiajo Aldobrandi, de la famille des Adimari, fit tous ses efforts pour détourner les siens du combat de Monte Aperto. Jacopo Rusticucci, noble et vaillant chevalier, se sépara de sa femme, poussé à bout par son caractère méchant et dédaigneux.

2. Guglielmo Borsiere a donné au Boccace le sujet d'une charmante nouvelle. Un Génois très avare lui montrait un jour sa maison royalement magnifique. En traversant une salle dont la décoration n'était pas achevée, le Génois, s'adressant à son hôte : « Messire Guglielmo, lui dit-il, ne sauriez-vous pas m'indiquer quelque chose qu'on n'ait jamais vu, et que je puisse faire peindre dans cette salle ? »

A quoi Borsiere répond aussitôt : « Voulez-vous que je vous apprenne quelque chose que vous n'ayez jamais vu? Faites-y peindre la libéralité. »

3. L'abbaye de San-Benedetto devrait abriter dans ses murs plus de mille moines, si ses richesses étaient bien administrées. D'après une glose plus ancienne, il ne s'agirait pas de moines, mais d'une cité fortifiée, dans laquelle le seigneur de la contrée aurait eu le dessein de rassembler les habitants de quelques hameaux.

## CHANT DIX-SEPTIÈME.

1. Pour punir l'orgueil de ces misérables, Dante, au lieu de les nommer, flétrit leur blason, qu'ils avaient terni de l'ignoble tache de l'usure. Les Gianfigliazzi, de Florence, portaient d'or au lion d'azur; les Ubbriachi portaient de gueules à l'oie d'argent; les Scrovigni, de Padoue, portaient d'argent à la truie pleine, d'azur. Giovanni Bujamonte avait sur son écu trois becs d'oiseau. Vitaliano del Dente, Padouan, était le roi des usuriers.

## CHANT DIX-HUITIÈME.

1. Venedico Caccianimico, de Bologne, vendit sa sœur Ghizola à Obizzo d'Este, marquis de Ferrare.

2. Jason se rendit coupable du double abandon d'Hypsipyle et de Médée.

3. Alexis Interminelli, de Lucques, flatteur abject. Vient ensuite un personnage imaginaire, pris dans une comédie de Térence, *l'Eunuque*; encore le mot de cette Thaïs lui est-il arbitrairement attribué. Dans la pièce latine (acte III, scène 1), le capitan Thrason s'adresse au parasite Gnathon : *Tu dis donc que Thaïs est très-reconnaissante de mon présent? — Infiniment*, répond l'entremetteur, qui serait plus justement placé que la jeune femme dans cette section de l'Enfer.

## CHANT DIX-NEUVIÈME.

1. Simon, magicien de Samarie, offrit de l'argent à saint Pierre pour lui acheter le secret de ses miracles.

2. On avait pratiqué quatre trous ou stalles de forme circulaire, aux quatre coins du grand bassin baptismal, dans l'église de San-Giovanni, à Florence, pour que les prêtres, au moment de la cérémonie, pussent atteindre l'eau plus facilement. Dante, pour sauver un enfant tombé la tête la première dans ce tube étroit, sans doute rempli d'eau dans le fond, brisa la cloison de bois qui le formait, et ses ennemis ne manquèrent pas de saisir cette occasion pour l'accuser de sacrilége.

3. Le pape enfoncé la tête en bas est Nicolas III, de la famille des Orsini; il aura attendu vingt-trois ans Boniface VIII, qui, à son tour, précédera de neuf ans Clément V, protégé par Philippe le Bel, et asservi à ses volontés dans la translation du saint-siége à Avignon et dans l'affaire des Templiers.

4. Une tradition mensongère, appuyée de documents apocryphes, avait fait croire que Constantin, lors de sa conversion, avait doté les papes de la ville de Rome et de son territoire.

## CHANT VINGTIÈME.

1. Voici des sorciers anciens et modernes : Amphiaraüs, Euripyle, Tirésias, Manto, Arons, devin de la Toscane; Michel Scot, astrologue de Frédéric II; Guido Bonatti, de Forli, et Asdente, cordonnier de Parme.

2. Au centre de la petite île de Saint-Georges s'élevait une chapelle, limite commune des trois diocèses.

3. Pinamonte, après avoir conseillé au comte Albert de Gasalodie d'exiler la noblesse, le chassa à son tour de Mantoue, et, après une affreuse boucherie, s'empara du pouvoir.

4. Le peuple croyait voir, dans les taches de la lune, Caïn portant sur le dos un fagot d'épines. Dante revient plusieurs fois sur ce préjugé dans ses divers ouvrages; il le combat directement, au chant II du *Paradis*, par d'autres erreurs moins grossières.

## CHANT VINGT ET UNIÈME.

1. Les démons commis à la garde de la cinquième enceinte sont nommés collectivement par Dante *Male branche*, griffes maudites, comme il a déjà appelé *Male bolge*, fosses maudites, le huitième cercle de l'immense spirale. Un de ces diables vient jeter dans la poix bouillante un Lucquois, Martino Bottai peut-être, un des anciens de Santa Zita, patronne de cette ville corrompue et vénale, dont le plus honnête citoyen est Bonturo Bonturi, qui livra sa patrie aux Pisans pour une somme d'argent. Le démon, par une raillerie infernale, avertit le pécheur qu'il ne s'agit pas ici de nager dans le Serchio, ou de se prosterner hypocritement devant la sainte image de Jésus-Christ qu'on vénérait à Lucques.

## CHANT VINGT-DEUXIÈME.

1. Ciampolo ou Giampolo, de Navarre, placé par sa mère au service d'un baron, gagna la faveur du roi Thibauld, et en trafiqua honteusement.

2. Frère Gomita s'était rendu coupable des plus violentes injustices, enhardi par la protection de Nino Visconti, seigneur de Gallure; mais convaincu de trahison envers son maître, pour avoir vendu la liberté à des prisonniers confiés à sa garde, il expia tous ses forfaits sur la potence. — La Sardaigne avait été divisée, vers l'an 1117, par les Pisans et par les Génois qui l'avaient conquise, en quatre départements ou *giudicature*, Gallura, Cagliari, Alborea et Logodoro. Cette dernière partie de l'île était sous la domination d'Enzo, fils naturel de Frédéric II. Après la mort d'Enzo, son sénéchal, Michel Zanche, détermina la mère de son maître à l'épouser, et devint ainsi seigneur de Logodoro.

3. Le langage de ce barattier, *di piano*, semble offrir une locution tirée de l'espagnol, *de llano*. Le patois de la Sardaigne contenait beaucoup de semblables mélanges. Plus bas, *leurs langues* pourrait bien signifier leur jargon. Dante, qui avait été bien reçu en Toscane chez le seigneur de Gallura, pouvait avoir quelque mécontentement contre les subalternes sardes et leur patois.

## CHANT VINGT-TROISIÈME.

1. Les deux mots synonymes sont *mo* et *issa*, maintenant, et à présent. Ainsi, dans le *Purgatoire* (chant XI), les mots employés par l'enfant sont *pappo*, le manger, et *dindi*, l'argent.

2. Frédéric II faisait brûler les coupables de lèse-majesté dans des chapes de plomb.

3. Napoleone Catalano et Loderingo des Andalos, le premier guelfe, le second gibelin, tous les deux de Bologne, appartenaient à l'ordre des nobles frères de Sainte-Marie, connus vulgairement sous le nom de frères joyeux, à cause de la joyeuse vie qu'ils menaient. Les Florentins, voulant rétablir l'ordre, leur confièrent, en 1266, le gouvernement de leur ville, qu'on donnait d'habitude à un seul magistrat. Mais peu de temps après cette élection, l'hypocrisie des deux frères chevaliers se démasqua. Gagnés par le parti guelfe, ils exilèrent les gibelins, et firent brûler les maisons des Uberti, qui s'élevaient dans un endroit de Florence appelé le Gardingo.

4. Caiphe, Anne, et les autres juges du Christ, sont crucifiés dans l'Enfer.

« Unus autem ex ipsis, Caiphas nomine, quum esset pontifex anni illius, dixit eis : Vos nescitis quidquam, nec cogitatis quia expedit vobis ut unus moriatur homo pro populo, et non tota gens pereat. » (SAINT JEAN, chap. IX, v. 49 et 50.)

## CHANT VINGT-QUATRIÈME.

1. L'héliotrope est une pierre précieuse à laquelle on attribuait la singulière propriété de rendre invisibles ceux qui la portaient.

2. Vanni Fucci, bâtard de Fuccio des Lazzari, ayant volé les vases et les ornements de l'église, dans la

sacristie du duomo de Pistoie, les déposa chez le notaire Vanni della Nona. Effrayé des poursuites de la justice, Fucci dénonça son ami, qui, pour le sauver, avait gardé un dépôt si dangereux, et le fit pendre. Il prédit à Dante la sanglante victoire remportée sur les Blancs, en 1301, par le marquis Marcello ou Moroello Malaspina, dans les campagnes de Picène. Après cette défaite, Dante fut exilé.

## CHANT VINGT-CINQUIÈME.

1. Capanée.

2. Les cinq brigands de Florence sont Agnello Brunelleschi, Buoso des Abati, Puccio Sciancato, Cianfa et Francesco Guercio Cavalcante. Les parents et les amis de ce dernier, voulant venger sa mort, massacrèrent presque tous les habitants de Gaville, bourg de Val d'Arno.

## CHANT VINGT-SIXIÈME.

1. Le prophète Élisée : « Quumque pergerent, et incedentes sermocinarentur, ecce currus igneus et equi ignei diviserunt utrumque : et ascendit Elias per turbinem in cœlum.

« Ascendit autem inde in Bethel : quumque ascenderet per viam, pueri parvi egressi sunt de civitate, et illudebant ei, dicentes : « Ascende, calve; ascende, calve. »

« Qui, quum respexisset, vidit eos, et maledixit eis in nomine Domini, egressique sunt duo ursi de saltu, et laceraverunt ex eis quadraginta duos pueros. » (*Reg.*, lib. IV, cap. II, v. 11, 23, 24.)

2. Ulysse et Diomède expient leurs ruses dans une flamme à deux cimes, semblable à celle qui s'éleva du bûcher d'Étéocle et Polynice.

> .... *Tremuere rogi, et novus advena busto*
> *Pellitur : exundant diviso vertice flammæ.*
> (STAT., *Theb.*, XII, v. 450.)

Le magnifique récit d'Ulysse contient un pressentiment remarquable des grandes découvertes réservées à la fin du quinzième siècle.

## CHANT VINGT-SEPTIÈME.

1. Le pécheur qui fait entendre sa voix du sein de la flamme, comme Pérille des entrailles de son taureau, est le comte Guido de Montefeltro. Interrogé sur le sort de la Romagne, Dante lui répond que lorsqu'il a quitté la terre, Cervie et Ravenne étaient gouvernées par Guido Novello da Polenta, qui portait parti d'or et d'azur à l'aigle, parti de gueules et d'argent. — Forli, qui résista longtemps à Martin IV, obéissait aux Ordelaffi, qui portaient coupé d'or, fascé d'or et de sinople de six pièces, au lion rampant de sinople. — Rimini gémissait sous la tyrannie de Malatesta et de Malatestino, son fils, seigneur du château de Verrucchio, qui fit périr Montagna de Parcitati, chef des gibelins — Faënza et Imola, la première située près du fleuve Lamone, l'autre sur les bords du Santerno, étaient sous la domination de Mainardo Pagani, tantôt guelfe, tantôt gibelin, selon les circonstances. Les Pagani portaient d'argent au lion d'azur. — Enfin Césène, baignée par le Savio, flottait entre la liberté et l'esclavage.

Montefeltro, revêtu dans sa vieillesse du froc de Saint-François, s'était mis à faire pénitence de ses péchés, lorsque Boniface VIII vint le tirer du fond de sa cellule pour profiter de sa vieille expérience, de même que Constantin, d'après je ne sais quelle légende, alla trouver, dit-on, le pape Sylvestre dans une grotte du mont Soracte, pour être guéri de la lèpre. Boniface, se conformant aux conseils du vieux guerrier, exigea des Colonna que Préneste lui fût livrée, et, sans tenir aucune de ses promesses, fit raser cette place forte, sévissant contre les chrétiens innocents, comme il aurait pu le faire contre les traîtres qui abandonnèrent aux Turcs Saint-Jean d'Acre, ou contre les Juifs qui prétaient leur argent au soudan. Cette trahison du pape put être comptée plus tard comme l'une des causes de l'attentat de Sciarra Colonna dans Anagni.

2. Nous renonçons à citer ici une triste parodie que Voltaire a faite en vers burlesques de tout ce récit. Voir *Dictionnaire philosophique*, article *le Dante*. Ses réflexions critiques sont à l'avenant de ce travestissement quant à l'intelligence et à l'esprit de justice. Bornons-nous à remarquer chez notre poëte la vigueur de sens avec laquelle il s'élève contre l'abus des indulgences et des prérogatives d'absolution, qui devait plus tard amener dans le monde chrétien des colères si terribles et de si longues révolutions.

## CHANT VINGT-HUITIÈME.

1. Frère Dolcino était un réformateur de Novare, ci-devant ermite, qui prêchait la communauté des biens et des femmes. Traqué dans les montagnes avec trois mille sectateurs, vers l'an 1305, il fut pris, tenaillé, puis brûlé, ainsi que Marguerite, sa femme, belle et riche, dit-on; tous deux pleins de courage dans les supplices. Leurs adhérents, assez nombreux dans la haute Italie, furent vivement poursuivis. Un commentateur de Dante dit en avoir vu brûler, à Padoue, vingt-deux à la fois, le jeudi saint.

2. Pierre de Medicina sema la division et la discorde dans toute la Romagne. Il prie le poëte d'avertir Guido del Cassero et Angiolello di Cagnano, gentilshommes de Fano, de se tenir en garde contre la trahison de Malatestino de Rimini, qui les fit en effet jeter à la mer.

— Focara est une montagne près de Cattolica, de laquelle s'élèvent des vents très-impétueux.

3. Curion, exilé de Rome, conseilla à César de passer le Rubicon. C'est Lucain qui le fait ainsi parler :

*Tolle moras, nocuit semper differre paratis.*
(*Phars.*, l. I, v. 281.)

Il resterait à expliquer comment notre poëte, après avoir châtié si sévèrement la sentence de Curion, la reproduit, en citant de nouveau ce personnage, comme un conseil qu'il veut faire retentir aux oreilles de l'héritier des Césars, Henri VII, dans la lettre latine qu'il adressa à ce prince vers l'an 1311. Voir *Dantis Epp.*, epist. III.

4. Buondelmonte des Buondelmonti, après avoir promis d'épouser une fille de la maison des Amidei, manqua brusquement à sa parole et épousa une Donati. Les Uberti et les Lamberti s'étant réunis aux Amidei pour tirer vengeance de l'insulte, Mosca proposa de tuer sur-le-champ Buondelmonte, et lui porta le premier coup de poignard.

5. Bertrand de Born, seigneur de Hautfort, célèbre ménestrel et gouverneur de Jean sans Terre, fils de Henri II, excita le jeune prince à se révolter contre son père. Il nous reste une complainte de Bertrand sur la mort du *jeune roi*.

Achitophel arma Absalon contre David.

« Nuntiatum est autem David quod et Achitophel esset in conjuratione cum Absalom, dixitque David : « Infatua, quæso, Domine, consilium Achitophel. » (*Reg.*, lib. II, cap. xv, v. 31.)

## CHANT VINGT-NEUVIÈME.

1. Geri del Bello, parent de Dante du côté maternel, tué par un Sacchetti, fut vengé trente ans après sa mort.

2. Après la peste d'Égine, Jupiter, à la prière d'Éaque, transforma les fourmis en hommes. Le nouveau peuple fut appelé Myrmidon, de μύρμηξ, fourmi.

3. Griffolino d'Arezzo fut brûlé comme sorcier par l'évêque de Sienne.

4. *Le jardin où prend cette semence* doit s'entendre métaphoriquement de la ville de Sienne.

5. Capocchio de Sienne étudia avec Dante la physique et l'histoire naturelle, et fit de grands progrès dans les sciences. Capocchio raille ici le luxe effréné de plusieurs jeunes fous de Sienne, le Stricca, Caccia d'Asciano et Nicolo des Salimbeni, qui, le premier, fit un usage immodéré des épices.

## CHANT TRENTIÈME.

1. Gianni Schicchi, de la famille des Cavalcanti, s'étant couché à la place de Buoso Donati déjà mort, dicta sous son nom un testament au préjudice des héritiers légitimes. Cette fraude lui valut une cavale de grand prix. D'anciens commentateurs ajoutent à cette imputation celle d'avoir étouffé le malade préalablement.

2. Entre la femme de Putiphar et le Grec Sinon est maître Adam de Brescia, qui falsifia les florins d'or de Florence, à l'instigation des comtes de Romena, Gui, Alexandre et Aghinolfe.

Fonte Branda est une fontaine de Sienne, près de la porte de ce nom.

## CHANT TRENTE ET UNIÈME.

1. On raconte qu'après la défaite de Roncevaux, on entendit le cor de Roland à huit milles à la ronde.

2. Montereggione est un château fort flanqué de tours entre Stragia et Sienne.

3. Excepté les commentateurs! L'abbé Lanci a donné une *Dissertation sur les vers de Pluto et de Nemrod dans la Divine Comédie*. Il prétend que ces mots sont de l'arabe plus ou moins altéré, signifiant : « Célèbre ma gloire dans l'abîme comme elle a brillé dans le monde. » Selon une interprétation plus moderne, les paroles de Nemrod seraient un mélange de l'hébreu et de ses dialectes, signifiant : « Pourquoi suis-je dans ce puits? Va-t'en, cache-toi ! »

4. Dante, suivant son système, réunit ici les géants des deux traditions, Nemrod, Éphialte, Briarée, Antée, etc. : les uns appartenant à la légende grecque de la gigantomachie, les autres aux récits de Moïse.

« Gigantes autem erant super terram in diebus illis. » (*Genes.*, cap. VI, v. 4.)

## CHANT TRENTE-DEUXIÈME.

1. Alexandre et Napoléon, fils d'Alberto des Alberti, seigneur de Falterona, s'entr'égorgèrent après la mort de leur père. — Focaccia des Cancellieri, de Pistoie, coupa la main de son cousin et assassina son oncle. — Mordrec, fils d'Artus, s'étant embusqué pour tuer son père, fut prévenu par lui et eut la poitrine tellement percée d'un coup de lance, que, disent les chroniqueurs, un rayon de soleil passa au travers de son corps. — Sassol Mascheroni, de Florence, tua son neveu pour s'emparer de ses biens. Camicione des Pazzi assassina lâchement Ubertino, son parent. — Enfin, Carlino des Pazzi livra aux Noirs le château du Piano de Trevigne.

2. Le dernier gouffre de l'Enfer est divisé en quatre parties. La *Caina* prend son nom de Caïn, qui trahit son frère; l'*Antenora*, d'Anténor, qui trahit sa patrie ; la *Tolommea*, de Ptolémée, qui trahit son hôte, et la *Giuecca*, de Judas, qui trahit son Dieu.

3. Bocca des Abati, par trahison, fit perdre aux guelfes la bataille de Monte Aperti.

4. Buoso de Duera, de Crémone, Beccheria de Padoue, abbé de Vallombrosa, Giovanni del Soldaniero, Tebaldello de Manfredi, de Faënsa, et Ganelon de Mayence, sont tous également punis dans ce cercle pour leurs trahisons.

5. Tydée et Ménalyppe, s'étant blessés mortellement dans un combat devant Thèbes, le premier, survivant à son ennemi, lui mordit le crâne avec fureur. (Stat., *Theb.*, lib. VII.)

## CHANT TRENTE-TROISIÈME.

1. Ugolino, de la famille des comtes de la Gherardesca, après avoir chassé Nino Visconti, devint à sa place seigneur de Pise. Mais l'archevêque Roger des Ubaldini, jaloux de sa puissance, ameuta le peuple contre lui, et, portant la croix à la tête des Gualandi, des Sismondi et des Lanfranchi, le fit arrêter, enfermer dans la tour de

la place degli Anziani avec ses deux fils et deux petits-fils ou neveux; les renseignements sur cette famille sont douteux, et le mot *nipoti* des relations est équivoque. Quelque temps après, les clefs de la prison furent jetées dans l'Arno, et les cinq malheureux périrent de faim. (VILLANI, liv. VII, chap. cxx, cxxvii.)

2. Albéric de Manfredi, de l'ordre des frères Godenti, dans un banquet donné à ses parents pour se réconcilier avec eux, les fit tous assassiner au moment où les fruits furent apportés sur la table.

3. Ptolémée est le roi d'Égypte qui permit l'assassinat de Pompée, vaincu à Pharsale. La forme *Tolommea* offre pour cette localité une terminaison adjective que nous n'avons pu rendre.

4. Branca d'Oria, de Gênes, tua Michel Zanche, son beau-père.

## CHANT TRENTE-QUATRIÈME.

1. « Les étendards du roi de l'Enfer se montrent. » C'est le premier vers de l'hymne pour la fête de la Sainte-Croix, allongé du mot *Inferni*, par une hardiesse du poëte. Ces étendards sont peut-être les grandes ailes du démon, dont le mouvement entretient le lac du Cocyte à l'état de glace.

2. Brutus et Cassius sont punis au fond de l'enfer, comme traîtres et régicides. Pour se rendre compte de l'âpreté d'une telle vindicte contre des personnages tels en particulier que Marcus Brutus, il faut songer à la violence de l'opinion à laquelle s'était voué le gibelin proscrit, employant toutes les ressources de son zèle à exalter le caractère sacré de l'Empire au-dessus même du Pontificat.

3. Ce passage, qui n'est ici traduit que littéralement, demeure très-obscur. Dante est ordinairement plus net dans l'exposition des détails de localité. Il s'agit d'une fissure dans le globe terrestre prolongée jusqu'au centre où est placé le démon. Cette fissure serait résultée de l'ébranlement opéré par sa chute, et il se pourrait que les mots *da Belzebù rimoto*, au lieu de signifier *éloigné de Belzébuth*, indiquassent les parois de cette ouverture, *défoncées*, *écartées* par la commotion dont il vient d'être parlé.

# TABLE DES GRAVURES.

| Gravures |  | Pages. | Chants. | Vers. |
|---|---|---|---|---|
|  | Portrait de Dante Alighieri. |  |  |  |
| I. | La Forêt | 1 | I | 1 |
| II. | La Panthère | 2 | I | 34 |
| III. | Le Lion | 2 | I | 46 |
| IV. | La Louve. Virgile | 4 | I | 91 |
| V. | Virgile et Dante | 5 | I | 136 |
| VI. | Les mêmes | 6 | II | 1 |
| VII. | Béatrix et Virgile | 8 | II | 70 |
| VIII. | La porte d'Enfer | 12 | III | 9 |
| IX. | L'Achéron. Caron | 15 | III | 82 |
| X. | Débarquement des ames | 16 | III | 115 |
| XI. | Limbes. Ames innocentes | 18 | IV | 41 |
| XII. | Limbes. Poëtes et Héros | 20 | IV | 94 |
| XIII. | Minos | 23 | V | 4 |
| XIV. | Les Charnels | 24 | V | 31 |
| XV. | Françoise et Paul | 25 | V | 73 |
| XVI. | Les mêmes | 26 | V | 106 |
| XVII. | Les mêmes | 27 | V | 138 |
| XVIII. | Les mêmes | 27 | V | 142 |
| XIX. | Cerbère | 29 | VI | 25 |
| XX. | Gourmands. Ciacco | 29 | VI | 49 |
| XXI. | Pluton et Virgile | 33 | VII | 8 |
| XXII. | Avares et Prodigues | 35 | VII | 64 |
| XXIII. | Le Styx. Les Colériques | 37 | VII | 115 |
| XXIV. | Le Styx. Phlégyas | 39 | VIII | 29 |
| XXV. | Le Styx. Philippe Argenti | 39 | VIII | 41 |
| XXVI. | Porte de la cité infernale | 42 | VIII | 112 |
| XXVII. | Les Furies | 44 | IX | 45 |
| XXVIII. | Un messager céleste | 46 | IX | 89 |
| XXIX. | Tombeaux ardents. Mécréants | 47 | IX | 127 |
| XXX. | Farinata | 49 | X | 41 |
| XXXI. | Tombeau d'Anastase | 53 | XI | 6 |
| XXXII. | Le Minotaure | 58 | XII | 11 |
| XXXIII. | Centaures. Nessus | 60 | XII | 61 |
| XXXIV. | Chiron. Les Tyrans | 60 | XII | 76 |

## TABLE DES GRAVURES.

| Gravures. | | Pages. | Chants. | Vers. |
|---|---|---|---|---|
| XXXV. | La Forêt des Harpies . . . . . . . . . . . . . . . . . | 63 | XIII | 10 |
| XXXVI. | Les Suicides. Pierre des Vignes. . . . . . . . . . . . | 64 | XIII | 33 |
| XXXVII. | Autres Suicides . . . . . . . . . . . . . . . . . . . | 67 | XIII | 118 |
| XXXVIII. | Violents contre Dieu. Capanée. . . . . . . . . . . . | 70 | XIV | 40 |
| XXXIX. | Brunetto Latini. . . . . . . . . . . . . . . . . . | 75 | XV | 30 |
| XL. | Le monstre de la Fraude. . . . . . . . . . . . . . | 84 | XVII | 7 |
| XLI. | Descente au Malébolge. . . . . . . . . . . . . . . | 88 | XVII | 121 |
| XLII. | Démons et Séducteurs infidèles. . . . . . . . . . . | 90 | XVIII | 37 |
| XLIII. | Ruffiens. Adulateurs . . . . . . . . . . . . . . . | 93 | XVIII | 118 |
| XLIV. | La Thaïs (de Thérence). . . . . . . . . . . . . . . | 93 | XVIII | 133 |
| XLV. | Les Simoniaques, Nicolas III . . . . . . . . . . . | 96 | XIX | 49 |
| XLVI. | Démons et Barattiers (Concussionnaires). . . . . . . | 106 | XXI | 52 |
| XLVII. | Barattiers. Démons. Virgile . . . . . . . . . . . . | 106 | XXI | 72 |
| XLVIII. | Barattiers. Ciampolo. Alichino . . . . . . . . . . | 113 | XXII | 126 |
| XLIX. | Alichino et Calcabrina. . . . . . . . . . . . . . . | 113 | XXII | 139 |
| L. | Alarme et fuite. . . . . . . . . . . . . . . . . . | 117 | XXIII | 52 |
| LI. | Les Hypocrites. Frère Godenti . . . . . . . . . . . | 118 | XXIII | 91 |
| LII. | Hypocrites. Pharisiens en croix . . . . . . . . . . | 119 | XXIII | 115 |
| LIII. | Voleurs et serpents. . . . . . . . . . . . . . . . | 124 | XXIV | 91 |
| LIV. | Métamorphoses . . . . . . . . . . . . . . . . . . | 129 | XXV | 67 |
| LV. | Conseillers de fraude. Ulysse . . . . . . . . . . . | 134 | XXVI | 46 |
| LVI. | Schismatiques. Mahomet. . . . . . . . . . . . . . | 144 | XXVIII | 30 |
| LVII. | Auteurs de discordes . . . . . . . . . . . . . . . | 145 | XXVIII | 73 |
| LVIII. | Bertrand de Born . . . . . . . . . . . . . . . . . | 147 | XXVIII | 123 |
| LIX. | Geri del Bello . . . . . . . . . . . . . . . . . . | 148 | XXIX | 4 |
| LX. | Faussaires . . . . . . . . . . . . . . . . . . . . | 150 | XXIX | 54 |
| LXI. | Autres Faussaires . . . . . . . . . . . . . . . . . | 151 | XXIX | 82 |
| LXII. | Autres Faussaires . . . . . . . . . . . . . . . . . | 154 | XXX | 32 |
| LXIII. | Myrrha . . . . . . . . . . . . . . . . . . . . . . | 154 | XXX | 37 |
| LXIV. | Les Géants. Nembod . . . . . . . . . . . . . . . . | 161 | XXXI | 70 |
| LXV. | Éphialte . . . . . . . . . . . . . . . . . . . . . | 162 | XXXI | 91 |
| LXVI. | Antée. Descente au dernier cercle. . . . . . . . . | 164 | XXXI | 142 |
| LXVII. | Le Cocyte. Traîtres. . . . . . . . . . . . . . . . | 166 | XXXII | 19 |
| LXVIII. | Traîtres. Bocca degli Abati . . . . . . . . . . . . | 168 | XXXII | 98 |
| LXIX. | Ugolin et l'archevêque Roger . . . . . . . . . . . | 169 | XXXII | 130 |
| LXX. | Ugolin . . . . . . . . . . . . . . . . . . . . . . | 172 | XXXIII | 64 |
| LXXI. | Ugolin. Gaddo . . . . . . . . . . . . . . . . . . | 172 | XXXIII | 69 |
| LXXII. | Ugoln. . . . . . . . . . . . . . . . . . . . . . . | 172 | XXXIII | 74 |
| LXXIII. | Séjour des Judas. Lucifer . . . . . . . . . . . . . | 177 | XXXIV | 20 |
| LXXIV. | Chemin vers l'autre hémisphère. . . . . . . . . . . | 180 | XXXIV | 133 |
| LXXV. | Les Poètes sortis de l'Enfer. . . . . . . . . . . . | 180 | XXXIV | 139 |

# TABLE.

| | |
|---|---|
| Avertissement. | 1 |
| Chant premier | 1 |
| Chant deuxième | 6 |
| Chant troisième | 12 |
| Chant quatrième | 17 |
| Chant cinquième | 23 |
| Chant sixième | 28 |
| Chant septième | 33 |
| Chant huitième | 38 |
| Chant neuvième | 43 |
| Chant dixième | 48 |
| Chant onzième | 53 |
| Chant douzième | 58 |
| Chant treizième | 63 |
| Chant quatorzième | 69 |
| Chant quinzième | 74 |
| Chant seizième | 79 |
| Chant dix-septième | 84 |
| Chant dix-huitième | 89 |
| Chant dix-neuvième | 94 |
| Chant vingtième | 99 |
| Chant vingt et unième | 104 |
| Chant vingt-deuxième | 109 |

## TABLE.

| | |
|---|---|
| Chant vingt-troisième | 115 |
| Chant vingt-quatrième | 121 |
| Chant vingt-cinquième | 127 |
| Chant vingt-sixième | 133 |
| Chant vingt-septième | 138 |
| Chant vingt-huitième | 143 |
| Chant vingt-neuvième | 148 |
| Chant trentième | 153 |
| Chant trente et unième | 159 |
| Chant trente-deuxième | 165 |
| Chant trente-troisième | 170 |
| Chant trente-quatrième | 176 |
| Notes de l'Enfer | 181 |
| Table des Gravures | 191 |

PARIS
IMPRIMERIE GÉNÉRALE DE CH. LAHURE
Rue de Fleurus, 9

www.ingramcontent.com/pod-product-compliance
Lightning Source LLC
Chambersburg PA
CBHW071708230426
43670CB00008B/948